KB053085

길들여지는 아이들

이 책을
잃어버린 것들의 수호성인
파도바의 성 안토니우스에게 바칩니다.

길들여지는 아이들

크리스 메르코글리아노 씀

공양희 옮김

민들레

무기력을 이기는 교육

2014년 4월 16일 한국에서 여객선이 가라앉아 3백여 명의 사망자와 실종자가 발생했습니다. 하필이면 이 비극적인 사고 이야기로 이책의 서문을 시작하는 이유는 희생자의 상당수가 공립 고등학교의학생과 교사들이기 때문입니다. 배가 기울어지기 시작할 무렵 승무원은 객실에 있던 승객들에게 "가만히 있으라"고 방송했고, 대부분은 이 방송을 '고분고분 따랐습니다'. 결국 476명의 승객 중 승무원의 방송을 따르지 않은 백여 명의 어른들과 70여 명의 학생들만이배에서 뛰어내려 구조되었습니다. 세월호 참사는 이렇게 250명의 어린 생명들을 죽음으로 내몰았습니다.

순종의 결과가 비극으로 이어진 사례는 한국 말고도 여러 나라에서 찾아볼 수 있습니다. 2001년 9월 11일 미국 뉴욕시의 세계무역센터 북쪽 건물에 여객기가 충돌했을 때에도 남쪽 건물에 있던 사람들은 그 건물은 안전하니 각자의 업무에 복귀하라는 말을 들었습니다. 그 말을 따르다가 약 6백 명의 사람들은 20여 분 후 두 번째 여객기가 남쪽 건물에 충돌하면서 목숨을 잃고 말았지만, 본능에 따라 즉시 건물을 빠져나온 1,400여 명은 살아 남았습니다.

역사를 조금만 더 거슬러 가보면 홀로코스트라는 끔찍한 사건에 다다릅니다. 당시 나치가 유대인에게 저지른 끔찍한 만행은 명명백백했지만 독일 시민 대다수는 자신들이 보고 들은 사실을 외면한 채 정부의 거짓말만 믿었습니다. 2차 세계대전이 끝나고 나서 유럽의 심리학자들은 그토록 많은 사람들이 권위에 고분고분 따랐던 이유를 알아내는 데 몰두했습니다. 이들은 아이들이 선택의 기회를 빼앗기고 자기 생각과 느낌을 표현하지 못한 채 자란 데에 근본적인 원인이 있다고 결론내렸습니다.

에리히 프롬은 『자유로부터의 도피』에서 지속적으로 부모와 교사, 사회의 통제를 받아 고유의 자유의식을 잃어버린 아이들이 성인이 되면, 외부의 권위가 자신들에게 무엇을 어떻게 해야 할지 지시할 때에야 비로소 안심한다고 기록했습니다.

한편 미국에서 다음 세대 심리학자들은 아이들이 자신을 둘러싼 환경을 스스로 통제할 수 없다고 여길 때 어떤 일이 일어나는지 연구했습니다. 마틴 셀리그만Martin Seligman은 실험에서 개를 두 집단으로 나눠 이른바 '제어불능의 스트레스'라고 할 수 있는 전기충격을 주었습니다. 한 우리에는 특수한 장치를 설치해 개가 이 장치를 코로 밀면 전기를 멈출 수 있도록 한 반면, 다른 우리에는 이 장치가 없어 개들이 전기충격을 고스란히 감당하도록 했습니다. 이후 셀리그만 은 개들을 같은 조건의 우리에 넣고 다시 실험했습니다. 다만 그 우리 가운데에는 낮은 담이 있어 그 담을 중심으로 한쪽에 전기충격 을 주면 전기가 흐르지 않는 반대편으로 쉽게 뛰어넘을 수 있는 구조였습니다. 그 결과 전기를 멈출 수 있는 우리에 있었던 개들은 담을 넘어 반대편으로 이동했지만, 다른 우리에 있던 개들은 담을 넘으려는 시도조차 하지 않고 웅크리고 앉아 전기충격을 순순히 받아들였습니다. 셀리그만은 이 현상을 '학습된 무기력^{learned helplessness}'이 라고 불렀습니다.

이후 아동심리학자 캐롤 드웩^{Carol Dweck}이 초등학생을 대상으로 다른 실험을 진행했습니다. 이 연구에서는 어렵고 익숙하지 않은 수학 문제가 스트레스의 형태로 작용했습니다. 드웩은 늘 어른의 칭찬과 기대에 길들여진 아이들이 자기 능력에 비해 벅찬 과제에 직면하면 무기력한 모습을 보인다는 사실을 발견했습니다. 드웩은 이 아이들 이 똑똑하다는 소리를 지나치게 많이 듣고 자라면서, 자신의 지능은 타고난 것이며 자기 힘으로 어찌해볼 도리가 없는 것으로 여겼기 때문이라고 결론지었습니다. 반면에 자신을 똑똑하다고 여기지 않던 아이들은 벅찬 문제를 풀어보려고 끈질기게 매달렸는데, 이 아이들은 열심히 노력하고 갖가지 문제해결 방법을 동원하면서 자기의 지능을 끌어올릴 수 있다고 믿었기 때문입니다.

1989년 베를린 장벽이 무너진 이후 러시아에서 알렉산더 투벨스키Alexander Tubelsky가, 그리고 우크라이나에서 어느 선구적인 부모 단체가 제도교육과 권위주의 교육체계를 뛰어넘어 대안교육운동을 벌인 이유는 이들 실험에서 여실히 드러난 결과를 보면 알 수 있습니다. 이들은 건강한 사회를 만들고 파시즘의 재발을 막으려면 아이들이 스스로 생각하고 자기 삶과 교육에 스스로 뛰어들 수 있도록 키워야 한다고 믿었습니다.

마찬가지로 한국에서도 점점 많은 교육자와 부모들이 아이들은 외부의 칭찬이나 보상에 이끌리지 않고도 스스로 배울 수 있는 존재라는 사실을 깨달으면서 교육혁명을 이끌고 있습니다. 아이들은 지식과 지혜를 쌓을 수 있는 나름대로의 원천이 있기 때문에 자기의 발전을 온전히 스스로 이끌어갈 수 있습니다. 그렇기 때문에 아이들에게 자신의 열정을 찾아 탐구하고 타고난 재능을 펼칠 수 있는 '보살핌의 공동체'라는 배움의 여건을 보장해주어야 합니다.

부디 이 교육운동이 두루두루 퍼져 세월호 침몰과 같은 비극이 다시는 일어나지 않기를 기원합니다.

2014년 7월, 뉴욕 알바니에서
크리스 메르코글리아노

차례

위기에 처한 아동기

상처받은 허클베리 핀의 아동기를 누가 부러워할까? 그래도 허클베리 핀은
어른들이 줄 수 있으면서도 너무도 많은 아이들이 누리지 못하는 것을 누
렸으니, 그것은 바로 오늘날처럼 맹목적으로 꽉 짜인 아동기를 벗어나 자아
발견이라는 모험을 할 수 있는 기회이다._스티븐 민츠Stephen Mintz『허클베리 핀
의 뗏목_미국 아동기의 역사Huck,s Raft_A History of American Childhood』

아동기가 위기에 처해 있다. 현대 사회는 무자비한 힘으로 오늘
날 아이들의 삶에서 새로운 경험, 독립심, 모험, 경이로움, 순수함,
신체적 활력, 혼자만의 시간, 다시 말해 삶의 정수를 서서히 그러나
확실하게 쥐어짜내고 있다.

지난 한 세기 동안 경험한 현기증 나는 기술, 사회 문화, 교육의
변화에 대해 비판적으로 고찰한 책은 이 책 이전에도 여럿 있었다.
이 주제들 중 상당히 많은 부분을 다루겠지만 이 책에서 내 역할은
그보다 더 깊이 파고들어가 이런 변화가 젊은 세대의 활력과 독창

성, 창의력의 근원인 내면의 불꽃에 끼친 충격에 경종을 울리는 데 있다. 이 불꽃은 이들이 스스로 되고자 하는 존재로 성장하도록 에너지와 힘을 준다. 나는 이 불꽃을 '내면의 야성inner wildness'이라 부른다.

'내면의 야성'은 무엇을 뜻할까? '내면'은 인간의 외면 아래 깊숙이 있으며 의식으로는 짚어낼 수 없는 어딘가를 의미한다. '야성'은 우리가 언어라 부르는 상징으로는 도저히 묘사할 수 없으나 통제를 강하게 거부하며, 헤아리기 어려운 본질을 나타내려는 시도라 할 수 있다. 내면의 야성은 야생 생물이나 자연으로 대표되는 지구의 외적 야성에 대응하는 표현으로, 이들이 존재하지 않는 지구는 황량할 따름이다. 나는 '내면의 야성'이라는 표현 속에 이 외적 야성을 보존하는 일 또한 절실하다는 사실을 담아내고자 했다.

1973년부터 내가 몸담고 있는 색다른 학교의 아이들에 대한 책을 쓰던 중에 이 책을 구상하기 시작했다. 행동과 인지에 어려움을 겪고 있는 학생들이 정신의학적 꼬리표나 약물치료 없이 이 학교에서 어떻게 생활하는지 쓰고 있던 때였다. 그 당시 나는 주류 학자나 의사들이 유전적으로 뇌기능에 화학적 불균형이 생겨 고통받는다고 하는 아이들, 그 중에서도 특히 남자아이들이 왜 그토록 전염병처럼 늘어나는지 연구하던 중이었다. 진화론의 관점에서 봐도 어떻게 해서 천만 명에 이르는 아이들이 거의 하룻밤 사이에 신경계 질환을 갖게 되었는지 납득이 가는 답을 도무지 찾을 수가 없었다. 주의력결핍과잉행동장애ADHD에 대해 수많은 문헌을 꼼꼼히 뒤져보았지만 만족스런 해답을 찾지 못했다.

그러던 중 40년 가까이 미네소타와 뉴멕시코에 있는 북미 원주민 보호구역에서 특수교사로 있는 벗이 보내온 편지에서 단서를 하나 찾았다. 친구는 〈뉴욕 타임스〉를 읽다가 발견한 글을 보내왔는데, 수업 중에 얌전히 앉아 있지 못하고 학업에 집중을 못하거나 시키는 대로 하지 않는 아이들에게 장애가 있다는 주장을 이 친구 역시 썩 미더워하지 않던 터였다.

퓰리처상 수상 작가 나탈리 앤지어 Natalie Angier는 '소년기라는 이상한 병'이라는 제목의 글에서 우리 문화가 '정상적인' 아이를 규정하는 과정에서 미묘하지만 가혹한 변화가 있었다고 주장했다. 톰 소여나 허클베리 핀 하면 떠오르는 무모하고 고집 세며 짓궂고 지저분하기 마련인 19세기 아이의 전형을 이제는 인정하지 않는다는 것이다. 오늘날 부모와 교사, 심리학자와 소아과 의사는 톰 소여 부류의 아이들과 현대적 시각으로 정상이라는 아이들 사이에 있는 기질이나 행동의 차이를 두고 입을 모아 '병'이라고 말하는 추세다. 이들의 관점으로 보면 톰 소여나 허클베리 핀은 치료가 필요한 아이들이다. 그래서 '치료'라는 명목으로 강력한 향정신성 약물을 강제로 복용하도록 하고, 사회가 규정한 '정상'이란 단어의 정의를 적용시키기 위해 생화학적 치료에 들어간다.[1]

앤지어의 생각은 내가 알바니프리스쿨에서 경험한 생활을 돌아볼 때 더욱 큰 울림으로 다가왔다. 이곳은 강요하지 않고 민주적으로 생활하는 도시 빈민지역 학교로, 유치원 과정부터 중학교 과정의 아이들 65명이 다니며, 다른 이의 권리와 감성을 건드리지 않는 한 톰 소여처럼 굴어도 되는 학교다. 이곳에서는 아이들에게 어떤 기준을 정해놓고 여기에 맞지 않으면 꼬리표를 달아 분류하는 일은 하지 않는다. 우리는 늘 분주하게 움직이는 아이를 '과잉행동'이라고 규정하는 대신 '매우 활발'하다고 말한다. 학교는 늘 소란스럽고 여러 가지 활동이 많기 때문에 매우 활달한 아이라고 해서 그다지 두드러지지 않을 뿐더러 문제아로 여기지도 않는다. 우리는 더욱이 매우 활달한 아이가 뛰어놀고 이리저리 기어오르거나 고래고래 소리 지르고 춤추며, 모래상자에 구멍을 파는 것도 모자라 목재상 재목에 실컷 대못을 박을 수 있도록 해줄 때에야 비로소 기운이 점차 가라앉고 자기 에너지를 조절하는 법을 터득한다는 사실을 알게 됐다. 문제는 이런 아이들이 몸을 움직이고 행동하려는 욕구를 짓누를 때 생긴다.

마찬가지로 쉴새 없이 날개를 파닥이는 벌새같이 진득하게 앉아서 읽고 쓰고 셈하는 데 아직 관심이 없는 아이에 대해서는, 변덕을 부린다거나 주의를 쉽게 다른 곳으로 옮긴다고 말하지 주의력결핍장애가 있다고 보지 않는다. 흥미롭게도 이런 아이들은 일단 '스스로' 하고 싶은 일에 몰입할 기회가 생기면 기꺼이 몇 시간이고 그림을 그리거나 새집을 만들거나 또는 새로 고안한 스케이트보드 동작을 연습한다. 이 아이들은 '스스로' 선택한 일이라면 좋은 책이나 이야기도 집어삼킬 듯이 읽어버릴 뿐 아니라 계속 읽게 해달라고 요구한다. 하지만 욕구나 흥미가 사라져버렸는데 읽으라고 강요하는 순간 문제가 생긴다.

한편 아동기에 요구되는 기준을 다시 정리해보다가 1950년대 후반기와 1960년대 전반기에 걸친 내 소년 시절을 되돌아보았다. 한편으로는 내 어린 시절과 우리 아버지, 할아버지의 젊은 시절을, 또 한편으로는 내 어린 시절과 오늘날 아이들의 어린 시절을 비교해보기 시작했다. 그 결과 아이들의 놀이와 일, 학교, 전자미디어의 성격에 놀랄 만한 변화가 일어났고, 이전 시대에 비해 이들이 아동기 더 나아가 청소년기에 끼치는 영향력도 심각하게 커진 사실에 주목했다. 이런 변화는 시대상에 따라 방식은 달랐지만 기본적으로는 성별을 가리지 않고 지대한 영향을 끼쳤다.

변화의 양상은 매우 폭넓었지만 유독 한 가지 변화가 공통분모처럼 두드러지기 시작했다. 오늘날 아이들은 삶의 거의 모든 영역이 어떤 형식으로든 어른의 개입과 통제에 묶여 있다는 사실이다. 아이들은 아침에 등교 전 프로그램을 마친 후 학교에 가고, 다시 방과 후 프로그램을 받은 후 여기에 더해 각종 과외와 조직 스포츠 활동을 한다. 심지어 청소년들이 스스로 어른으로부터 벗어나겠다는 마음으로 만든 또래 문화는 이익에 눈먼 어른들에 의해 상품으로 채워지고 있다. 이런 어른은 젊은 세대의 참된 삶에는 관심이 없으며 점점 커져가는 시장에서 이익을 늘리는 것에만 관심을 쏟는 사람들이다. MTV 회장은 자신의 텔레비전 왕국이 아이들에게 끼치는 막대한 영향을 어떻게 생각하느냐는 물음에 이렇게 대답했다.

"우리는 단지 아이들에게 영향을 끼치는 정도가 아닙니다. 한마디로 말하면 아이들을 소유하는 셈이지요."[2]

이 말을 듣는 순간 우리는 지금 마크 트웨인이 소설 속에서 장난꾸러기들을 길들이는 수준을 넘어 아동기 자체를 체계적으로 길들이는 세상에 살고 있다는 생각이 들었다.

●●●

내 주장을 간단히 정리하면, 아이를 길들이는 작업은 아이가 첫 숨을 내쉴 때부터 시작되며 아동기 내내 반복된다는 사실이다. '길들이기'는 출생과 함께 시작한다. 현대의 산부인과에서는 위기관리라는 명분 아래, '길들지 않은wild' 방식이라고도 할 수 있는 자연스러운 분만 과정을 세심하게 처방된 의료 절차로 바꾸었다. 오늘날 병원 출산에서 중요한 역할을 하는 기술 개입은 아기가 자궁에서 나오는 순간 자연히 생기는 엄마와 아기 사이의 유대감을 심각하게 훼손하는 경우가 많다. 최근의 신경학 연구에서 아기가 태어나 엄마의 심장 박동을 느낄 수 있는 왼쪽 가슴에 안길 때 생기는 신체 접촉과 눈 맞춤은 아이의 잇따른 발달과정을 완성하는 두뇌 기능이 온전히 깨어나는 데 필수적인 요소라는 사실이 밝혀졌다.[3]

아동발달 전문가이자 관련 분야 저자이기도 한 조셉 칠턴 피어스Joseph Chilton Pearce는 엄마와 신생아 사이의 관계를 방해하지 않으면 엄마가 품고 있는 '출생 지능birth intelligences'이 활발해진다고 말한다. 이 지능은 본능적으로 작용하는데 일부러 가르친다고 해서 만들어

질 수 없으며 엄마가 아기와 즉각적으로 소통하고 아기가 보내는 신호에 응답할 수 있도록 해준다.[4]

그러나 오늘날 출산에서 아기는 태어나자마자 엄마에게서 떨어져 간호사의 관리를 받으며 입원 기간 중에 격리된 채 추가적으로 여러 조치를 받는다. 설상가상으로 미국 여성의 85퍼센트 이상이 분만 시 마취를 받고, 거의 25퍼센트에 이르는 여성이 제왕절개로 출산하는데, 이 수치는 여전히 증가하는 추세다.[5] 연구에 따르면 아기는 산모에게 투약된 약물 탓에 출생 후 일주일이나 풀죽은 상태로 지내며, 모유 수유는 24시간에서 36시간이나 늦어진다.[6] 이런 방식의 길들이기 결과 오늘날 아기들 중 절대 다수는 본능적으로나 발달 단계상 누려야 할 천부적 권리, 곧 출생과 함께 주체적으로 삶을 시작할 권리를 빼앗기며, 출생과 더불어 시작된 이런 무기력은 자칫 아동기 내내 지속될 수도 있다.

한편, 출생 과정에서 작용했던 과잉 관리가 육아에도 슬그머니 그러나 집요하게 침입해 들어왔다. 자녀 수가 줄어들면서 부모는 아이의 안전과 성장에 지나치게 관심을 가진 나머지 우리 세대 어머니들보다 훨씬 더 절박한 심정으로 자녀의 활동과 행방을 주시하고 있다. 취학하고 나면 행여나 뒤처질까봐 아주 어릴 때부터 학습을 시킨다. 부모를 대신해 아이를 돌보는 사람이나 보육시설에 아이를 맡기고, 취학 전에 학습지 교사가 학습을 시키기도 하며, 어떨 때는 두 가지 상황이 동시에 일어나기도 한다.

아이들이 커가면서 학습 프로그램과 수업은 계속 늘어난다. 끊임없이 이곳저곳을 옮겨다니며 온갖 방식으로 구조화된 활동을 하다 보면 홀로 시간을 보내며 사색할 수 있는 기회는 사라진다. 놀이 방식에 나타난 변화도 비슷한 추이를 보인다.

수영에서 나타난 변화는 아동기 여가 활동이 처한 현실을 보여주는 생생한 본보기다. 우리 할아버지 시대에 아이들은 강이나 냇물, 심지어는 채석장에 방치된 물웅덩이에서도 어른의 보호 없이 수영하며 놀았다. 아버지가 어렸을 때는 공설 실내 수영장이 막 등장하기 시작해서 아이들에겐 두 가지 선택의 여지가 있었다. 걸어서 가까이 있는 실내 수영장에 가든가, 시간이 충분하고 자전거만 있다면 더 짜릿한 자연으로 갈 수 있었다. 내가 어렸을 때는 채석장 웅덩이 주변에 높다란 울타리를 에워싸서 어린 수영객들이 들어오지 못하게 했다. 강물이 불어나 물살이 세지면 미숙한 아이들이 위험할 때도 있었기 때문에 강둑에는 '수영 금지' 팻말이 나붙었다. 그렇다고 모든 곳이 사라지지는 않았다. 공설 수영장에는 다이빙대가 두 개 있었는데 그중 하나는 겁이 날 정도로 높았고, 수영장은 한 번 뛰어내려 바닥을 찍고 다시 올라오려면 짜릿한 모험을 각오해야 할 정도로 깊었다. 안전요원들이 익사사고가 나지 않도록 수영장을 지키고 있었지만 그래도 대담한 모험을 즐길 여지는 남아 있었다.

이제 오늘날 수영장 모습을 보자. 많은 수영장에서 다이빙대가 사라졌고 새로 지은 수영장은 대부분 특별히 수심이 깊은 구역을 아예 없애버렸다. 대략 1미터 정도의 깊이로 바닥을 균일하게 만들고 하얀 줄로 개별 수영 구획을 표시해두었다. 아이가 운이 좋다면 너그러운 안전요원을 만나 물속으로 뛰어드는 정도는 가능할 수도 있다.

한편 의무교육, 공장식 교육, 일정 기준 충족을 특징으로 하는 현대 교육모델은 아동기를 길들이는 데 가장 큰 기여를 했다. 이미 언급한 내용처럼 길들이기 너무 힘든 학생들은 정신의학적으로 꼬리표를 붙이고 약물치료를 통해 재빨리 억눌러 무리로 돌려보낸다. 이 '부적응아'들은 사회의 카나리아*로, 아이들에게 닥칠 위험을 미리 감지하는 인간 경보기라고 주장하는 사람도 있다. 이들은 아이들이 들이마셔야 할 '문화'라는 공기에 당장 산소를 주입하지 않으면 더 많은 아이들이 위험에 노출된다고 주장한다. 평가 점수가 졸업, 진학, 학위 등 중요한 결과를 가져오는 고부담 평가에 대한 요구가 높아지자 학교는 교육과정에서 신체 활동과 상상력, 창의성과 관련된 흔적을 거의 남김없이 없애버렸다. 이제 교실은 그 어느 때보다 똑같은 정답만 허용되는, 마치 목장에서 안전하게 길러지는 복제양처럼 아이들이 하루하루를 소비하는 공간으로 전락했다.

아이들이 의미 있는 일에 도전하는 기회도 사라지고 있다. 내가 다섯 살밖에 안 되는 꼬맹이 시절에도 돈을 벌 수 있는 기회는 제법 있었다. 처음에는 정기적으로 수입을 올리려고 손수레를 밀며 동네를 돌면서 몇 푼짜리 빈병을 모으기도 했다. 벌이가 좋을 때는

---

* 예전에 탄광에서는 가스 누출 여부를 미리 알기 위해 카나리아를 갱도 안에 데려갔었다. 유해 가스가 새어 나오면 카나리아가 먼저 죽기 때문이다. _옮긴이 주

1959년 당시 유치원생으로서는 적지 않은 액수인 주당 5달러를 벌기도 했다. 내가 번 돈이었기 때문에 돈을 쓸지 모을지는 전적으로 내게 달렸다는 사실이 무엇보다 중요했다.

뜨거운 여름이 되면 나와 친구들은 동네 한 귀퉁이에 가판대를 만들어 레모네이드를 팔곤 했는데 빈병 수거보다 더 쉽고 짭짤한 사업이었다. 이윽고 삽질을 하고 갈퀴로 낙엽을 모으거나 기계로 잔디를 깎을 정도로 힘이 붙고 나서는 계절별로 사업을 벌여서 일 년 내내 용돈이 궁하지 않을 정도였다. 일곱 살 무렵에는 내 앞으로 계좌를 만들었는데, 수십 달러였던 자금이 십대 시절로 접어들 무렵에는 수백 달러로 불어나던 쾌감이 아직도 생생하게 남아 있다.

요즘은 꼬마들이 레모네이드를 파는 모습은 아주 드물게만 볼 수 있다. 마찬가지로 꼬마 사업가들이 동네 잔디를 깎거나 낙엽을 긁어모으면서 돈을 버는 모습은 좀처럼 찾아볼 수 없다. 경제의 근간이 제조업에서 서비스업으로 변하면서 꼬마 일꾼들이 하던 일을 가사와 조경 대행업자들이 대신하고 있다. 학업은 아동기의 주된, 어떤 아이에게는 유일한 일이 되면서 그 동안 해오던 집안일을 대체하기에 이르렀다. 내가 아는 대부분의 아이들은 돈이 필요하면 부모에게 기대는데, 이 경우 부모는 시험 성적 올리기 같은 여러 가지 조건을 달아 돈을 주기 마련이다. 그러나 이렇게 하면 아이들에게 이제 막 생겨나기 시작하는 자아감 형성에 중요한 자율성이 심각한 타격을 입을 수 있다.

• • •

미국 사회에서 지역과 인종, 계층을 가리지 않고 모든 아이들의 삶을 지배하며 다양하게 퍼져가는 전자미디어 문제도 심각하다. 미디어 생태학자인 닐 포스트먼^{Neil Postman}은 전자미디어, 특히 텔레비전 때문에 아동기가 사라지고 있다고 주장했다. 포스트먼은 거의 삼십 년 전에 "아이들이 하루 24시간, 일주일 내내 텔레비전 속에 등장하는 성인 중심의 영상과 정보에 무차별 노출되어, 머지않아 르네상스 이전 시대에나 존재했던 축소판 어른^{miniature adults}*으로 되돌아 갈 것"이라고 예언했다.[7]

청소년기라는 예측 불허의 시기에 도달하면 아동기에서 비롯된 길들이기 작업이 이미 청소년기에도 심각하게 영향을 끼치고 있는 징후를 포착할 수 있다. 펜실베이니아대학 성인기 이행 네트워크에서 최근 실시한 연구를 보면, 어엿한 성인이 되기까지 심각한 지체와 어려움을 겪는 청소년이 많으며 그 수는 빠르게 증가하고 있다. 연구자들은 청소년들이 취업과 재정적 자립, 주거 공간 확보와 가족 형성 등 전통적인 성인기 지표를 얻는 평균 연령이 갑자기 뛰어올랐

---

* 프랑스 역사학자 필립 아리에스^{Philippe Aries}는 『아동의 탄생』에서 중세에는 아동기를 성인이 되기 전에 잠깐 거쳐가는 과도기 정도로 간주했으며, 아이들은 젖을 떼자마자 어른들 사이에 섞여 생활하면서 함께 일하고 놀았다고 주장했다. 중세의 도상들에서 아이들이 전혀 아이다운 특징을 지니지 않은 채 묘사되는 점도 아이들은 몸집만 작을 뿐 어른과 다를 바 없이 생활했다는 주장을 뒷받침한다. _옮긴이 주

으며, 여전히 많은 사람들이 서른에 이르도록 이 지표를 갖추지 못한다는 사실을 알아냈다.[8] 캐나다의 사회학자인 제임스 코테[James Côté]는 이토록 두드러진 변화를 두고 '멈춰버린 성인기[arrested adulthood]'라는 용어를 만들어 이 상태에 영영 주저 앉는 사람도 있을 정도로 성인기로 넘어가는 중간 단계가 길어지는 상황을 설명했다.[9]

아동기 역사학자 스티븐 민츠도 참여한 코테의 연구에 따르면 오늘날 성인기에 진입하려 애쓰는 젊은이들은 다양한 모순에 직면한다. 그 어느 때보다 소비경제에 완전히 편입되는 동시에 또래 문화에서 분리되면서 부모와 교사, 스포츠 지도자를 제외한 어른과의 교류가 매우 드문 상황에 놓인다. 가정에서는 더 많은 공간을 누리지만 바깥에서의 공간은 점점 줄어든다. 기술이 발달하면서 삶은 꾸준히 편해졌지만, 아이들이 훗날 어른으로서 자리잡는 데 필요한 고도의 사고력을 유발하는 정신적·육체적 도전 기회는 많이 사라졌다. 그중 가장 큰 변화는 청소년들이 성적으로나 심리적으로 점점 조숙해지고 있으며, 이중 많은 이들은 앞선 세대보다 훨씬 이른 시기에 성인으로서 해야 할 선택에 직면한다는 것이다. 그럼에도 이 사회는 젊은이들이 자신의 성숙함을 긍정적으로 표출할 방법은 거의 알려주지 않으면서 이들을 소외시키고 어린애 취급한다. 달리 표현하면 우리는 이들에게 '어서어서 자라거라. 그렇지만 사실은 자랄 필요가 없단다'라는 모순된 주문을 하고 있는 셈이다.[10]

코테와 민츠는 다행스럽게도 오늘날 아이들이 처한 급박한 변화에 그나마 위안거리가 있다고 말한다. 앞으로 평균 수명은 점점 늘어나고 건강 상태도 좋아질 것이며 이전 세대보다 물질적으로는 풍요로울 것이다. 또한 육아로부터 더 자유로워질 것으로 보이는데, 이 추세는 이미 앞선 세대에서부터 나타나기 시작했다. 1950년대에 태어난 미국 여성 3분의 1은 출산 경험이 없고 전문직 여성에게서 그 수는 거의 절반 정도에 이른다. 이런 추세는 여전히 진행 중이다. 인종과 성차별이 줄어들고 지난 50년간 이어져온 종교와 문화, 사회적 장벽과 각종 금기가 느슨해지면서 대다수 젊은 세대는 전 세대에 비해 훨씬 많은 자유를 누리고 외부로부터의 제약은 훨씬 적게 받을 것이다. 말하자면 역사상 어느 때보다 공평하고 열린 세상이 되는 것이다.[11]

그러나 이러한 전례 없는 혜택은 준비된 사람들만 누릴 수 있다. 즉 자립적이고 움츠러들지 않으며 자신을 잘 파악하고 있어서 훗날 뚜렷한 목표를 가지고 당당하게 성인기에 들어갈 수 있는 태도와 능력을 지닌 젊은이여야 한다. 맥사인 슈널Maxine Schnall은 그 이유를 다음과 같이 말한다.

적극적 자유는 오로지 자기 내면만 또는 타인만 지향하는 사람에게는 주어지지 않으며, 두 성향을 조화로이 겸비한 사람만이 누릴 수 있다. 말하자면 '자유롭게 선택'했으면서도 부모와 또래가 만들어준 내면의 규범이 장착된 나침반을 가지고 자율적으로 운항하는 사람 말이다. 그 사람 고유의 목적의식이 가리키는 곳이 나침반의 자북(磁北)이 된다.[12]

본문으로 들어서면 각본 없는 진짜 아동기를 보낼 수 있었던 운좋은 청년들만이 기꺼이 자기 경험의 저자가 되어 만족스럽고 짜릿하게, 남다른 탁월한 삶을 살 수 있음을 확인할 것이다.

• • •

아동기의 소멸을 결코 기정사실로 받아들여서는 안 된다. 우리처럼 아이들의 삶을 위해 뛰어들기로 작정한 사람들이 아이들만의 독창성과 자발성, 넘치는 가능성을 보존하고 향상시킬 수 있는 여지는 많다.

대수롭지 않은 일처럼 여겨질지 모르지만 부모와 교사는 아무리 교육적인 내용이 담겨 있다 해도 텔레비전을 끄고 비디오를 치우는 동시에, 아이들의 마음을 사로잡는 흥미로운 이야기를 들려주면서 책을 읽어주는 전통을 되살려야 한다. 동화는 아이들 내면의 야성을 키우기에 특히 좋은 자료다. 아동정신과 의사 브루노 베텔하임Bruno Bettelheim과 분석심리학자 마리 루이제 폰 프란츠Marie-Louise von Franz는 아이들이 자신의 혼란스런 성격을 억누르기보다 조화로이 흡수하는 데 유용한 각종 상징과 주제가 동화 속에 풍부하다고 했다.

크게는 학군 단위의 학교들이 협력하여 학생은 물론 교사와 교육행정가에게도 가혹하기 짝이 없는 대규모 평가제도를 거부하는 방법을 모색할 수 있다. 이 글을 쓸 즈음 미국의 10개 주가 공동으로 소송을 제기했는데, 만약 성공한다면 이들 주는 낙제학생방지법[No

Child Left Behind Act*을 이행하지 않아도 될 것이다. 소송 원고들은 평가 부담이 너무 크고, 학교로서는 시험 성적을 유지하기 위해 다른 중요한 프로그램을 포기해야 한다고 주장한다. 부모와 교사, 시민활동가들도 1960년대와 1970년대를 연상케 할 정도로 교육적 대안을 마련하는 데 기여하고 있는데, 그 결과 지난 십 년 사이에만 공립과 사립을 가리지 않고 개혁 성향 학교들이 백 개 이상 생겨났다. 자녀를 학교에 보내지 않고 직접 가르치는 부모들도 매년 7퍼센트씩 늘어 현재 2백만에 이르는 가정이 자녀들의 참된 삶에 관심을 기울이지 않는 획일적인 교육체제에 아이들을 맡기지 않고 있다.[13]

교육계에서 일어나고 있는 새로운 움직임은 교수와 학습에 다양한 방식으로 접근하지만, 전체적인 맥락에서 볼 때 한결같이 아이들의 독창성과 개성, 자율성을 강조하고 있다. 이들은 아이들이 책임감을 갖고 의사결정을 할 수 있을 정도로 주체적이어야 하며, 동시에 감독자가 아닌 멘토나 롤모델이 될 만한 어른과 관계를 맺어야 한다고 생각한다. 아이들은 위험으로부터 영원히 보호받기보다 실수를 통해 배우면서 살아 있는 지식을 쌓고 경험할 필요가 있다. 스티븐 민츠의 말을 인용하자면 아이들은 '쇼핑이나 음악 교습, SNS, 부모들의 허락 하에 만나 노는 것 이외의 다른 대안'이 필요하며 훗날 어른으로서 겪어야 할 진로를 탐구할 기회가 필요하다.[14]

※ 2001년 부시 정부가 출범하면서 기초학력 수준을 개선한다는 취지로 만들었으나 평가 기준에 미달하는 학교는 제재를 당하고 폐쇄 조치까지도 받을 수 있어 미국 교육과정이 시험 준비 과정으로 바뀐다는 등 여러 비판을 받았다. _옮긴이 주

지난 세기 환경운동가들이 노력하여 자연의 야성이 파괴되지 않고 그 안에서 인간이 풍부한 경험을 할 기회를 만들었듯이, 길들지 않는 아동기를 자연의 야성만큼 중요하게 생각하는 사람들이 아동기를 지켜낼 시간은 여전히 남아 있다.

1

아이를 길들이는
사회

제안이나 강요를 통해 아이의 의지를 우리의 의지로
바꾸기는 쉽다. 그러나 이렇게 함으로써 우리는
아이가 지닌 가장 큰 권리, 자신의 됨됨이를
스스로 만들 권리를 빼앗는다.

_마리아 몬테소리, 『흡수하는 마음The Absorbent Mind』 가운데

보호 대상이 된 아이들과
시장경제의 만남

———

아동기 길들이기, 그리고 아이의 자아 길들이기는 어느날 갑자기 벌어진 일이 아니다. 한 세기 이상에 걸쳐 꾸준히 게다가 점점 가속이 붙으면서 진행되어오다 최근에야 아동기가 머지않아 소멸할지도 모른다는 위험 신호가 대중의 감시망에 들어왔다. 길들이기의 근본적인 원인을 이해하고 어떻게 하면 이 상황을 되돌릴 수 있을지 길을 찾고자 한다면 과거를 되돌아볼 필요가 있다.

지금 우리가 목격하고 있는 엄청난 변화는 아무도 눈치채지 못하는 사이에 조용히 시작되었다. 20세기에 들어서면서 '아이들' 하면 바로 떠오르는 이미지에도 변화가 생겼다. 그전까지만 해도 아이들의 이미지는 천성이 순수하고 건강하며, 어려움을 극복하는 과정을 경험으로 배우면서 꾸준히 어른으로 성장할 수 있는 존재였다.

역사학자 피터 스턴스Peter Stearns와 동료 학자들에 따르면 1900년에서 1950년 사이에 몇 가지 변화가 연달아 일어나 눈덩이처럼 커지면서 아이들의 이미지는 정반대로 바뀌었다.

변화의 시작은 역사상 처음으로 선택에 따라 임신 조절이 가능해져 출생률이 급격히 떨어지면서 나타났다. 가족 규모가 작아지면서 아이들은 어느 때보다 더 소중한 존재로 여겨졌다.[1] 동시에 심리학이 과학적인 학문으로 입지를 굳히면서 아이들도 그 연구 범위에 들어갔다. 행동주의는 바람직한 행동을 보상하고 환경을 관리하여 나쁜 행동을 예방한다는 개념을 만들어냈고, 프로이트는 심층심리학에서 무의식의 힘이 아이들을 쉽게 압도할 수 있으며, 부모와의 사이에 갈등이 풀리지 않고 남아 있으면 상처받기 쉬운 아이들의 영혼에 잠재적으로 나쁜 영향을 준다는 개념을 도입했다. 시인이자 사회비평가인 로버트 블라이Robert Bly가 말했듯이 이제 수백만의 부모가 상처주지 않고 아이를 키우는 일이 불가능하다는 사실을 깨닫게 되었다.[2]

자본주의 시장경제는 눈앞에 펼쳐진 노다지를 차지하기 위해 주저 없이 뛰어들었다. 자칭 전문가라고 하는 사람들이 나타나 수십 권짜리 육아지침서를 쏟아냈고, 미국 전역의 중산층 가정에 월간 육아잡지를 배달하면서 최신 육아정보를 제공했다. 광고회사가 부모에게 위험이 닥쳐왔다는 메시지를 퍼부으면 곧이어 의약품과 보호장구, 아동용품 시장이 마찬가지로 붐을 이루었다. 역사학자 크리스토퍼 래시Christopher Lasch는 다음과 같이 주장했다. "정신의학은 부모를 만성적으로 불안 속에 가두고, 광고업계가 한 가지 걱정을 없앨 새로운 상품을 쏟아내면 또 다른 불안거리를 만들어 희망을 꺾어버린다. 그렇게 해서 어린이들의 건강과 안전, 하루분의 영양, 정서적·지적 발달, 인기와 성공을 놓고 또래와 경쟁하는 능력, 이 모든 것이 비타민, 일회용 밴드, 충치 예방 치약, 시리얼, 구강청결제, 완하제를 얼마나 소비하느냐에 달려 있다고 주장하는 광고산업의 집요한 마케팅이 통할 수 있는 정서적 토대가 마련되었다."[3]

20세기 중반에 접어들자, 과거에는 튼튼하게 혼자서도 잘 지낼 수 있던 아이들의 이미지가 세균과 각종 질환 또는 예기치 못한 환경이 닥치면 언제든지 쓰러질 수 있는 가냘프고 의존적인 존재로 완전히 탈바꿈해버렸다. 하루아침에 아동기는 사고가 일어나길 기다릴 수밖에 없는 위험한 시기로 변했고, 스턴스가 말한 것처럼 "일반적으로 규제에 적대적이던 미국 사회가 안전, 경고 표시와 울타리, 아이를 위험으로부터 지켜줄 온갖 종류의 간섭에 집착했다."[4] 텔레비전에서는 저녁 프로그램 사이사이에 '당신의 자녀가 어디에 있는지 아십니까?'라는 공익광고를 주문처럼 읊조렸다. 20세기가 잔뜩 겁에 질린 채 밀레니엄을 향해 갈 즈음, 아이들을 집 주변이나 놀이터와 놀이방에 가두려는 부모들의 경향은 거의 일반적인 현상이 되었다.[5]

사실이 이렇다 해서 20세기 이전의 아동기를 미화하려는 의도는 없다. 허클베리 핀이 살던 시절 보통 아이들의 삶은 한가롭고 평화로운 모습과는 거리가 멀었다. 예를 들면 당시 미국인의 25퍼센트가 첫 돌을 맞이하기 전에 죽었고 50퍼센트는 23살 전에 죽었다.[6] 빈곤층이나 북미 원주민 또는 흑인이라면 어린 시절 환경을 잘 이겨냈더라도 자유를 누리며 행복하게 살 가능성은 거의 없었다. 아동기 역사를 추적해서 중세와 고대로 가보면 상황은 더욱 참혹해진다. 대부분의 아이들에게 이 시기는 영아 살해, 노예, 학대, 유기, 노동 착취와 성적 착취로 얼룩져 있다. 사망률은 세 명 중 두 명 비율로 치솟고 평균 연령은 30세 주변을 맴돈다.[7]

르네상스 이전에는 고유의 관습과 의식을 담고 있는 삶의 단계로서의 아동기가 아예 존재하지 않았다고 주장하는 사람도 있다. 영국 역사학자 플럼J. H. Plumb은 전근대 시대에는 아이나 어른이나 똑같은 게임을 하고, 같은 장난감으로 놀고, 같은 주제로 이야기를 나누며 살았다고 주장했다.[8]

아동기 출현의 배경은 이 책이 다루고자 하는 범위를 넘어서는 내용이므로, 1600년대 즈음 서서히 삶에서 별개의 단계가 나타났다고 해두자. 그 무렵 전 시대와 달리 아이들을 이용 대상으로 취급하는 일이 점점 사라지면서 아동기는 더 길어졌다. 아이들은 인종과 성별, 사회경제적 지위와 같은 외부 요인에 따라 차이는 있지만, 엄격하고 책임이 따르는 어른 세계로 들어가기 전까지는 마음껏 놀고 타고난 재능을 시험해볼 수 있도록 시간과 공간을 허락받았다. 아동기가 극소수 특권층에게만 허락된 안락한 삶으로 여겨질 때도 있었지만, 중요한 점은 비교적 최근까지도 이 시기는 어린이들의 시기였다는 점이다. 여기에는 아이들만의 자유와 함부로 건드릴 수 없는 일종의 신성함이 뒤따랐고, 어른들이 조작하거나 개입함으로써 오히려 걸림돌이 되고 있는 오늘날의 아동기에 비하면 '보호구역'이나 마찬가지여서 아이들은 자기 안팎의 세상을 스스로 원하는 방식으로 탐구하고 그려볼 수 있었다.

그러나 오늘날에는 아이들의 삶에서 실제 위험 요소를 없애고 아이들이 궁핍하거나 학대로 고통받지 않도록 노력해왔음에도, 상황을 실제보다 위험하다고 판단해 아이들 주변을 유래 없이 높은 울타리로 에워싸는 웃지 못할 일이 벌어지고 있다. 사회학자 배리 글래스너^{Barry Glassner}가 말한 '공포의 문화'가 이 나라를 뒤덮으며 불안이라는 먹구름이 아동기에 드리우고 있다. 이런 문화의 근본에는 선정적인 보도를 일삼는 뉴스 매체의 과장된 선전이 자리잡고 있다.

글래스너는 중요한 예로 1970년대 초반에 불쑥 터져나온 핼러윈 캔디 괴담*을 들고 있는데, 이 소동으로 인해 이 날을 '어린이들의 축제일'로 즐기는 풍습은 영영 변해버렸다.[9] 십여 년이 지난 후 캘리포니아대학 연구원 조엘 베스트^{Joel Best}와 제럴드 호리우치^{Gerald Horiuchi}가 이 괴담을 파헤쳤다. 두 사람은 1958년부터의 국가 범죄기록을 뒤져 76건의 핼러윈 독극물 사탕 보고를 찾아내 그중 대부분이 실수이거나 사기라는 사실을 밝혔다. 76건의 보고에서 세 명의 어린이가 변질된 사탕 때문에 사망한 것으로 알려졌는데, 더 자세히 조사해본 결과 3건의 사망 사건 중 핼러윈 데이 때 얻으러 다닌 사탕때문에 사망한 일은 한 건도 없었다. 첫 건에서는 휴스턴에 사는 아이의 아버지가 보험금을 노리고 아들에게 비소가 든 사탕을 준 것으로 드러났고, 두 번째 건에서 사망한 아이는 친척이 숨겨둔 헤로인 위로 넘어지는 바람에 헤로인 가루를 흡입해 목숨을 잃었다. 소년의 가족은 이 사실을 감추려고 소년이 갖고 있던 핼러윈 사탕에 헤로인을 뿌렸다가 결국 자백했다. 세 번째 건에서는 로스앤젤레스에 사는 소녀가 심각한 발작을 일으킨 원인이 독이 든 사탕 때문이라고

---

* 악의를 품은 사람들이 핼러윈 데이에 아이들이 동네를 돌며 얻으러 다니는 사탕에 독극물이나 면도날 같은 이물질을 넣어 아이들을 해치려 한다는 1970년대의 도시 괴담. _옮긴이 주

했으나, 나중에 선천적인 심장 질환이 이유였던 것으로 밝혀졌다.[10]

베스트와 호리우치가 철저한 조사를 벌여 핼러윈을 둘러싼 히스테리에 전혀 근거가 없다는 사실을 밝혔지만 이미 일은 벌어지고 말았다. 1970년 〈뉴욕 타임스〉는 "이번 주말에 어린이들이 모으러 다니는 핼러윈 사탕은 어쩌면 기쁨보다는 공포를 가져다줄 수도 있다"는 내용이 담긴 기사를 실었다. 이 기사는 있을지도 모를 독극물 사탕 사례에 대해 구체적이면서도 섬뜩하게 설명했다. 대부분의 부모는 이미 아이들의 사탕을 꼼꼼히 살펴보라는 경고를 가슴 깊이 새겼고, 자녀들이 분장을 하고서 사탕을 얻으러 어두워진 밤 동네를 여기저기 돌아다니도록 허락하지 않았다.[11] 핼러윈은 어른들의 간섭으로 어김없이 실내에서만 즐겨야 했으며 폐가에서 하는 가장무도회쯤으로 제한되었다.[12] 슬프게도 핼러윈 괴담에서 나타난 길들이기는 아이들에게 일어날 수 있는 가상의 위협에 맞서 사회가 대응하는 본보기가 되었다.

양육 방식을 지배하는
두 가지 심리, 공포와 통제
——   길들인다는 말은
사육한다는 말과 같다. 인간은 처음으로 동물과 작물을 기르기 시작했을 때 이들의 성장과 행동을 관리하는 법을 배워야 했다. 그렇게 해서 얻는 이점은 명백했다. 길들인 생명체는 더 예측하기 쉽고

덜 위험해 자원으로 쉽게 이용할 수 있었다. 초창기 농경인의 삶은 생존의 문제에 좌우되었다. 그들은 생존에 필요한 음식을 거르지 않고 조달해야 했으며, 동시에 위협적인 대상으로 바라보던 환경과 자신들 사이에 보호막을 두면서 자신들이 약한 존재라는 느낌을 줄여나가야만 했다. 철학자 폴 셰퍼드Paul Shepard의 말을 인용하자면 "농경의 관념에서는 야생에 존재하는 것들은 길들여진 존재의 적이다."[13]

길들이기 과정은 아이들의 이미지가 약하고 보호받아야 할 존재로 바뀜과 동시에 자녀를 잘 키우려는 부모의 근심이 커지면서 이 두 현상이 강하게 상호작용한 결과에 일부 기인한다. 두 현상에 존재하는 공통분모는 공포와 통제이며, 이제 이 두 가지 심리가 부모의 양육 방식을 지배하고 있다. 자녀의 미래에 대한 지나친 걱정으로 심리학자 데이비드 엘킨드David Elkind가 말하는 이른바 '과잉양육' 현상이 생긴 부모는 각종 과외활동으로 아이들의 자유시간을 빼곡하게 채워넣는다.[14] 심리학자 포스터 클라인Foster Cline이 말하는 신세대 학부모, 아이의 안전과 행복을 바라는 이른바 '헬리콥터 부모'는 자녀의 주변을 맴돌며 어려움이 닥치면 언제든지 내려앉아 구조할 태세를 갖추고 있다. 헬리콥터 부모는 자녀를 위해서라면 가리는 일이 없다. 아이들의 길을 열어주기 위해 대신 싸우며, 아이들 스스로 성공 또는 실패를 겪을 자유를 용납하지 않는다.[15] 여기 주목할 만한 통계자료가 있다. 5세에서 13세 사이 중산층 아이들이 어른에 의해 계획되지 않고 감독받지 않으면서 집 밖에서 하던 놀이는 1980년대와 1990년대 사이에 40퍼센트나 급감했다.[16]

이런 현상은 우리가 모르는 사이에 은근슬쩍 찾아온 과정이 아니다. 사회심리학자 웬디 그롤닉Wendy Grolnick은 일종의 생물학적 유인작용 때문에 우리가 선천적으로 아이들의 복지에 매달리게 된다고 말한다. 가족의 생존에 대한 포유동물 특유의 유대감과 진화 과정상의 본능은 자연스럽게 자식들에게 가장 좋은 것을 찾아주려는 욕구로 바뀌며, 이는 아주 쉽게 공포와 통제로 바뀔 수 있다.[17] 아이 엄마이기도 한 그롤닉은 부모 통제 형태를 연구하는 데 많은 시간을 쏟았다. 그녀는 부모가 갖는 본능적인 관심과 염려는 경쟁적이고 위계적인 사회제도 탓에 겹겹이 두터워진다고 설명한다. 예를 들면 교실과 일터의 여건들이 부모에게는 아이들을 위협하는 요소로 보이며 그 결과 형성된 불안감 때문에 부모는 아이들의 환경에 자꾸만 영향을 끼치려고 한다.[18]

그롤닉과 엘킨드 모두 점점 번져가는 통제형 양육 방식에서 스트레스의 영향을 중요하게 꼽는다. 부모로서는 단지 아이들이 고분고분하기를 원하기 때문에 통제하려 들 때도 있지만, 과도한 부담감이 부모를 짓누르기 때문인 경우도 많다. 경제 사정, 아이를 고려하지 않은 취업 계획, 한부모 가정에서 오는 어려움, 눈코 뜰 새 없이 바쁜 일상으로 인해 아이들을 자율적으로 키우기에는 부모의 심리 상태가 온전하지 못하다. 아이들이 스스로 배워가며 자기 문제를 해결하는 법을 터득하기까지 얼마나 긴 인내의 시간이 필요한지는 모두가 알고 있다.

더욱이 스트레스에 짓눌린 부모는 아이들을 "상징으로 단순화"

해서 보는 경향이 있다고 엘킨드는 말한다. 아이들이 주체가 아닌 대상이 되면서 부모는 아이를 전인적 인간으로 알아가야 하는 고된 일에서 손을 놓아버린다. 그렇게 되면 부모는 아이가 정말 무엇을 원하는지 고려하지 않은 채 이곳저곳으로 끌고 다니며 온갖 과제로 옭아맨다.

스트레스가 있으면 부모는 자기중심으로 판단하며 결국에는 자녀를 '또 다른 자신'으로 보게 된다. 이런 부모는 아이들의 옷차림이나 학교생활이 자신이 보호자로서 어떻게 비치는지에 영향을 준다고 생각한다. 그래서 그 압박감을 덜고 자존심을 세우기 위해 자녀를 몰아붙이면서 자신을 대신해 남에게 지위를 증명해주는 존재로 탈바꿈시킨다.[19] 이런 방식의 양육은 아이들을 아이답게 키울 여지는 조금도 남겨두지 않은 채 전적으로 어른이 정한 대로 몰고가는 또 다른 형태의 길들이기이다.

그롤닉은 부모의 스트레스가 종종 과민반응으로 터져 나와 통제행위로 나타난다고 설명하면서, 가정 복지를 주제로 한 자신의 연구를 인용하고 있다. 이 연구에서는 재정적인 어려움과 처벌적 양육 사이에 밀접한 상관관계가 있음이 밝혀졌다. 농촌 가정을 주제로 한 다른 연구에서는 가난, 자녀 수, 저학력, 한부모 가정과 같은 스트레스 요인이 많을수록 어머니는 아이들에게 필요한 도움을 덜 주고, 경멸적인 발언을 더 많이 하고 위협하며, 신체적·정서적으로 통제하려는 모습을 보였다.[20]

그롤닉은 통제형 양육이 아이들에게 미치는 영향을 밝히기 위해 엄마와 아기들 사이의 상호작용에 초점을 두고 몇 가지 연구를 진행했다. 한 실험에서는 엄마들에게 장난감을 주고 첫 돌이 된 아기와 놀게 하면서 일부러 명확하지 않은 지시를 전달했다. "아기가 장난감을 가지고 노는 동안 아기 옆에 앉아 계세요." 그러고 나서 숨겨 놓은 카메라로 아기와 엄마를 3분간 촬영했다. 몇 명은 이 지시를 아이들이 장난감을 '제대로' 가지고 놀도록 해야 한다는 뜻으로 받아들였음이 분명했다. 이 엄마들은 장난감 사용법을 보여주기 위해 심각하게 아이의 놀이에 계속 끼어들었다. 반면 다른 엄마들은 이 지시를 '필요할 때 돕는 역할을 하라'는 의미로 풀이해서 아기들이 혼자 놀다가 곤란한 상황이 되었을 때만 도움을 주었다.

그롤닉은 통제 성향의 정도와 아기의 자율성에 도움이 되는 정도에 따라 엄마들을 구분했다. 자율성에 도움이 되는 엄마들은 아기가 하는 대로 봐주면서 격려하고, 막힐 때는 딱 알맞은 만큼만 도와주었다. 통제 성향의 엄마들은 아기와의 상호작용을 주도하면서 늘 필요 이상으로 도와주고 무엇을 해야 할지 사사건건 개입하려고 했다. 이어서 연구자들은 다시 아기와 엄마를 떨어뜨려 놓고 활동지속성을 측정하기 위해 아기에게 어려운 과제를 주었다. 통제 성향의 엄마를 둔 아기들은 쉽게 포기하려는 경향을 보인 반면에 자율성에 도움이 되는 엄마를 둔 아기들은 주어진 과제를 풀려고 계속 애썼다. 그롤닉은 통제 성향의 엄마들이 관리 단속하고 강요하는 행동은 아이들의 타고난 능력과 동기를 손상시킨다고 결론 내렸다.[21]

그롤닉은 일찍이 다이애나 바움린드Diana Baumrind의 연구에서 영향을 많이 받았다. 바움린드는 캘리포니아주립대학의 가족 사회화 및 발달 능력 프로젝트의 책임자로서 기본적인 양육 태도를 세 가지로 분류한 것으로 유명하다. 바움린드의 세 가지 양육 태도에는 권위주의적 유형, 허용적 유형, 권위 있는 유형이 있다. 세 가지 유형을 구분하는 기준은 부모가 아이에게 보이는 애정 어린 보살핌의 정도와 부모가 아이 행동에 행사하는 통제의 수준이다.

바움린드는 먼저 양 극단의 유형을 대조했다. 권위주의적 부모는 다른 두 유형의 부모에 비해 애정 어린 보살핌이 부족하고 통제하려는 성향이 강하다. 아이의 행동에 절대적인 기준을 정해 아이가 다른 의견을 제기하거나 협상하려 들면 용납하지 않는다. 강압적으로 처벌을 동반한 훈육을 선호하고, 엄격하게 복종할 것을 요구하면서 아이의 자립과 개성을 제한하려 한다.

반면에 허용적 부모는 보통이거나 높은 수준의 보살핌을 보이나 통제 성향은 약하다. 아이의 충동적 행동에 지나치게 관대해서 자제시키려 하지 않으며 아이에게 요구하는 것이 거의 없고 잘못된 행동도 습관적으로 받아준다.

바움린드는 이 두 극단 사이의 적절한 지점을 '권위 있는' 유형으로 분류했다. 권위 있는 부모는 아이의 행동이 도를 넘을 때 단호하고 일관되게 제한하지만 엄격하게 구속하지 않는다. 어른의 관점을 유지하면서도 아이의 견해를 존중하고 대화를 많이 나눈다. 이들의 아이는 자라면서 책임감이 강해지고 부모는 점점 자립의 기회를 늘려가며 가족 안에서의 권한을 조금씩 넘겨준다.[22]

바움린드는 다양한 양육 태도가 미치는 결과를 알아보기 위해 획기적인 장기 연구를 몇 차례 진행했으며 각각의 연구 결과는 동일했다. 자라면서 자기 능력을 키우며 주도적으로 성장할 가능성은 권위 있는 부모를 둔 아이가 가장 컸다.

조절형 부모와
통제형 부모의 차이

—   부모의 통제는 복잡하고 민감한
주제다. 어느 가정이나 가풍이 있고 내부 규율이 있다. 바움린드는
자신이 만든 유형을 가리켜 여러 가지 육아 방식을 일반화하려고
고안해낸 인위적인 개념이라고 조심스럽게 설명했다. 그리고 양육에
절대적으로 옳은 한 가지 방식만이 있는 것은 아니라고 강조했다.

더욱이 아이들을 보호하고 안내하며 지도해야 할 때도 있기 마련
이다. 심리학의 표현을 빌자면 사회화할 필요가 있는데 이 말은 자
기의 충동을 사회 관습에 맞게 조절할 줄 알아야 한다는 뜻이다.
예를 들면 아이들이 화난 감정을 표현하는 것은 용인될 수 있지만
반복해서 폭력으로 해결하는 방식은 받아들여지지 않는다. 아이들
사이에 일어나는 성행위 흉내는 제지당할 수 있고, 같은 핏줄 간의
불륜은 보편적으로 금기시되는 등의 경우다.

지금 이 논의를 위해 핵심적인 질문을 던져보자. 부모 통제의 적
절한 선은 어디일까? '사회화'가 '길들이기'로 변해 결국 부모의 육아

방식이 아동기를 위협하는 요인으로 작용하는 지점은 어디일까?

그롤닉은 '조절하는being in control' 부모와 '통제하는controlling' 부모의 차이를 설명한다. 조절한다는 말은 나이에 따라 한계를 분명히 하고, 아이들이 스스로 선택하며 실수를 통해 배우도록 허락함으로써 자율성을 키울 수 있게 돕는 행동을 말한다. 조절하는 부모는 아이가 특정 행동을 하는 데 최소한으로 개입하며, 아이가 스스로 자기 의지에 따라 행동한다고 믿게 한다. 이들은 부모가 내린 결정에 대해서는 그 이유를 설명해준다. 아이가 성장하면 점차 아이와 의견 조정도 한다. 반면에 통제한다는 말은 복종에 큰 가치를 두고 특정한 결과가 나오도록 아이를 이끌며, 대화는 좀처럼 나누지 않는다는 말이다. 또 처벌하고 평가를 내리며, 기한을 정해 압박하거나 아이의 죄책감을 자극해 스스로 순종하게 만든다. 이런 모든 행위는 아이의 자신감에 상처를 준다.[23]

그롤닉은 여기서 로체스터대학의 심리학 교수인 에드워드 디시Edward Deci와 리처드 라이언Richard Ryan의 연구를 참고하고 있다. 두 사람은 아이들이 자기 주변의 세상을 이해하고 배우려는 욕구를 타고 태어난다는 전제하에 삼십 년에 걸쳐 인간발달 모델을 연구해왔다. 구속받지 않고 보살핌을 잘 받은 아기를 관찰해보면 아기가 얼마나 호기심 많은 존재이며 둘러싼 환경을 얼마나 적극적으로 탐구하려는지 볼 수 있다고 그들은 말한다. 이런 욕구는 가르친다고 생겨나지 않는다. 아기는 새로운 경험에 끌리면 '익숙해질 때까지 고집스럽게 반복하기' 때문에 본능적으로 흥미를 느끼는 대상을 좇는다.[24]

디시와 라이언은 자신들이 만든 모형을 자기결정성 이론$^{Self-}$ $^{Determination\ Theory}$이라 하였는데, 자기결정이란 말은 강요나 의무감이 아니라 스스로 내린 선택에 따라 행동함을 뜻한다. 이 말은 또한 아이들이 "내재적으로 동기화"되어 있기 때문에 자율성과 능력을 키우려는 기본적인 욕구를 통해 자연스럽게 배우고 자란다는 사실을 의미한다.[25] 내재적 동기는 자기 내부에서 비롯된 욕구로, 자기만족감처럼 그 자체로 보상을 얻는다. 자발적으로 흥밋거리를 찾고 탐구하며 새로운 환경에 적응하고 익히려는 자연스런 성향이다. 또한 놀고 탐구하며 문제를 해결하는 과정에 동력을 주기 때문에 인지발달과 사회적 발달에 필수적인 역할을 한다. 디시와 라이언에 따르면 내재적 동기의 가장 중요한 역할은 "유기체가 지닌 활동 본성에 중요한 에너지원"으로서 아이의 발달과정을 촉진하는 데 있다.[26]

아이들은 풍부한 내재적 동기를 갖고 태어나지만 나쁜 환경에서는 이 동기가 쉽게 다칠 수 있다. 그롤닉은 "아이들이 간섭받지 않고 자기 흥미를 찾아갈 수 있는 자유를 허락하는 일이야말로 내재적 동기에 가장 중요하다"고 했다. 아이들이 스스로 결정한 바에 따라 행동할 때에만 내재적 동기가 작동할 수 있다. 위협, 뇌물, 마감 시한, 지시, 남이 설정한 목표는 물론 심지어 칭찬과 보상 같은 외재적 강화 요인은 내재적 동기를 손상시키기 쉽다.[27] 디시는 1971년에 진행한 획기적인 실험으로 내재적 동기의 중요성을 입증했다.

이 실험에서는 대학생들을 두 모둠으로 나누어 아주 재미있는 입체 퍼즐을 주고 한 시간씩 세 차례에 걸쳐 퍼즐을 맞추라고 요구했다. 첫 시간에는 두 모둠 모두 높은 수준의 내재적 동기를 보였다. 두 번째 시간에 첫 모둠은 퍼즐을 맞출 때마다 1달러씩 받은 반면 두 번째 모둠은 재미 삼아 풀기를 계속했다. 이어 세 번째 시간이 되자 두 모둠의 내재적 동기에 차이가 생겼는데 1달러를 받은 첫 번째 모둠의 내재적 동기가 눈에 띄게 줄어든 결과를 보였다.

코넬대학 가정생활계발센터의 제임스 가바리노James Garbarino가 어린아이들을 대상으로 진행한 연구에서도 이와 비슷하게 보상의 부정적인 효과를 보여주었다. 연구자들은 초등학교 5, 6학년 여학생들에게 1, 2학년 여학생을 개인교습해 달라고 부탁했다. 교사가 된 아이들은 일대일 수업을 하는 동안 같은 과제를 가르치도록 지시받았고, 그중 절반에게는 과제를 성공적으로 수행하면 무료 영화관람권을 주기로 하고 나머지 절반에게는 아무런 보상도 약속하지 않았다. 결과는 충격적이었다. 보상을 받기로 한 아이들은 종종 긴장하고 적대적이었으며 부담을 안은 채 사무적인 태도로 수업을 진행했다. 이들은 학생들에게 더 자주 다그치고 부정적인 평가를 더 많이 내렸으며, 웃음도 적었고 학생들의 과제 성공률도 훨씬 낮았다.[28]

그롤닉에게 이들 연구의 핵심은 내재적 동기를 저해하는 최고의 적은 통제라는 사실이었다. 심지어 아이가 요청하지도 않았는데 부모가 나서서 숙제를 돕는 경우도 미묘하지만 통제로 작용할 수 있다. 그롤닉은 계속해서 에바 포메란츠Eva Pomerantz와 미사 이튼Missa Eaton이 상위 중산층의 초등학교 2학년에서 5학년에 이르는 학생 231명을 대상으로 한 연구를 소개했다. 이 연구에서 학생들에게 요청하지도 않았는데 부모가 숙제를 도와줄 때 어떤 기분인지 질문했다. 4분의 3 이상의 학생이 부모의 의도는 좋으나 이중 메시지를 받는 느낌이라고 대답했다. 이들은 부모가 숙제를 통제하려는 것은 자기가 무능하기 때문이라고 생각해서 결과적으로 자존심에 상처를 입었다. 이런 효과는 연구 대상의 나이가 많을수록 더 두드러졌다.[29]

칭찬은 의도에 따라 통제 수단으로 쓰일 수도 있어 다양하게 풀이된다. 통제를 목적으로 하는 칭찬은 아이가 하는 일을 더 잘할 수 있게 조종하려는 의도를 감추고 있으며, 끝까지 마치도록 압박한다. 통제성 칭찬은 구체적인 행동에 대한 칭찬보다는 아이에 대한 칭찬으로 나타나기도 한다. "숙제를 다 마쳤으니 넌 착한 딸이야"라는 식의 칭찬은 칭찬하는 사람의 기준에 맞춰야 인정받고 자기 가치를 확인할 수 있다고 가르치기 때문에 내재적 동기를 해친다.[30]

한편, 칭찬하는 사람이 솔직히 자기 의견을 말하고 격려해준다면 칭찬은 동기를 불러일으키고 일의 수행에도 긍정적인 영향을 줄 수 있다. 이 가정을 검증하기 위해 그롤닉은 아이들을 모아 몇 가지 문제를 풀도록 했다. 문제를 풀고 나서 모든 아이들은 "와! 문제풀이를 잘했구나. 이 문제를 제대로 풀었네!"라는 말을 들었다. 그러고 나서 아이들을 두 모둠으로 나눠 A모둠에게는 "너희들 정말 똑똑하구나!"라 말하고 B모둠에게는 "문제 푸느라고 정말 애 많이 썼어!"라 말했다. 이어서 전체 모둠은 다른 문제를 받았으나 이번에는 첫 문제만큼 잘 풀지 못했다. 아이들이 문제풀이를 마친 후 그롤닉은 문제풀이가 얼마나 재미있었는지 물었다. 그롤닉은 아이들이 더 쉬운 문제와 더 어려운 문제 중에 하나를 고르게 하고, 어려운 문제를 고른 아이들에게는 "똑똑해 보이지는 않더라도 배우는 게 많을 거야"라고 말했다. 똑똑하다고 칭찬받았던 모둠은 문제풀이를 즐기지 못했다고 말하는 경향을 보였고 자기들을 똑똑하게 보이게 하는 쉬운 문제를 골랐다. 더욱이 이 아이들은 두 번째 문제풀이에서 잘하지 못한 이유가 자기들이 그만큼 우수하지 않아서라고 대답할 가능성이 더 많았다. 반면에 노력했다고 칭찬받은 아이들은 문제푸는 것을 더 즐기고 새로운 기술을 배울 수 있는 어려운 문제를 고르는 경향이 더 컸다.[31]

내면의 야성과 사회화

그러나 내재적 동기가 아이들을 잠재적으로 안전하지 않거나 사회적으로 부적절한 행동으로 이끌어 세상과 갈등을 빚도록 한다면 어떻게 할 것인가? 본능적 자아와 우리가 속한 문화의 규칙과 가치 사이에 어쩔 수 없이 생기는 대립에 대한 연구도 많다. 이 역시 이 책이 다루고자 하는 범위 밖이지만 이런 상황을 '밤비와 고질라의 갈등Bambi meets Godzilla'* 같은 충돌로

---

* 1969년에 만들어진 단편 애니메이션. 한가로이 풀을 뜯던 밤비가 고질라에 밟혀 죽는 내용으로, 월남전이 한창이던 당시 밤비는 평화를, 고질라는 타락한 정부를 상징하는 의미로 해석되기도 했다. _옮긴이 주

보는 사람들도 많다. 여기서 밤비는 당연히 본능에 따르는 자아이
며 고질라는 자아를 둘러싼 문화를 상징한다.

　그렇다고 반드시 이런 상황만 벌어지지는 않는다. 자기결정성 이
론에서는 아이들이 호기심을 죽이거나 새로운 경험과 흥밋거리에
대한 욕구를 억누르지 않고도 기꺼이 외부의 규제를 자기 내부의
규제로 바꾸는 일이 온전히 가능하다고 주장한다. 이 과정을 심리
학적 용어로는 '내면화'라고 하는데, 디시와 라이언은 내면화가 내재
적 동기와 같은 원리로 움직인다고 주장한다. 즉, 아이는 자발적으
로 "더 큰 권한과 자기결정 능력을 감당할 수 있는 내적 구조를 개
발"하려고 한다.[32] 비전문가의 말로 풀어보자면 아이는 자기가 유능
한 존재라는 사실에 뿌듯해하며 자기조절 능력이 점점 커지면서 자
립하고 싶어 하기 때문에, 자연스럽게 점차 책임감을 갖고 자기 행
동을 조절하려 한다. 내면화는 내재적 동기와 마찬가지로 발달상의
과정이라고 볼 수 있다.

　그러나 외재적 강화 요인은 내재적 동기를 손상시키는 경향과 비
슷하게 내면화에도 파괴적인 영향을 준다. 여기서 우리는 다시 사회
화 과정을 되짚어볼 필요가 있다. 부모나 보호자는 사회화 과정을
통해 아이가 사회에서 받아들일 만한 행동을 하도록 '외재적으로 동
기화'해야 한다. 디시와 라이언은 부모가 내면의 야성을 건드리지 않
고 아이를 어떻게 사회화시킬 수 있는지 보여주기 위해 가상의 상
황을 예로 든다. 조니는 집 안에서 공 튕기는 것을 좋아하는 아이
다. 초기 상황은 재미있기 때문에 공을 튕기려는 아이의 욕구와 부

모의 반대 사이에 갈등이 생긴 것으로 설정되어 있으며 부모는 아이에게 다시는 공을 튕기지 말라고 말했다.

다음의 두 가지 시나리오를 가정해보자. 첫 시나리오에서 조니의 아버지는 아이에게 위협하지 않고 판단하지 않으며 '정보를 전달'하는 방식으로 이렇게 말한다. "네가 집안에서 공을 튕기지 않았으면 좋겠다. 전등을 깨거나 물건을 넘어뜨릴까봐 걱정이 돼서 그래." 아버지는 조니의 욕구와 감정을 인정해주려고 신경 쓰며 다시 말한다. "아빠도 공 가지고 놀면 재미있어. 그래서 네가 집안에서 공놀이를 못하면 화가 나는 것도 알아. 하지만 공이 너무 잘 튀기 때문에 밖에서 노는 것이 좋겠다." 여기에 더해 아버지는 집안에서 안전하게 놀라고 부드러운 스펀지공을 준다. 두 번째 시나리오에서 조니의 아버지는 화가 나서 위협적으로 대한다. "그 공 당장 내놔! 집안에서 공 튀기다 또 한번 걸리면 두들겨 맞을 줄 알아!"

두 가지 시나리오에서 조니가 공놀이를 멈추게 된 처음 동기는 부모의 권위에 눌려 외부에서 왔다. 두 번째 시나리오에서는 두 가지 결과가 가능하다. 아버지를 화나게 해서 벌 받지 않으려고 집안에서 공놀이를 하지 않거나, 반항하는 마음에 막무가내로 공놀이를 할 것이다. 만약 여기서 조니의 아버지가 반응한 방식이 부모가 아이 행동을 제한하는 전형적인 방식이라면 조니가 할 수 있는 적절한 행동은 계속해서 어른의 감시와 규제에 의존하는 일이다. 반면에 첫 번째 시나리오의 부모가 평소에도 아이의 행동을 제한할 때 이유를 설명하면 조니는 커가면서 스스로 조절하는 방식으로 자기 행동을 정할 것이다. "물건을 깨뜨릴 수도 있기 때문에 집안에서는 공을 던지지 않을 거야. 그러고 싶지도 않아." 또는 대안으로 안전하게 놀 수 있겠다고 판단하여 여전히 집안에서 공놀이를 하기로 마음먹을 수도 있으며 이 경우 마음먹은 대로 되지 않아 피해가 생기면 기꺼이 책임을 지려 할 것이다.[33]

다시 말하지만 아이가 타고난 충동과 취향이 어른의 기준과 상반될 때가 있게 마련이다. 그러나 아이는 스스로 조절하려는 내재적 동기를 타고 태어난다는 사실을 부모가 기억하면 아이는 결국 자기가 선택한 가치와 결과에 따라 스스로 결정할 수 있다. 아이 스스로 선택한 가치와 결과여야 아이 수준에서 납득이 되기 때문이다.

이끌어주기와 내버려두기의
적절한 때를 알기
——   두 아이의 아버지이자

학교 운영자로서 매우 다양한 가족들과 밀접하게 작업하며 얻은 경험으로 비추어볼 때 디시와 라이언의 연구는 타당하다고 확신한다. 우리가 아이들을 조건 없이 애정으로 보살피되 일관적이고 단호하게 제한을 두면서도 가능한 한 아이를 구속하지 않는다면, 물질적 대가나 위협보다 충분한 정보를 주고 아이가 책임감 있게 선택할 수 있도록 신뢰한다면, 그리고 자발적인 존재가 되고 싶어 하는 마음 깊은 곳 욕망을 존중한다면, 아이들은 종종 어린 나이에도 스스

로 결정하는 능력을 발휘할 수 있다.

하지만 이 경험이야말로 그롤닉이 말하는 적절한 개입과 아이들이 스스로 결정하는 데 필요한 자유 사이에서 부모가 균형을 잡는 일이 얼마나 어려운지 뚜렷하게 보여준다. 나와 아내를 포함해서 우리 세대 많은 부모가 저지른 실수는, 우리가 1950년대 전후로 아동기를 보내면서 겪어야만 했던 권위적 양육에 대한 과민 반응이었다. 그래서 우리는 아이의 행동을 제한하는 데 너무 인색했고, 아이들이 자신을 제대로 관리할 만큼 성숙하기도 전에 너무 많은 권한을 넘겨주었다. 우리는 아이들이 자기다움을 찾을 수 있도록 자유롭게 하려고 했지만, 권위를 지나치게 많이 포기하다가 아이들에게 허황된 자아의식을 심어준 것이나 다름없다. 그래서 아이들 스스로 방향 감각을 가다듬을 수 있게 돕기보다는 의도치 않게 부모 자식 사이의 힘겨루기에 힘을 쏟도록 부추긴 셈이다. 데이비드 엘킨드가 관찰한 사실에 따르면 "아이는 스스로를 조절해야 할 필요를 느끼지 못하면 부모를 통제하려고 행동"하기 때문이다.[34] 아이는 스스로 흥미를 찾아가기보다는 부모 주변을 맴돌면서 부모를 더 잘 조정할 수 있는 방법을 궁리한다. 우리는 아이가 어른을 지배하려고 할 때, 사실은 아이가 세상을 무서워하며 그로 인해 세상에서 버틸 수 있는 탄탄한 발판을 만드는 데 실패한다는 사실을 미처 알지 못했다.

이런 식의 과잉 보상은 여전히 진행 중이다. 오늘날 수많은 젊은 부모들은 너무도 아이들의 호감을 사고 싶어서 "안 돼!"라는 말을 하기 꺼린다. 이들은 잠자는 시간처럼 아이와의 사이에서 일어날 수 있는 실랑이를 피하는 경향이 있으며, 이는 결국 아이들이 진짜 욕구에 끌리기보다 미숙하고 갈등을 일으킬 소지가 다분한 충동에 휘둘리도록 방치하는 것이다.

이들 중 소아과 의사 윌리엄 시어스William Sears와 부인 마사 시어스Martha Sears가 유행시킨 '애착양육'이라는 새로운 방식으로 양육하는 부모도 있다. 이 방식의 핵심은 갖은 방법을 동원해 아기와 부모 사이 유대를 강하게 만드는 일이다. 이 방식에서 엄마는 아기가 원하면 적어도 생후 일 년까지는 모유를 수유한다. 낮에는 아기 띠와 같은 방식으로 아기를 '입다시피' 하며 밤에는 엄마, 아빠, 아기가 '한 침대'를 쓴다.[35]

애착양육은 포유류의 유대관계를 연구한 콘라트 로렌츠Konrad Lorenz에게서 영향받은 영국 아동심리학자 존 볼비John Bowlby의 연구에 기초를 두고 있다. 이 연구에서 볼비는 아이와 부모 사이에 세 가지 '애착 유형'이 생길 수 있으며 아이는 심리적 발달 단계를 거치면서 이들 유형에 큰 영향을 받는다는 이론을 제시했다. 부모가 아이의 요구에 일관되게 응하지 않거나 통제 수단으로 아이를 돌보지 않겠다고 위협할 때 불안-저항 유형을 보이며, 아이에게는 위로와 보호가 필요한데 부모가 보살피기보다는 퇴짜 놓을 때 불안-회피 유형이 나타난다. 이 두 가지 모두 불안정 애착으로 아이의 자존감에 상처를 주며 분리불안을 일으키기 쉽다. "안정적으로 애착이 형성된" 아이는 부모가 기꺼이 자기 요구를 들어주고 보호와 위로, 도와달라는 신호에 바로 반응을 보인다고 확신한다. 이 유형의 아이들만

이 "당당하게 세상을 탐구하고 세상일에 유능하게 대처"할 수 있다고 생각할 것이다.

볼비에 따르면 아이가 자율적으로 하려는 바람을 꺾는 부모는 자신들도 어린 시절에 안정적인 애착을 형성하지 못한 경우가 많이 있다. 그 결과, 이런 부모들은 무의식적으로 부모와 아이 관계를 뒤집어 아이를 자신의 애착인물로 바꾸려는 경향이 있다. 이렇게 되면 아이는 짜증내고 불안해하거나 화내고 거칠어져 부모에게서 부정적인 반응을 끌어내며 결과적으로 약한 애착 관계가 지속되는 악순환을 겪게 된다.[36]

이론적인 면에서 아이 내면의 야성을 보호하고 지지해주는 방식이라면 애착양육은 매우 일리가 있다. 그러나 실제 관찰한 바에 따르면 애착이 강해서 일을 그르치는 부모도 있다. 아이와의 사이에 떨어질 틈이 너무 없으면 앞서 말했던 '헬리콥터 부모'가 될 위험도 존재한다.

지금까지 부모와 아이 사이에 벌어지는 변화무쌍한 역동성에 초점을 두고 깊이 살펴보았다. 내면의 야성이 살아남기 위해 일찌감치 거쳐야 하는 시험대가 바로 여기에 얽기설기 엮여 있기 때문이다. 부모인 우리는 아이들이 스스로 결정할 수 있는 존재로 거듭나도록 여러 방면으로 지지할 수 있으며, 이렇게 함으로써 훗날 아이들이 타고나는 지식을 부정하며 길들이려는 세력에 꿋꿋하게 맞서 자신의 삶을 스스로 꾸려가도록 큰 도움을 줄 수 있다.

지금까지 살펴본 것처럼 아이의 발달과정을 촉진하는 내재적 동기는 스스로 살아남을 수 없다. 디시와 라이언의 말을 다시 한 번 인용하자면, "이 동기는 강하고 지속적이지만, 흔히 볼 수 있고 종종 사회에 의해 용인되기도 하는 환경의 힘에 지속적으로 부식되어 약해진다."[37] 이제 우리가 향할 곳은 그야말로 공포와 경쟁, 물질 과잉, 세상에 순응하고 성공하려는 욕구가 뒤섞여 거대한 산을 이루며 부모와 아이를 가리지 않고 모조리 파묻어버리는 과정, 바로 가정보다 더 막강한 힘을 지닌 사회가 아이들을 길들이는 과정이다.

2

아이를 길들이는
교육

현대 교육방식이 신성한 호기심을 아직 완전히
질식시키지 못한 것은 기적이나 다름없다.
호기심이라는 섬세하고 연약하고 작은 식물에게는
자극 외에 자유도 필요하다. 자유가 없다면
호기심은 반드시 쇠약해지고 시들해진다.
강압과 의무감이라는 수단을 동원해
보고 탐구하는 즐거움을 앞당길 수 있다는 생각은
엄청난 착각이다.

_앨버트 아인슈타인, 『일기』 가운데

학교교육의
아이 길들이기

———   제도교육은 규칙과 틀, 외부로부터의
보상과 처벌, 분류와 기준을 앞세워 아동기를 길들이는 데 기여해
왔다. 그러나 아이들을 길들이는 가장 큰 원인으로 학교교육이 본
격적으로 자리잡기 시작한 시기는 대략 내 인생 정도의 기간에 걸
쳐 있다.

여기에 대한 근거는 양적으로나 질적으로도 풍부하다. 예를 들면
내가 유치원생이던 1959년, 유치원에서 보내는 시간은 고작 오후 12
시 반에서 3시까지였다. 더욱이 이 기간은 내가 처음으로 겪은 학교
생활이기도 하다. 나는 유치원 입학 전 5년을 워싱턴 교외에서 어머
니와 살며 하루 대부분을 이웃집 친구들과 바깥에서 놀면서 보냈
다. 우리는 집 사이로 굽이굽이 흐르는 시냇물을 첨벙첨벙 걸어다
니거나 애벌레를 모으고 새둥지를 털며, 겨울이 되면 근처 언덕에서
썰매를 타는 등 그 또래 아이들이 모여 놀면서 할 수 있는 온갖 일
을 벌였다. 유치원을 마치고 초등학교에 다니던 시기에도 학교가 끝
나면 재빨리 집으로 가서는 다시 시냇물에서 첨벙거리고 애벌레를
모으고 새둥지 터는 일 따위를 계속했다. 학교는 그럭저럭 견딜 만
하게 내 삶에 간섭하는 정도였다.

내가 일곱 살이 되던 해 도시로 이사해서 공립학교를 다녔지만
가까운 시냇물이 자전거로 십오 분 거리에 있다는 점을 제외하면
내 삶은 크게 달라지지 않았다. 근처 국립 동물원에서 흘러나온 오

수 때문에 옛 집 근처의 시냇물만큼 맑지는 않았지만 크게 개의치 않았다. 우리는 그 정도 일로 놀이를 단념하지 않았다.

이제 내 경험과 오늘날 아이들의 삶을 비교해보자. 종일반 유치원이 거의 일반화되었고, 취학 전 교육과정도 만만치 않다. 여기에 부모가 다섯 시까지 일해야 하는 아이들이 받는 방과후 프로그램, 일찍 출근하는 부모를 둔 아이들이 받는 등교 전 프로그램, 과외 학습, 숙제는 물론이고 각종 심화활동까지 더해보면 상황이 완전히 바뀌었다. 특정한 학습목표도 없이 체계 없이 돌아가는 활동은 학교 교육과정을 방해하는 것으로 여겨진다.

심지어 아이들이 교실에서 지내야 하는 시간은 점점 늘어나고 있다. 내 어린 시절에는 아침과 오후에 각각 쉬는 시간이 있었고 점심시간은 얼마든지 우리가 내키는 대로 보낼 수 있었다. 날씨만 좋다면 학교를 벗어나 점심을 먹고는 놀이터에서 오랜 시간 간섭받지 않고 이런저런 놀이를 했다. 야외학습도 잦아서, 새에 관심이 매우 많았던 4학년 담임선생님은 쌍안경을 들고 우리를 종종 야외로 데려갔다. 때로는 학교 주변에서, 차편을 이용할 수 있으면 개발의 손길이 미치지 않은 곳으로 나가 새를 관찰하게 했다. 5, 6학년 때는 워싱턴 심포니 오케스트라의 주선으로 특별 콘서트에 몇 차례 다녀오기도 했다. 그러나 오늘날 교육현장에서는 표준에 대한 요구가 치솟으면서 넉넉한 휴식과 현장 체험은 과거에나 가능한 일이 되어버렸다. 학년 말에 자격시험을 통과하는 학생이 매우 적을 경우 정부가 제재를 내리기 때문에 학교는 불필요하다고 생각되는 활동을 거의 없애버려야만 했고, 일과 중 학습활동에 직접 관련된 시간의 양이 중요하다고 강조하면서 '과제 집중 시간'이라는 말이 모든 교실에서 교훈처럼 울려퍼졌다.

학교교육의 본질은 지난 두 세대에 걸쳐 질적으로도 엄청난 변화를 겪었다. 변화의 양상은 차마 다 열거할 수도 없을 정도이지만 내면의 야성에 가장 큰 영향을 주는 요인 세 가지를 꼽는다면 아마도 꾸준히 늘어가는 형식성, 빡빡한 학교 일상, 수치화 가능한 결과물에 대한 압력일 것이다.

여기서 잠깐, 도시 중산층 아이들 대부분이 1830년대부터 학교에 다닌 사실을 떠올릴 필요가 있다. 그러나 학교가 의무 출석, 나이에 따른 구분, 표준 평가, 성적표 등을 강하게 밀어붙이며 교육을 둘러싼 부모의 불안이 급격히 커진 시기는 비교적 최근이다.[1] 1983년 대통령 특별위원회 교육 보고서인 〈위기의 국가ᴬ Nation at Risk〉 발행을 계기로 표준 평가를 척도로 하여 높은 기준을 요구하고 학교에 더 큰 책임을 묻는 경향이 강해졌다. 이 보고서의 저자들은 해외 비교 대상국들과 대조해 미국 교육계가 보여주는 낮은 수치와 실패 사례를 인용하며 다음과 같이 기록했다. "우리 교육의 초석이 국가와 국민의 미래를 위협하는 '평범함'이라는 밀물에 침식당하고 있다."[2]

〈위기의 국가〉가 그리고 있는 어두운 그림은 어리석다고밖에 할 수 없는 수준의 심리적 공황을 불러왔고, 정부는 급기야 낙제학생 방지법을 제정하기에 이르렀다. 이런 공포가 지역 학교에 미치는 영향은 다음 사례를 보면 쉽게 짐작할 수 있다. 뉴욕 알바니 지역을 담당하는 교육감은 최근 학생이 생일을 맞아 컵케이크를 가져오는 전통을 금지했다. 사소한 파티마저 수업을 방해한다는 이유였다. 그는 또 다른 개혁 조치로 학군의 평가 점수를 높이기 위해 초등학생들에게 주말에도 의무적으로 숙제를 하도록 했다.

이런 사례를 들어 학업성취도의 중요성을 깎아내리려는 것이 아니다. 내가 학교에 다니던 시절 학생들은 오늘날보다 자리에 얌전히 앉아 수업 일정에 더 잘 따랐으며, 학업에 뒤처지거나 따라갈 의지가 없는 학생의 비율도 매우 낮았다. 그러나 내가 자란 세상은 지금과는 엄청나게 다른 세상이었다. 초등학교 시절을 떠올려보면 우리반에서 한부모 가정에서 자란 친구는 나 말고 한 명밖에 없었다.(우리 아버지는 암으로 돌아가셨고, 친구 조이의 부모는 1학년 때 이혼했다.) 또래대부분은 부모의 권위를 매우 존중했고 이런 마음가짐이 교실에도 저절로 스며들었다. 텔레비전이라고 해봐야 볼만한 프로도 많지 않았고, 늘 다른 놀 거리가 있었기 때문에 아이들의 삶에서 비중이 크지 않을 때였다. 9살인가 10살 때쯤 우리 집 텔레비전이 고장 난 적이 있는데 몇 달 지나고서야 수리할 여유가 생겼지만 나는 텔레비전을 거의 찾지도 않았다. 책장에 어머니가 우리 남매를 위해 장만한 아동문학 전집을 골라 보면 그만이었다.

비디오 게임이나 개인용 컴퓨터도 아직 시장에 나오기 전이었고 영화와 텔레비전 쇼, 잡지에는 요즘 같은 성인물이 거의 없었다. 가족들은 한 곳에 오래 머무르려는 경향이 많았다.(나는 아홉 살 때부터 대학에 갈 때까지 한집에 살았고, 아버지가 돌아가시지 않았다면 이사하지 않았을 것이다.) 정보는 아주 천천히 돌았다. 극빈층도 덜해서 부자와 가난한 이들 사이의 격차는 적은 편이었고 도시 대부분은 안전하고 활기가 넘쳤다. 아직은 특정 이익집단이 정치를 좌지우지하지 않던 시기였다.

나는 지금 내 어린 시절이 허클베리 핀의 시절보다 더 살기 좋았다는 이야기를 하는 게 아니다. 여기서 말하려는 요점은 오늘날 학교에서 학습과 행동이 내리막길을 걷는 이유는 대부분 지난 반세기에 걸쳐 일어난 사회·문화·경제·기술 분야에 나타난 변화에서 찾아볼 수 있다는 사실이다. 지난 삼십여 년에 걸쳐 일어난 소위 개혁의 효과라고 해봐야 문제의 근본 원인을 찾지 못한 채 여기저기 엉뚱한 곳을 손본 꼴이나 다름없었다.

흥미롭게도 대공황 시절 봇물처럼 쏟아져 나온 불안감으로 학교교육이 강화되면서 오히려 학교제도의 부자연스러움, 특히 어린아이들이 받게 될 부자연스런 영향을 우려하는 목소리가 거세게 들려왔다. 1935년 발행된 잡지 〈부모Parents〉에 실린 '개구쟁이의 내막'이라는 기사에서는 "신체가 성장하면서 운동과 활동이 필요한 바로 이 시기에 아이들은 입학한다. …… 아이들은 뛰고 도약하고 외치고 싶어한다. 아이들에게는 그런 활동이 필요하다"고 역설한다.[3] 그보다 일찍이 스웨덴의 교사이자 페미니스트이며 저술가인 엘렌 케이Ellen Key는 1909년 국제적 베스트셀러가 된 저서 『아동의 세기The Century of the Child』에서 교육에 대해 이렇게 논한다.

현대의 학교는 물리법칙으로는 도저히 불가능한 일을 성사시켰으니 한때 존재했던 것을 완전히 소멸시킨 일이다. 알고자 하는 욕구, 혼자 힘으로 활동할 수 있는 능력, 관찰할 수 있는 재능, 이 모든 자질은 아이들이 입학할 때는 가지고 있었으나 학교를 마칠 무렵이면 사라져버린다. 이런 자질은 실제 지식이나 흥미로 변하지 않는다. 이는 아이들이 8살에서 19살까지의 인생 전체를 매시간 매학기 책상 앞에 앉아 보낸 결과다. 아이들은 처음에는 수저로, 이어서 국자로, 결국에는 한 사발씩 지식을 복용하고 교사가 종종 너댓 번은 우려먹은 조제법으로 만든 지식의 혼합물을 들이마신다. …… 이 기간을 벗어나면 젊은이들의 정신적 식욕과 소화력은 모두 파괴되어 진짜 양분을 섭취할 능력은 영영 사라져버리고 만다.[4]

독자들이 케이를 괴팍한 사람으로 생각할까봐 여기에 앨버트 아인슈타인이 대학에서 연구를 끝마치며 했던 말을 인용한다.

좋든 싫든 이 모든 내용을 한꺼번에 머릿속으로 꾸역꾸역 채워넣어야 했다. 이렇게 강제로 공부한 결과 공부를 단념하고 싶은 마음이 생겨, 기말시험을 통과하고 나서는 일 년 내내 과학에 관련된 문제는 무엇이든지 지긋지긋하고 쳐다보기도 싫었다.[5]

우리 아이들의 몸과 마음, 영혼을 가두려는 데 반대하는 목소리는 오늘날 주류 교육에서 거의 들리지 않는다. 늘 그래왔기 때문에 다르게 변할 여지는 이제 없다는 식의 자포자기가 세대를 거듭할수록 굳어지는 듯 보이며, 그 관점에 동의하지 않는 사람은 '대안' 교육자이거나 주류 관점에 부적합한 사람이라고 여긴다. 이렇게 보수적인 태도는 성공적인 혁신을 가로막고 있으며 이 나라의 교육제도가 순수한 개혁을 이루는 데 걸림돌이 되고 있다.

통제가 우선하는 교육
—

제도권 학교는 온갖 과장을 곁들이며 배움을 포장하지만 대부분 오로지 한 가지 기본 원칙 위에 만들어졌다. 바로 통제다. 학생은 무엇을 언제 배울지 또 어떻게 생각할지 일일이 지시를 받으며, 신체 활동 또한 꼼꼼하게 감독받는다. 감정이란 원래 외부의 통제를 거부하려는 성향이 있기 때문에 감정이 풍부한 아이는 철저히 갇히게 되며, 그렇게 교육과정은 온통 아이의 마음을 가두는 데 주력한다.

교육이 통제에 집중하는 현상은 우연히 생기지 않았다. 오늘날 교육심리학의 제창자로 알려진 에드워드 손다이크Edward Thorndike의 주장에 따르면 이 현상은 교육모형 개발자들이 모든 면에 걸쳐 주도면밀하게 만든 과정의 결과다. 1911년에 손다이크는 이렇게 기록했다. "인간 본성에 대한 연구가 행동을 통제하는 데 도움이 되지 않는다면 이 연구에 대한 도덕적 보상이란 있을 수 없다."[6] 다윈의 진화론에 크게 영향을 받은 손다이크는 우리에 갇힌 고양이와 원숭이를 대상으로 실험하여 학습은 '자극을 선택'한 결과 이루어진다고 주장했다. 그는 '효과의 법칙'에 따라 어떤 자극과 반응이 서로 연결되거나 분리된다고 생각했다. 즉 "특정한 자극과 반응이 연달아 발생하면서 만족이 따르는 반응은 남고 고통스러운 반응은 사라진다."[7] 그렇다면 지능이란 자극과 반응을 연결할 수 있는 능력이며, 인간은 이를 가장 잘 연결하기 때문에 가장 진화한 동물이다. 더욱이 모든 학습은 장래의 보상과 처벌에 따라 동기화된다.

손다이크의 뒤를 이어 스키너[B. F. Skinner]는 학습의 기저에 있을 것으로 추정되는 작동원리를 "조작적 조건형성"이라 불렀다. 모든 행동을 오로지 조건화의 산물로 본 행동주의 심리학파는 미국 주류 교육 모형에 과학적 근거를 제시했다. 곧 살펴보겠지만 행동주의 학습 이론과 상충되는 연구가 속속 등장하고 있음에도 문제는 여전히 남아 있다. 행동주의가 여전히 교육과정을 규정하며 영향력을 유지하고 있는 원인을 찾다 보면 다시금 '통제'라는 주제에 직면하게 된다. 보상과 벌이라는 행동주의 접근 방식은 아이들을 교실의 일상에 가둔 채, 어떤 대꾸도 하지 않고 무수한 정보를 빨아들이는 동시에 뱉어내도록 하는데 여전히 매우 효과적인 방식이지만 참된 배움에는 장애가 된다. 이 과정은 온통 도덕적, 인종적, 국가주의적 편견으로 꽁꽁 묶여 있다. 여기서 또 다른 행동주의 학자인 존 왓슨[John Watson]을 주목할 가치가 있다. 왓슨은 1920년에 행동주의적 조건형성에 관한 연구를 마치고 돌연 이 연구를 가장 잘 적용할 수 있는 분야, 바로 광고업에 뛰어들었다. 1924년 왓슨은 미국 최대 광고회사인 월터톰슨사의 부회장이 되었다. 광고업계는 행동주의 학자들의 연구 결과를 능수능란하게 적용해서 미국인들의 욕망과 선택에 지대한 영향을 끼치는 매체로 성장했다.

행동주의가 교육의 영역에서 여전히 강력한 영향력을 휘두르고 있지만 이것만으로는 주류 학교교육을 지배하는 통제 모형을 설명할 수 없다. 여기에는 문화, 정치, 경제적 원인이 뿌리 깊이 박혀 있다. 교육사학자 론 밀러Ron Miller가 『학교의 존재 이유What Are Schools For』에서 말하듯이 식민지 시대 미국 문화에는 칼뱅주의가 만연해 있었다. 그 시대 제도교육이 사회 조직 전반에 끼치는 영향은 미비했지만, 학교만큼은 지속적으로 윤리와 종교 가치를 지속적으로 확립하기 위해 존재했으며 방법론상으로는 인간 본성을 비관적으로 보는 프로테스탄티즘에 깊이 물들어 있었다. 이 사상에서 보면 인간은 원죄를 안고 태어났기 때문에 불결한 존재로 여겨진다. 아이들은 타락한 채로 세상에 오거나 또는 당대 활약한 벤저민 워드워스Benjamin Wadworth 목사의 표현대로라면 "천성이 더럽고 죄를 안고 있으며 가증스럽고 혐오스럽다." 또 다른 청교도 성직자인 코튼 매더Cotton Mather는 다음과 같이 말했다. "그들은 어린 생명인가? 그렇다 할지라도 이미 그들 안에는 악마가 들어와 있다. …… 그들은 태어나자마자 잘못된 길로 들어선다."[8] 역사학자 버나드 위시Bernard Wishy는 "장난기 많고 기운이 넘치며 쾌락을 좇는 아이야말로 지옥으로 가는 길에 들어설 것"[9]이라 말했다.

칼뱅주의를 신봉했던 식민지 사람들은 마음 깊이 자연을 두려워해 열정과 쾌락이라는 위험한 영역과 묶어 생각했다. 폴 셰퍼드Paul Shepard의 말을 빌리면 "자부심 강한 자의식과 청교도 특유의 도덕관념 뒤에는 유한한 생명체로서의 절망감, 통제 불가능한 자아가 불러온 공포가 무의식적으로 도사리고 있었다. 지구의 힘, 특히 그 안에 숨어있는 길들일 수 없는 야성에 대한 불신만큼 서구문화의 특징을 여실히 보여주는 예는 없다."[10] 결국 역사학자 로이드 드모스Lloyd deMause가 매사추세츠 정착지에서 청교도들의 가정교육에 대해 말하듯이 "친부모나 친척, 주인 누구 밑에서 자랐는지 상관없이 아이들은 자기들을 교화하고 길들이는 지배 체제에 복종할 수밖에 없었고 '마음껏 뛰놀고' 싶은 천성을 억누를 수밖에 없었다."[11] 청교도 사회에서는 올바른 양육과 교육을 매우 중요하게 여기고 전 사회가 이 문제에 책임이 있다고 보았다. 결과적으로 초기 미국 사회에서 양육과 교육에 대한 책 대다수를 저술한 사람들은 다름 아닌 청교도였다.[12] 밀러에 따르면 이와 똑같은 기풍은 흔히 낭만적으로 묘사되지만 실상은 단조롭고 불편하기 짝이 없던 데다가, 훈계와 명령이 아이들의 흥미와 욕구보다 중요시되었던 17, 18세기 뉴잉글랜드의 교실 한 칸짜리 학교에도 스며들었고 1850년대 초기 매사추세츠에서 호러스 맨Horace Mann이 세운 최초의 공립학교 체제에도 그대로 이어졌다.[13]

교실 한 칸짜리 학교의 실상이 제대로 알려지지 않은 것처럼 미국 교육제도의 선구자로 알려진 호러스 맨을 둘러싼 이야기도 신화처럼 부풀려진 면이 아주 많다. 맨은 위대한 인도주의자로서 개화된 시민의식으로 민주주의와 인류 평등주의를 지키자는 제퍼슨의 이상을 펼치기 위해 자유로운 공교육을 실시했다고 알려져 있다. 노동자 출신이었던 맨은 교육이 평등한 세상을 만들어 귀족이 이끄는 신분제 사회를 대신해 능력 중심의 사회를 열 것이라고 내다보았다. 그러나 이 사실은 맨에 대한 이야기의 절반밖에 되지 않는다. 맨은 산업혁명이 절정을 이루던 시대에 살았고, 뉴잉글랜드에 있는 도시들이 폭발적으로 성장하고 그 안의 인종 구성이 점점 다양해지면서 생기는 변화에 큰 관심을 보였다. 1840년에 보낸 서신에서 맨은 이렇게 썼다. "인구가 늘어나고 특히 물질에 대한 욕구가 커지면서 유혹도 그만큼 커지기 때문에 여기에 대비해 보안과 경계를 늘리지 않으면 사회는 타락할 것이다." 맨은 학교가 '보안과 경계'가 되어야 한다고 생각했으며,[14] 1849년 발행된 『매사추세츠 교사Massachusetts Teachers』에도 "교육으로 정신과 마음을 단련한 사람이라야 자기 열정을 다스린다"며 비슷한 의견을 내비쳤다.[15]

맨은 집안의 엄격한 종교적 분위기를 거부하고 보다 자유로운 유니테리언교에 기울었으나 이미 깊게 스며든 칼뱅주의의 영향은 그가 쓴 교육 관련 저서에서 쉽게 찾아볼 수 있다. 맨은 미국 최초의 사범대학을 설립하고 나서 교사 양성에 대해 다음과 같은 글을 남겼다. "기독교의 미덕을 고취하고 실행하는 능력, 그리고 도덕적 자격을 갖추는 일이야말로 문학적 소양을 키우는 일보다 더욱 중요하다."[16] 맨은 국가 교육제도가 중요하다는 자신의 주장이 정당함을 입증하기 위해 1843년 여름, 프러시아에 있는 여러 학교들을 방문했다. 당시 프러시아는 국가주도 교육체제로 들어선 최초의 국가였으며 미국도 세계적인 강대국으로 성장한 프러시아를 주시하고 있었다. 순종적 국민과 군사적 우위 사이의 관계에 대한 연구도 있지만 여기서 그 부분은 접기로 한다.* 다만 맨은 프러시아식 교육제도의 효율과 규율에 큰 인상을 받고 돌아와 보스턴 교육위원회에 제출한 보고서에서 중앙집중식 교육행정, 표준 교육과정, 연령대별 분리와 교사 중심으로 이루어진 교실 환경을 만들고 특별히 양성한 전문가를 채용하라고 주장했다.

맨의 주장에 대해서는 반대도 만만치 않았다. 종교지도자와 비평가들은 교육이 지역사회와 가족, 개인이 나서서 해야 할 일이지 국

---

* 1806년 프로이센군이 나폴레옹이 이끄는 프랑스군에 대패하여 독일인의 사기가 크게 떨어지자 철학자 요한 고트리이프 피히테Johann Gottlieb Fichte는 프랑스가 점령한 베를린에서 오늘날 '독일국민에게 고함'으로 유명해진 연설을 통해 프로이센 정부에게 국가적인 의무교육 체계를 재정비하자고 호소했다. "우리는 새로운 교육을 통해 독일 국민을 하나의 전체로, 다시 말하면 공동의 이해를 통해 모든 구성원에 의해 움직이고 생동하는 통일된 하나로 만들고자 합니다. …… 우리는 새로운 교육을 한 사람의 예외도 없이 국민 각자에게 실시해야만 하며 그렇게 함으로써 특수 계급의 교육이 아니라 국민 교육을 이루어야 합니다. …… 내가 생각하는 새로운 교육을 더욱 명확히 나타내기 위해 다음과 같이 대답할 것입니다. 학생의 자유의지를 인정하고 거기에 의지한 것이 지난날의 교육이 저지른 첫 번째 과오이며, 그렇게 함으로써 그 무능력과 무익함이 명백히 드러났다는 사실입니다. …… 새로운 교육은 인간 형성의 과제를 스스로 담당한다는 기반 위에서 자유의지를 전적으로 부정하는 한편 …… 여러분이 사람에게 영향력을 행사하고자 한다면 설교 이상의 일을 해야만 합니다. 곧 당신이 원하는 것 이외에는 그가 결코 의도하지 못하도록 그를 변화시켜야 합니다."[17] 1810년 프로이센 국왕 프리드리히 빌헬름 3세는 교육제도를 정비했고 훗날 프로이센은 나폴레옹군에 승리를 거두고 유럽에서 강국으로서의 지위를 회복했다._필자 주

가가 강제하는 정치 프로그램이어서는 안 된다고 주장했다.[18] 이런 이유로 매사추세츠의 비벌리 지역주민들은 1838년 실시한 최초의 의무 고등학교 시행안을 부결했다. 보스턴 공립학교 교장협회는 맨의 개혁안을 여러 가지 이유로 거부하고 있던 터에 150쪽에 달하는 반박문을 만들어 분노를 터뜨리며, "교육을 프러시아식으로 접근하다가는 자립적이며 개별적으로 노력하는 습관을 길러야 할 학생의 잠재력이 없어질 것"이라고 주장했다.[19]

그럼에도 맨은 승리를 거두었다. 매사추세츠의 교육제도는 미국 전체가 따르는 본보기가 되었고, 현대 미국 교육은 통제와 순종, 자기 억제를 중심 교리인 양 당연하게 받아들였다.[20] 1890년대 한 언론인은 이렇게 전하고 있다. "불친절한 교사의 영혼이 너무도 두드러진다. 학생은 교사의 의지에 완전히 순종하여 숨죽인 채 미동도 없이 앉아 있으며, 교실이 풍기는 정신적 기운은 축축하고 냉랭하다."[21] 1920년부터 1925년까지 〈전미교육협회저널〉의 편집장을 지내고 30쇄 이상 판을 거듭한 표준 교사양성 교재 『학급운영론Classroom Management』을 쓴 윌리엄 배글리William Bagley의 말을 빌리면 "교육 이론을 공부하는 사람이라면 기계적으로 돌아가는 교실의 일상에서 아이를 작은 미개인에서 법과 질서를 준수하는 생명으로 탈바꿈시키는 이 힘이야말로 개화된 사회의 삶에 꼭 들어맞는다는 사실을 알 수 있다."[22]

영국 철학자 벤저민 키드Benjamin Kidd는 1918년에 있었던 교육 재단 첫 회동에 참석한 후 "중요한 목표는 젊은이들에게 복종이라는 이상을 심어주는 것이다"[23]라는 말을 전했다. 이 재단에는 록펠러재단과 카네기재단, 전미교육협회는 물론이고 하버드, 스탠포드, 시카고 대학 출신 정책 입안자들이 속해 있었다.

이 나라 교육사는 복잡해서, 여기서는 제도교육 모형이 통제에 깊이 물든 중요한 이유가 처음부터 이것을 목적으로 시작되었기 때문이라는 사실을 알 수 있을 정도의 내용만 소개했다. 매사추세츠의 조기교육 개혁을 철저히 연구한 역사학자 마이클 캐츠Michael Katz가 미국 교육제도는 그 시작 방식으로 인해 "영원불변의 결과"를 가져왔다고 결론 맺으며 한 말이 옳다. 캐츠는 교육 정책이 보수와 진보 사이를 되풀이하여 왕복하고 있지만 근간이 되는 사상과 사회구조는 그대로 남아 있다고 지적하면서 이렇게 한탄했다.[24] "우리는 여전히 변화를 기다려야만 한다. 개인의 삶을 기쁨으로 채워줄 욕구, 오직 아름답고 충만한 삶을 목적으로 하여 경험을 쌓으려는 욕구로 추진되는 변화를 말이다."[25]

뉴욕주 올해의 교사상을 수상한 존 개토John Gatto가 『드러나지 않은 미국교육사The Underground History of American Education』에서 단언하듯이 "미국 학교교육의 비밀은 아이들에게 배우는 법을 가르치지 않는다는 데 있으며, 학교는 그럴 목적으로 만들어지지도 않았다. 학교는 비밀리에 움직이는 계획경제에 기여하고 겹겹이 쌓여가는 사회체제를 유지하기 위해 움직여왔다. 비록 어린이나 가족은 어딘가에 첫발을 내딛고, 무엇인가 고안해내고, 일하고, 사색하며, 자유로이 어울리고, 사생활을 누리는 데서 의미를 찾았겠지만 학교는 이들의 바람을 들어주지 않았다. 엄밀히 말하자면 학교라는 조직은 이들 욕구를 가로막기 위해 세워졌다."[26]

무엇보다 의외인 점은 제도교육이 확립되어가는 과정에 있던 세대는 그 교육 모델이 청교도주의와 프러시아식 제도, 행동주의에 뿌리내리고 있다는 사실을 알고 있었던 반면, 후세대는 그 모델이 갖고 있는 영향력이 어디서 왔는지도 모른 채 아무런 의심도 없이 받아들이고 있다는 사실이다.

생물학적 원리에 반하는 학교교육

———

이제껏 살펴본 것처럼 각종 유인책, 위협과 처벌, 끝없는 평가와 교실에 가두기, 심지어 보상과 칭찬 등 학교가 아이들을 통제하기 위해 적용하고 있는 갖가지 방식은, 사실 아이들을 배움으로 이끄는 내재적 동기와는 정반대의 성격을 띠고 있다. 제도교육의 방식과 구조는 아이의 동기를 갉아먹을 뿐만 아니라 진정한 배움을 불러일으키는 생물학적 원리에도 반한다.

이 슬픈 현실을 제대로 이해하자면 최근 신경학계의 연구를 참고할 필요가 있다. 국립정신건강연구소 연구원인 폴 맥린Paul MacLean은 지난 삼십 년간 '삼중뇌triune brain'라고 하는 모델 이론을 연구해왔다.

삼중뇌는 세 개로 나누어져 있으면서 서로 연결된 삼층 구조의 뇌를 의미하며, 위층의 뇌가 아래층을 감싸안고 있다.[27] 맥린의 연구에 따르면 모든 유기체는 진화를 거치면서 낡은 구조를 폐기하기보다는 보강해나가면서 유지하려는 경향이 있다고 한다. 인간의 뇌에서도 이런 경향이 두드러진다. 가장 깊숙한 곳에 있는 뇌를 파충류 뇌 또는 R-콤플렉스라고 부르는데, 이것은 그 기원이 공룡 시대로까지 거슬러 올라가는 가장 오래된 뇌구조다. 파충류 뇌는 두뇌 근저에 있으면서 중추신경계를 담당하고 감각 정보를 처리하며 생존에 직결된 본능과 행동을 관리한다. 사람이 대체로 편안한 환경에 있으면 위층에 있는 두 개의 뇌가 주로 작동하며, 파충류 뇌는 보조적인 역할을 한다.

진화를 거쳐 나타난 두 번째 뇌는 원시포유류 뇌 또는 변연계limbic system라 하는데, 감정과 직관을 담당하는 이 뇌는 파충류 뇌를 위에서 감싸고 있다. 파충류의 단순한 본능이 지능으로 변해가면서 복잡한 생활환경에 적응하는 데 사용되는 것이다. 변연계는 또한 면역체계와 신체의 자가치유 능력을 유지하는 기능도 한다.

마지막으로 아래층에 있는 두 개의 뇌보다 다섯 배 큰 신포유류 뇌 또는 신피질은 논리와 기억, 인지 기능을 담당한다. 언어기능과 상상력도 여기에서 비롯한다. 신피질은 아래층의 뇌에서 입력된 신호를 받아들여 형태를 찾고, 전체적인 성장과 생존 전략에 맞추어나가는 기능을 담당한다. 또한 스스로를 자각할 수 있는 인간 특유의 능력도 가지고 있다.[28]

일상에서 모든 상황이 순조로울 때 에너지와 정보는 아래층에 있는 두 개의 뇌에서 맨 위의 뇌로 흐르며, 아래층 두 개의 뇌는 신피질의 기능을 보조한다. 그러나 우리가 위협을 느끼면 그 흐름은 방향을 바꿔 위층에 있던 두 개의 뇌가 돌연 모든 에너지를 동원해 파충류 뇌의 작동을 돕는데, 이때 영역 다툼과 원시적 충동 그리고 방어 본능이 발동한다. 아무 때고 저녁 뉴스를 단 십 분 만이라도 본다면, 이 뇌에 있는 생물학적 생존 기능이 실제로 존재한다는 사실을 확인할 수 있다.

『인간의 두뇌와 인간의 학습Human Brain and Human Learning』의 저자 레슬리 하트Leslie Hart는 이러한 자기 보호를 위한 반사 작용을 다운쉬프팅downshifting*이라고 하였다.[29] 하트는 '뇌친화적 교육'을 옹호하면서 교실에서 일어나는 압력과 가혹한 상황 때문에 진정한 배움이 일어나기는 거의 불가능하다고 주장하고 있다. 데이비드 엘킨드가 주장하듯이 제도권 학교에서 하는 공장 조립라인 방식의 교육은 높은 스트레스를 유발하기 때문이다. 조립라인은 생산 속도를 높여 성과를 올리라는 명령으로 움직이며, 효율성을 최고의 가치로 여긴다. 학교는 정확한 시간에 맞춰 이 과목 저 과목으로 아이들을 몰아세우고, 좋아하는 과목만 선택하는 일은 허용하지 않는다.

엘킨드는 '관리 프로그램, 책임, 평가 점수는 오늘날 학교가 처

---

* 뇌가 생존 위협을 느껴 생존 지향으로 반응하는 현상. 반대로 안정적 상황에서 동기와 호기심이 발동해 뇌가 도전 지향으로 반응하는 현상은 업쉬프팅upshifting이라 한다. _옮긴이 주

한 모습을 여실히 보여주는 요소'라고 기록하고 있다.[30] 지금 제도교육 속 교실은 다양한 수준으로 아이들을 위협하고 있다. 우선, 파충류 뇌의 기원을 따라가 보면, 갇혀 있는 상태는 거의 죽음이나 다름없는 위협이며, 따라서 학생들이 나날이 경험하는 교실 속 감금이야말로 인간의 두뇌 가장 깊은 곳에 숨어 있는 원시 형태의 공포를 촉발하기 쉽다. 그 다음으로 잠재의식에 도사리고 있는 위협이 있다. 아이가 가족, 특히 엄마에게서 떨어지면서 생기는 '불안감'이다. 아이가 어릴수록 분리불안으로 인한 고통도 커지고, 상급학교 진학이나 학업 성적에 대한 걱정이 커지면서 아이들은 전에 없이 어린 나이에 학교 혹은 학교와 비슷한 환경으로 내몰린다. 그리고 평가에 대한 걱정이 더욱 뚜렷하게 즉각적으로 다가오면서 하트가 말하는 '어항 효과'*로 인해 남이 보는 앞에서 비웃음을 사고 실패할지도 모를 두려움을 늘 안고 살아야 한다.[31] 엘킨드는 여기에 '시험에 대비하기 위해' 가르쳐야 하는 교육 내용의 상당 부분은 맥락이나 의미가 없으며, 학교 일과는 다수 학생에게 견디기 힘들 정도로 지루하다는 지적도 덧붙이고 있다. 두 가지 다 상당한 스트레스 요인이다.[32]

그리고 점점 많은 학생들이 '캐치catch-22'라는 상황에 걸려들고 있다. 조셉 헬러Joseph Heller의 소설 제목에서 따온 이 단어는 '어떤 문제의 유일한 해결책이 문제 자체의 요인으로 인해 작동될 수 없는 곤

---

* 사방에서 안을 들여다볼 수 있는 어항처럼 프라이버시가 없는 공간에서 나타나는 효과._옮긴이 주

란한 상황'을 뜻하며 교실 상황에 그대로 적용할 수 있다. 학생들에게 기대되는 배움이란 주로 대뇌 '신피질'에서 일어나지만, 신피질은 아이가 위협을 느끼면 기능을 멈춘다. 아이들 대부분이 교실 활동의 큰 부분을 차지하는 기계적 암기는 그럭저럭 해낼 수 있더라도 형상 인식, 말하고 쓰기와 같은 언어 발달, 기호 추론 같은 심층 학습을 하려면 신피질이 온전히 활동해야 하는데, 이 뇌는 아이가 불안을 느끼지 않을 때만 활발히 움직인다.[33]

묶여 있기는 교사도 마찬가지다. 교사들도 자기가 속한 학교를 비롯해 교육당국에서 내려오는 산더미 같은 압력에 짓눌려 있다. 자기 학교의 많은 학생들이 정부가 관장하는 평가시험에서 낙제점을 받으면 그 학교에서 직업상 안전하다고 느낄 교사는 아무도 없다. 내가 알고 있는 교사는 누구나 학생들을 북돋아 이들이 창의적인 탐구 활동을 통해 배움이 주는 기쁨과 흥분을 맛보기를 원한다. 하지만 지금 같은 교육 환경에서 교사의 행동은 학생들만큼이나 각본대로 움직이게 되어 있다. 그래서 너무나 많은 교육자들이, 의욕 넘치고 높은 이상을 품었던 젊은 교사들이 절망하며 교직을 떠난다.

자기결정, 자기생성, 자기조직의 원리
—

교육자와 정책가, 부모가 아이들을 통제하며 학업성과를 끊임없이 측정하고 등급을 매기며 울타리 속에 가두는 일이 사라진다면 배움은 어떻게 달라질까? 교육은 학생 스스로의 힘이 아닌 외부의 힘을 통해서만 제 기능을 하리라는 견해를 바꾼다면 어떻게 될까?

다시 디시와 라이언의 자기결정성 이론으로 돌아가보자. 이 이론은 아이들이 세상을 이해하고 익히려는 욕구를 타고난다고 전제한다. 인간의 뇌는 모든 부분을 동원해 내부의 감정상태뿐만 아니라 외부 환경을 이해하도록 조정되어 있기 때문에, 배움은 생물학적 필요에 의해 생겨난다.

관련성이 적어 보였던 여러 분야의 과학자들도 최근 들어 이런 개념을 연구하고 있다. 칠레 출신 생물학자 움베르토 마투라나Humberto Maturana와 그 제자인 프란시스코 바렐라Francisco Varela는 삶 자체가 커다란 배움의 과정이라며, 우리가 색을 보는 과정을 예로 든다. 이들은 우리가 색채를 띤 물체를 경험하는 것은 학교에서 배운 내용처럼 물체로부터 빛의 파장이 방출돼 눈을 통해 뇌로 들어온 결과가 아니라는 사실을 발견했다. 색을 경험하는 것은 '구조적으로 결정된 신경체계에서 일어나는 독특한 작동방식'에 따라 결정된다. 말하자면 우리는 세계라는 공간을 보는 것이 아니라 우리의 시야를 체험하는 것이다.[34]

마투라나와 바렐라의 말에 따르면 우리가 보거나 듣거나 냄새 맡거나 만지는 대상은 사물 그 자체가 아니라 신경 체계가 그 대상을 풀이하는 방식에 따른 표상이라고 볼 수 있다. 개구리나 초파리가 각각 인간과는 아주 다른 방식으로 사물을 보듯이, 인간이 제비꽃은 자주색이며 잎은 초록색이라고 하는 이유는 인간이라는 같은 종 안에서는 신경체계가 비슷하기 때문이다. 그래서 인간은 제비꽃이라고 말한 대상을 설명하기 위해, 그리고 다시 사용할 경우를 대비해 저장하기 위해 같은 언어를 사용한다. 이 말은 '우리가 보는 세계는 있는 그대로의 세계가 아니라 우리가 함께 만들어가는 세계'임을 의미한다.[35]

마투라나와 바렐라가 인지작용을 생물학적으로 파헤칠수록 자신들의 발견과 기존 학설 사이의 차이가 뚜렷해졌다. 이미 통용되고 있는 학설에 따르면 인간의 경험은 외부 자극으로 유발되며 이 과정에서 정보는 밖으로부터 안으로 흐르지만, 이들의 발견에서는 인간이 환경과 더불어 인지를 함께 만들어가며 이 과정에서 정보는 끝없는 순환 고리를 통해 인간의 안과 밖, 양 방향으로 흐른다는 사실이다. 두 사람은 자신들의 발견이 모든 인지과정에 적용된다고 확신했다.

이 글에서 다루는 주제의 핵심과도 바로 이어지는 이 발견은 획기적인 사실을 암시하고 있는데, 우리가 아는 세계는 우리와 떨어져 독립적으로 존재하지 않는다는 사실이다. 오히려 세계는 인간과 끊임없이 상호작용하여 나온 산물이다. 감각을 통해 세계가 인간에게 들어오는 것이 아니라, 인간이 경험한 것을 설명하고 나누기 위해 언어를 사용하면서 끊임없이 '세계를 만든다'.[36] 마투라나와 바렐라의 획기적인 인지이론은 모든 생명이 어떻게 작동하고 진화하는가를 설명하는 이른바 '자기생성'의 핵심 요소가 되었다. '자기를 만든다self-making'는 의미의 그리스어에서 온 자기생성Autopoiesis은 자기 고유의 내부 동력으로 자신을 재생산하는 생명체 특유의 능력을 말한다. 달리 말하면 생명체는 자기 구성 요소와 내부적 상호작용을 하고, 환경과는 외부적 상호작용을 하면서 끊임없이 자신을 유지하고 기관을 생성해간다. 자기생성 체계는 또한 자율적이며 개성이 있다. 이 말은 자기생성 체계가 인지의 주체인 관찰자와의 상호작용으로부터 독립적인 정체성을 유지함을 의미한다.[37]

자기생성 체계의 가장 간단한 예는 세포이다. 세포 안에 있는 DNA는 RNA를 생산하고 이 RNA는 효소 생산을 조절하는데, 세포핵으로 들어온 효소는 손상된 DNA를 치료하며 세포를 건강하게 유지한다. 세포 안에는 이 외에도 많은 상호 순환고리가 있는데, 심지어 세포막은 세포를 원래 상태로 보호하면서도 투과성이 있어 양분과 노폐물을 선택적으로 걸러내는 작용을 하면서 자기생성 활동에 참여한다.[38] 한편 각각의 세포는 고유의 성질을 갖고 있으며 자율적으로 기능하기 때문에 단순히 관찰되는 대상, 즉 객체에 머무르지 않는다. 반면에 자동차는 부품을 스스로 만들어내거나 조직을 생성하지 못해 스스로를 유지할 수 없고, 그 정체성이 전적으로 관찰자에게 달려 있기 때문에 자기생성을 할 수 없다.

마투라나와 바렐라가 1980년대 초반 자기생성 이론을 체계적으로 가다듬고 있을 즈음에 다른 과학 분야의 학자들도 비슷한 결론에 도달했다. 예를 들면 노벨 화학상을 받은 일리야 프리고진Ilya Prigogine과 저명한 물리학자 프리초프 카프라Fritjof Capra는 각자의 연구를 통해 자기조직화self-organization라는 개념을 만들어 생명체가 스스로를 조절하고 끊임없이 변하는 상태에서도 진화하는 내재적 수단을 설명했다. 세포가 합쳐져 조직을 만들고 조직이 합쳐져 기관을 만들고 기관이 모여 생명체를 만들며 생명체가 모여 사회 체제를 만드는 일련의 과정이 바로 자기조직화다.[39]

자기조직 체계를 보여주는 좋은 예가 흰개미집이다. 아직 집이 없는 흰개미가 충분히 모이면 각자의 흰개미는 자발적으로 화학 변화와 행동 변화를 겪는다. 흰개미들은 화학물질을 배출해 다른 흰개미들을 끌어모으고 제한된 지역 안에 불규칙하게 흙을 떨어뜨린다. 흰개미들이 점점 더 많이 모이면서 흙이 쌓여 점차 개미집을 떠받치는 기둥을 만든다. 이렇게 자기조직화로 만들어진 개미집은 순전히 무계획적인 개별 활동에 의한 상호 순환고리로부터 생겨난 것이며 여기에는 어떤 계획도 지도자도 없다. 개미집은 자기생성으로 만들어지며 스스로 생겨난다.[40]

마투라나와 바렐라에 따르면 인지 또한 자기생성을 하며, 실제로 인지는 모든 자기생성 체계에서 중심적인 활동이다. '안다'는 것은 객체인 대상과 주체인 관찰자 내부의 자기생성 조직이 상호작용한 결과이며, 이 과정은 끊임없이 변화를 거듭한다. 더욱이 인지의 원재료라 할 수 있는 정보는 세계 안에 이미 만들어진 상태로 존재하지 않는다. 색을 지각하는 과정에서 보았듯이 인지는 세계를 만드는 과정이며 인지과정을 통해 나온 지식은 자기생성을 한다. 인지는 외부에서 주어진 구조에 의존하지 않는다.

이제껏 살펴본 개념이 교육과 무슨 연관이 있을까? 마투라나가 말한 대로 "학습이 환경의 표상을 축적하는 과정이 아니라 오히려 신경계 안에서 지속적인 변화를 거쳐 행동마저 끊임없이 변화시키는 과정이라면, 그리고 인간은 자신이 끊임없이 창조하고 변화시킨 세계, 변화하는 판단의 틀 안에서 변해가는 존재라면"[41] 이제껏 교육의 목표로 지탱해왔던 고정된 지식은 존재조차 하지 않을 것이다.

그렇기 때문에 더 이상 교육을 세계에 대한 사실을 축적하는 과정으로 판단해서는 안 된다. 거듭 밝히자면 인간이 끊임없이 창조하고 변화시키는 세계에서는 판단의 기준도 변한다. 참다운 배움은 판단의 기준이 변함에 따라 적응하는 것을 의미한다. 배움은 수동적으로 지식을 저장하는 활동이 아니라 삶에 유의미하게 참여하는 것이며, 이 말은 '인간이 왜 그토록 자율적이며 스스로 방향을 찾아가는 존재로서 그려졌는가' 하는 핵심적인 물음을 다시금 던지게 한다. 즉 생명의 본질, 사실상 모든 생물학적 진화[42]는 배움으로 일어나는 거대한 삶의 실현이기 때문이다.

이렇게 보면 전체 학습의 95퍼센트가 놀이와 상상, 실험 등 이른바 나의 용어로는 '생생한 배움wild learning'을 통해 자발적으로 일어난다는 최근 연구는 그리 놀랄 만한 일이 아니다. 인간이 평생 쌓는 지식 중 나머지 5퍼센트만이 통상적인 교육으로 얻어지며, 그 5퍼센트 중 3~5퍼센트만 어느 정도 긴 기간 동안 기억될 뿐이다.[43]

이렇다고 해서 생생한 배움이 독자적으로 일어나기 때문에 아이의 삶에 가르침이나 멘토의 역할은 그리 중요하지 않다고 할 수 있을까? 그렇지 않다. 아이들이 지식을 쌓을 수 있는 정신적 구조를 가지고 태어난다는 것도 사실이지만 조셉 칠턴 피어스는 "적절한 모델이 없으면 지능이나 능력은 발달하지 않는다"고 주장한다.[44] 그는 이 원리를 '모델규칙model imperative'이라 부르면서, 아이들은 주변의 어른 문화가 자신들에게 본보기로 제시한 능력만을 개발할 것이라 주장한다. 예를 들어 장애가 없는 아기라도 엄마가 청각장애인이면, 말할 수 있는 사람과 긴 시간 밀접하게 관계하지 않고는 말을 배울 수 없다.

그러나 피어스는 모델규칙에 대해 여기까지만 설명하고 있다. 아이의 재능을 끌어내는 모델링이 어디서 어떻게 일어나야 하는지에 대해서는 규정하지 않고 있다. 이 대목에서 언젠가 뉴올리언스 재즈 박물관에서 봤던 루이 암스트롱의 유명한 사진이 떠오른다. 사진 속 암스트롱은 시내 낡은 아파트 출입 계단에서 10살쯤 된 꼬마에게 트럼펫을 가르치고 있다. 꼬마가 완전히 몰두해서 연주하는 스승을 뚫어지게 바라보며 손가락으로 자기 악기를 가리키는 모습은 모델링이 어떻게 작용하는지 정확하게 보여주고 있다.

이 나라 학교에서 모델규칙이 효과를 보지 못할 이유는 없다. 단지 압박이 심한 현재의 교육 환경에서는 교사가 학생을 가르치고 성장시키는 역할을 하기 어려울 뿐이다. 만약 학교교육의 구조나 요구가 모델링을 하는 데 요지부동의 장애물이 된다면 학생이 학교 밖으로 나와 자신들이 장차 원할 수도 있는 일을 하는 어른을 찾아 주어야 한다.

모델링과 멘토링이라는 중요한 문제에 대해서는 8장에서 더 깊이 다루기로 하겠다. 우리 학교에서는 14살, 15살 학생들에게 인턴십 활동과 실습 체험을 하도록 권유한다. 지난 수년 동안 아이들은 요리사, 수의사, 기술자, 목조 선박 제조업자, 교사, 야생동물 병리학자, 변호사, 컴퓨터 프로그래머, 웹사이트 디자이너, 만화가, 말 조련사, 모델, 비디오 예술가 등 다양한 분야의 사람들 밑에서 배웠다. 심지어 배우려는 의욕이 넘치는 아이라면 기꺼이 자신의 전문 기술을 가르쳐주겠다며 경비행기 조종사도 우리 학생을 받아주었다. 유일하게 아이가 원하는 인턴십 활동에 도움을 줄 수 없는 경우가 있었는데, 한 남자아이가 경찰관을 따라다니고 싶어 했지만 관할 당국이 안전상의 문제로 학교의 신청을 받아들이지 않았기 때문이다.

이런 생생한 경험에서 생기는 배움의 가치는 헤아릴 수 없을 정도로 크다. 재능과 열정이 있는 학생에게 시기적절하게 모델링이 일어난다면, 이들은 재능과 열정을 계발하고 찾으라고 들볶일 일도 거의 없으리라 말할 수 있다. 실제로는 나도 걱정이 앞서고 좋은 교사임을 입증해보이고 싶어서 실습 과정에 끼어들었다가 유감스럽게도 한 아이가 제 길로 가지 못한 경우도 있었다. 디시와 라이언은 한껏 고양된 어조로 말했다. "아이들에게 강요하면서 자기결정을 하도록 할 수 없다. 그렇게 하면 오히려 순종하거나 감응저항reactance *을 보

---

* 자유를 포기할 수 없어 명령뿐 아니라 제안도 거부하는 성향. _옮긴이 주

이며 자아관여^{ego-involvement}*로 인해 원치 않는 결과를 얻을 수도 있고 무기력해진다. 자기결정 성향을 성취하려면 정보 기반의 구조를 제공해서 특정 과제수행에 따르는 부담 없이 선택의 여지를 주고 일에 대한 평가를 주고받을 수 있도록 해야 한다."[45] 사실 교사 또한 아이들만큼이나 이런 조치가 필요하다.

내면의 야성을 북돋우는 교육 사례

———   이번 장은 아이들이 자기 스스로 결정할 수 있는 배움의 주체가 되도록 북돋우는 구체적인 교육 사례들을 소개하며 마무리짓고자 한다. 역사적으로 내면의 야성이 주는 가치를 제대로 이해하고 교육한 흥미로운 학교들이 많다.[46] 먼저 아이들의 자율성에 대한 욕구를 존중하는 것이 전혀 새로운 발상이 아니라는 사실을 보여주기 위해 야스나야폴랴나^{Yasnaya Polyana}에 대한 이야기로 시작하려 한다. 이곳은 레오 톨스토이^{Leo Tolstoy}가 제정러시아 시대에 자신의 영지에 세운 학교이다. 톨스토이는 1862년 야스나야폴랴나를 열기 전에 여러 나라의 교육 상황을 알아보고자 독일과 스위스, 영국을 여행하며 여러 학교를 돌아봤다. 톨스토

---

* 어떤 일을 할 때 자기와 중요한 관계가 있는 것으로 여겨 행동하는 상태. 자아관여를 하는 경우에는 흥분하는 일이 많지만 그 과제가 성공하면 자아가 고양되고 자신감이 생긴다. 그와 반대로 실패하면 자존심이 상해 자기방어적으로 된다. _옮긴이 주

이는 특히 독일의 한 학교에서 목격한 권위주의 교육방식에 소스라치게 놀라 일기에 다음과 같이 기록하고 있다. "끔찍한 일이 벌어지고 있다. 국왕에게 기도를 올리고 교사가 학생을 때리며 학생은 닥치는 대로 외우고 두려움에 떨면서 도덕적으로 불구가 되고 있다."[47]

다행히 톨스토이는 유럽 여행길에 유치원 교육을 최초로 시작한 독일 교육가 프리드리히 프뢰벨Friedrich Froebel을 만나 자유를 바탕으로 한 그의 교육사상에 감명을 받았고, 이를 더 발전시키겠다고 다짐하며 귀국했다. 톨스토이는 장 자크 루소Jean-Jacques Rousseau의 교육철학에도 영향을 받았으나, 사회질서를 유지하기 위해 개인의 자유를 사회의지에 종속시켜야 한다는 플라톤 철학에 바탕을 둔 사회계약론에는 강하게 반대했다. 이 점은 톨스토이가 제도권 학교의 엄격하고 획일적인 운영방식을 가장 못마땅하게 여겼다는 사실과 연결되는 맥락이 있다.

자신의 영지로 돌아온 톨스토이는 조상 대대로 물려받은 저택을 영지에 살고 있던 농부들의 자녀 중 취학 연령에 있는 40명 남짓의 아이들에게 개방했다.[48] 여기에 톨스토이와 동시대 사람으로 미국 시인이자 소설가인 어니스트 크로스비Ernest Crosby가 이 작은 학교를 보고 느낀 첫 인상을 소개한다.

현관에 매달린 작은 종이 매일 아침 8시에 울리고 30분이 지나 아이들이 나타나기 시작했다. 꾸물거렸다고 꾸중 듣는 아이들은 아무도 없으며 그렇다고 결석하는 아이들도 없다. 아이들은 책도 공책도 판서용 석판도 아무엇도 가져오지 않아도 된다. 수업을 위해 준비할 것도 없으며 심지어 전날 배운 내용을 외워야 할 의무도 없다. …… (톨스토이의 말을 인용하며) "아이들은 자기 자신과 감수성이 물씬 배어나오는 천성, 그리고 학교에서는 오늘도 어제만큼이나 행복한 일만 있을 거라는 확신만 가지고 오면 된다." 명령으로 아이들을 강제하는 일은 없다. (다시 톨스토이의 말을 인용하며) "아이들은 스스로에게 명령을 내리면서 배워야 하기 때문이다." …… 흠잡을 데 없이 질서정연하다. 속닥거리지 않으며 사소한 장난도 치지 않고 방해될 정도로 크게 웃는 일도 없다. 수업 시간이야말로 일정하지 않다. 학생들이 완전히 빠져들면 한 시간짜리 수업이 세 시간으로 늘어나기도 한다. 교사가 수업을 마치려고 하면 아이들이 "아직 안돼요, 아직은요!" 하고 외치기도 한다. 아이들은 학교에 와야 한다고 강요받지 않으며 와서는 계속 있어야 한다고, 또 있는 동안은 집중해야 한다고 강요받지도 않는다. …… 무엇보다도 이러한 무질서, 아니 그보다는 자유로운 질서라고 해야 마땅할 이 질서가 전혀 다른 제도에 무난히 적응해 살고 그 제도에 따라 지금의 모습으로 교육받은 우리 같은 사람에게는 두렵게 느껴질지도 모른다. 그 다음으로 놀라운 점은 다른 경우도 마찬가지겠지만 힘을 사용하는 일은 사람의 본성이 무시되고 경멸당하는 경우에만 허용된다는 점이다.[49]

누가 보더라도 야스나야폴랴나는 즐겁고 활기 넘치는 학교였고 그 안에서 배움이란 언제나 학생의 흥미와 취향, 속도에 맞춰 무궁무진하게 일어나는 곳이었다. 그러나 러시아 황제의 비밀경찰이 이반 투르게네프를 비롯한 러시아 지식인들의 민주화운동에 톨스토이가 적극 가담하고 있다고 의심해 거듭해서 학교활동을 방해하자, 톨스토이는 슬프게도 겨우 2년 만에 학교를 닫아야만 했다.

최근의 사례로는 1996년 데니스 릿키^{Dennis Littky}와 엘리엇 워셔^{Elliot Washor}가 설립한 메트로폴리탄 직업기술센터 또는 메트스쿨^{Mets School}이라고도 불리는 학교가 있다. 이 독특한 공립 고등학교는 실제로는 로드아일랜드주의 프로비던스 도심에 흩어져 있는 6개 작은 학교들의 네트워크이며, 각 학교의 학생 수는 120명이다. 주의 규정에 따라 학생의 75퍼센트는 프로비던스시에서 모집하고, 나머지 25퍼센트는 주의 다른 도시, 교외, 농촌 지역에서 모집해 학생 구성은 인종 분포나 사회·경제적으로 다양하다. 메트스쿨에는 필수과목이나 학점이 없고 정해진 교육과정도 없다. 학생은 3학기제로 운영하는 학사일정의 매 학기 초에 지도교사인 어드바이저와 부모 또는 보호자, 현장 멘토로 꾸려진 팀을 만나 자기 학습계획을 짜고 고쳐나간다. 학습은 대개 교실에서보다는 프로젝트 중심으로 이루어지는데, 학생들은 일주일에 이틀은 사업 현장이나 지역 시민단체에서 인턴십 활동을 하며 생생한 현장 경험을 통해 학습 기술을 터득한다. 어드바이저는 교원 중에서 배정되는데 어드바이저 한 명이 대략 14명 정도의 학생으로 구성된 '어드바이저리'라는 모둠을 담당한다. 어드바이저리는 학교라는 큰 공동체 안에서 작은 가족 같은 역할을 한다. 거의 매일 모여 학습 세부사항을 점검하거나 학습에 문제가 될 만한 개인 사정 등 모든 일을 함께 고민한다. 평가는 분기마다 발표회 형식으로 이루어지며 학생은 학교 공동체와 일반 대중

앞에 자기 성과물을 보여준다. 가족, 친구, 현장 멘토, 어드바이저는 학생 발표에 서술 평가로 자기 의견을 주며, 어드바이저는 각 가정에 학생의 활동내용을 기록하여 보낸다.

이번에는 생생한 경험이 개인을 어떻게 변화시키는지 살펴보자. 크리스 에머리는 메트스쿨에 입학했을 때만 해도 다니던 학교에서 우여곡절을 겪으며 넉넉지 못한 집안사정 등으로 불만을 달고 다니던 아이였다. 에머리의 첫 어드바이저는 에머리가 제과점에서 인턴십 활동을 할 수 있도록 주선해주었다. 에머리는 매주 화요일과 목요일마다 반죽하는 법, 치즈케이크와 타르트 만드는 법을 배웠다. 2년차에는 메트스쿨의 주방에서 인턴으로 일하며 학교에서 제공하는 건강한 음식과 인근 웬디스 햄버거 가게 음식을 비교해보기로 마음먹었다. 에머리는 지방질과 지방 분자에 대한 연구 프로젝트를 진행해 웬디스의 음식에 포함된 지방과 나트륨 수치가 건강에 해로운 수준이라는 사실을 학생들 앞에 입증해보였다. 에머리의 발표는 꽤 설득력이 커서 에머리의 어드바이저를 포함한 교원과 학생 다수가 웬디스 음식을 먹지 않기로 했다.

이즈음 에머리는 학구열에 불탔다. 에머리는 부모도 뜻밖으로 여길 만큼 매일 밤 과학책을 탐독했고, 아이의 관심이 점점 깊어가자 어드바이저는 브라운대학 신경과학 박사과정 연구원 밑에서 인턴십을 할 수 있게 다리를 놓아주었다. 에머리는 새로 만난 멘토의 시간제 조수 역할을 했고 이 덕에 학부생 대부분이 대학원 과정이 되도록 구경도 못하는 연구시설을 접할 수 있었다. 에머리의 멘토는 브라운대학이 개설한 신경과학 개론을 수강해보라 권했고 에머리는 성적이 형편없던 과거의 학교생활을 극복하고 B학점을 얻었다. 부모 누구도 대학 생활을 할 수 없었지만 에머리는 이제 장래 박사를 꿈꾸고 있다.[50]

메트스쿨에서 거둔 성과는 첫 졸업생의 98퍼센트가 대학에 입학할 정도로 성공적이어서 릿키와 워셔는 빌 앤 멜린다 게이츠 재단으로부터 1백만 달러에 달하는 후원금을 받았다. 이 후원금으로 전국에 걸쳐, 특히 프로비던스처럼 고군분투하는 도시에 메트스쿨과 비슷한 44개 학교를 만드는 중이다.

뉴욕 시에 있는 브루클린프리스쿨은 개인 후원으로 설립된 대안 학교로 가정 형편에 따른 차등 학비제를 도입하여 다양한 인종 구성과 사회경제적 차이를 극복하며 운영되고 있다. 연령층이 7살에서 19살에 이르는 40명 내외의 학생들은 4명의 유급 교원과 다수의 인턴, 자원봉사자의 도움을 받으며 자기 관심 분야에 따라 자유롭게 자기 학습을 이끌어간다. 성적이란 것이 없고 어떤 기준을 매기기 위한 평가도 없다. 그 이유는 다음과 같은 학교 운영방침에서 찾아볼 수 있다. 브루클린프리스쿨은 "현대 사회가 인정하는 지혜를 얻기 위해 또는 일방적인 기준에 부합하기 위해 학생에게 거는 기대에서 오는 과도한 압력, 스트레스를 최소화하거나 가능하다면 없애려고 노력하여 모든 어린이가 독립적으로 배우고 생각할 수 있도록 한다." 정해진 교육과정도 없어서 학생은 자기 속도에 맞게 교사와 일대일, 모둠 형식, 또는 개인적으로 자기에게 맞는 방식으로 배운다.

학생의 관심사를 발굴하고 개발하기 위해 학교는 뉴욕 지역 다양한 분야의 개인과 사업체, 단체와 지역사회를 한껏 활용한다. 또 하나 주목해야 할 특징은 이 학교가 민주적으로 운영되기 때문에 교직원과 학생 구분 없이 동등한 자격으로 출석이 자유로운 주간모임을 통해 학교 운영의 의사결정에 참여할 수 있다는 사실이다. 학생들은 이렇게 규칙을 만드는 일에 참여하고 자기들의 행동에 규제가 되는 경우 그 한계를 설정하며, 일과에서 벌어질 수 있는 개인 간 다툼도 같이 해결한다. 2004년에 설립되어 이제 수년째 접어든 브루클린프리스쿨은 그 규모도 이미 두 배로 커졌으며 계속 확장할 수 있도록 더 큰 공간을 찾고 있다.

마지막으로 콜팩스 가족의 이야기를 소개한다. 이 가족은 1990년대에 학교 경험이라고는 맏이밖에 없는(그것도 아주 미비하게 2년 동안) 아이들을 모두 하버드 학생으로 키워내 세간의 이목을 끌었다. 남편 데이빗은 대학생을 대상으로, 부인 미키는 고등학생을 대상으로 특별한 도움이 필요한 학생들을 위해 순회교사 생활을 하다가 1970년대 초 갑자기 휴직을 하고 아들 세 명과 함께 멀리 북부 캘리포니아에 있는 산자락으로 이주했다. 이들은 그곳에 자급자족이 가능한 전원주택을 짓고 손수 아이들을 가르치기 시작했다. 콜팩스 가족은 자신들의 홈스쿨링 경험을 다음과 같이 풀어나가고 있다.

집에서 땅을 회복시키고 텃밭을 일구고 가축을 보살피면서 쏟아부은 노력 덕에 생물과 화학 그리고 발생학과 유전학에 대한 흥미까지 생겼다. 심하게 망가진 땅을 가꾸면서 생태학을 배웠고, 집과 별채를 지으면서 기하학처럼 오묘해보이는 학문과 건축의 연관성도 이해했다. 드류는 일곱 살 때 외양간 기초공사를 하면서 피타고라스의 정리가 꽤 유용하다는 사실을 터득했다. 그랜트는 아홉 살 때 산마루에서 포모 인디언의 야영 흔적을 발견하더니 더 관심을 갖고 북미 원주민 역사를 파고들어 나중에 마야와 아즈텍 문화 연구로 흥미를 넓혔다.

문학도 크게 문제될 것이 없었다. 우리는 폭넓게 독서했다. 제법 많은 양의 소설과 교양서적(초보 수준 이상의 각종 입문서도 함께!)을 구비해놓았고 아이들은 읽기 교재를 다 떼기도 전에 이들 책에 빠져들기 시작했다. 2주에 한 번 장보러 갈 때는 약 50킬로미터 떨어진 도서관에 들러 약탈에 가까울 정도로 책을 빌려왔다. 아이들의 흥미가 점점 넓어지면서는 장서 규모를 넓혀 지식의 초석인 백과사전에서부터 유전학, 영화, 스포츠, 음악에 이르기까지 제법 폭넓은 참고서적을 갖추었다.[51]

흥미롭게도 맏이인 그랜트는 아홉 살이 되어서야 글을 읽기 시작했다. 그랜트는 일찍부터 학교와 집에서 읽기 교육을 받았지만 한때 자기 가족의 땅에서 살았던 북미 원주민에 대해 더 알아보려는 마음을 '스스로' 갖고서야 글을 배울 동기가 생겼다. 일단 스스로 찾은 흥미에 탄력을 받기 시작한 지 일 년도 채 지나지 않아 대학 수준의 인류학 연구서를 읽었고 공부한 내용을 바탕으로 자기 나름의 소논문을 쓰게 되었다.

그랜트는 대학에 입학할 나이가 되자 수능시험에서 높은 점수를 얻었고 홈스쿨링 경험과 학문적 소양, 장래 희망을 적은 장문의 에세이를 작성했다. 여기에 6명의 멘토가 지역보건센터에서의 업무 경험, 낙농사업에서 보여준 수완, 전반적인 됨됨이와 지적 능력을 입증해주는 추천서를 써주었다. 그리고 나서 면접을 보기 위해 전도유망한 대학들을 돌아다녔다.[52] 그랜트는 하버드와 예일대학에서 입학허가를 받았고 마침내 더 후한 재정 지원을 약속한 하버드를 선택했다.

여전히 엄청난 수의 미국 어린이들이 매일매일 길들이기 위한 배움의 식단을 강제로 섭취하고 있지만, 순수한 대안적인 교육도 전국에서 나날이 싹을 틔우고 있기도 하다. 지난 십 년만 하더라도 제도교육 방식을 거부하는 수백 개의 학교가 다양한 철학과 방식을 갖추고 문을 열었으며, 콜팩스 부부처럼 수많은 부모가 집에서 유기적인 방식으로, 가정과 지역사회의 품 안에서 자녀들이 배움의 책장을 펼칠 수 있도록 묵묵히 지지해주고 있다.

3

일과 놀이가 사라진
아이들의 세계

놀이는 아이의 일이다.
_마리아 몬테소리, 『핸드북handbook』 가운데

내면의 야성을 키워주는
일과 노동

───

'일만 하고 놀지 않으면 바보가 된다'라는 말이 있다. 이제 이 말을 새로 고쳐 써야 할 때인 듯하다. '일도 하지 않고 놀지도 않으면 바보가 된다'라고 말이다. 일다운 일과 놀이다운 놀이가 아이들의 삶에서 사라지고 있으며, 아이들 내면의 불꽃이 사그라드는 징조를 어디서나 찾아볼 수 있다.

아이들은 도전하고 탐구하려는 욕구, 일에 몰입해 쾌감을 맛보며 자율성을 키우고 관계를 이어가려는 욕구를 본능적으로 타고난다. 진정한 일과 진정한 놀이는 이 욕구에 따라 아이들이 스스로 선택해 참여하는 활동을 뜻한다. 일과 놀이에는 어른이 낄 수도 그렇지 않을 수도 있다. 핵심은 그 활동이 높은 수준의 내재적 동기에서 일어나야 한다는 것이다. 이 말은 이 활동이 의미 있고 만족스러운 것은 물론이고 참여하는 이유가 활동 그 자체에 있음을 뜻한다. 그리고 활동의 구조와 조건을 결정하는 권한과 책임이 대체로 아이들에게 있다는 사실 또한 중요하다.

주로 어른이 조직하거나 강요해서 하는 일과 놀이는 길들임의 형태를 띤다. 물론 이런 형태의 일과 놀이에 본질적으로 아이들을 해치려는 의도가 있지는 않을 것이다. 또한 집안일의 경우에도 부모는 자녀가 집안일을 하도록 이끌어야 하지만, 길들여져서 하는 일과 놀이는 아이 내면의 야성을 키우는 데 아무런 도움이 되지 않는다는 사실만 먼저 말해두자.

진정한 놀이 이상으로 진정한 일이 아이들 삶에서 자취를 감추고, 그 결과 내면의 야성을 키워주는 참된 일의 중요성도 거의 인식되지 않기 때문에 그런 일들이 아이의 자아감 형성에 중요한 이유를 먼저 확인해보려고 한다. 그리고 이어지는 4장에서는 진정한 놀이의 본질과 가치에 대해 깊이 파헤쳐볼 것이다.

소아과와 심리학을 전공한 이탈리아 교육자 마리아 몬테소리는 에드워드 디시와 리처드 라이언보다 족히 반세기 정도 앞선 시기에 모든 아이들이 자율적인 사람이 되려는 욕구를 타고난다고 주장했다. 몬테소리는 1907년 로마의 빈민가에 어린아이들을 대상으로 첫 학교를 열었고, 십 년도 되지 않아 이 교육방법이 크게 성공을 거두면서 북미 전역에서도 관심을 끌었다. 몬테소리의 말을 빌리자면 "아이의 본성은 기능적으로 독립하려는 목표를 정확히 겨냥하고 있다. …… 마치 활시위를 떠난 화살 같아서 똑바로, 재빠르게, 흔들림 없이 날아간다."[1] 몬테소리 교육법의 핵심은 아이는 태어날 때부터 자율적으로 배울 수 있는 존재이며, 그렇기 때문에 될 수 있는 한 자기주도성을 유지하도록 해야 한다는 데 있다. 몬테소리가 고안한 학습 교구는 모두 아이들이 손수 조작해 스스로 배우도록 구성되어 있다. 몬테소리 교육법은 아이들이 호르메horme라고 하는 내적 생명력에 따라 움직인다는 믿음을 바탕에 두고 있다. 호르메에 대해서는 5장에서 좀더 깊이 있게 다루어보겠다. 어떤 의미에서 몬테소리는 아이들을 '내면의 자아를 이미 갖추고 태어난 존재'로 보았다. 아이의 발달과정에서의 과제, 그리고 이에 상응해 발달과정이 순조롭도록 도와야 하는 어른의 과제는 아이들이 자아를 활발히 펼치는 데 도움이 되고 자극을 주는 환경을 제공하는 데 있다. 몬테소리는 이 과정에서 가장 중심이 되는 요소를 '일'이라고 보았다. 물론 이 일은 학업만을 뜻하지 않는다.

아이는 일을 통해 몸과 마음의 독립을 추구한다. 다른 사람의 지식은 크게 개의치 않고 자신만의 지식을 얻고자 한다. 또한 세상에 대한 경험을 쌓고 싶어 하고 남의 도움 없이 스스로 노력하여 세상을 이해하려고 한다. 우리는 아이에게 자유와 독립을 줌으로써, 능동적으로 일하지 않고는 살 수 없으며 그래서 이미 일하기로 단단히 마음먹은 일꾼에게 자유를 주는 것임을 확실히 알고 있어야 한다. 다른 모든 생명체도 마찬가지이며 이것을 꺾어버리면 아이는 퇴보하고 만다.[2]

오늘날 몬테소리가 살아 있다면 어른의 관리와 개입 때문에 수동적으로 변한 아이들의 삶에 경악할 것이 틀림없다. 또한 이토록 부자연스러운 상황을 두고, 아동 비만과 정신질환, 정서장애 같은 현대 사회의 문제가 어쩌다 이렇게 크게 불거졌는지 해명해보라 할 것이 틀림없다. 이 문제는 다음 장에서 살펴보기로 하자.

몬테소리 방식으로 운영하는 어린이집에서는 아이들도 함께 살림을 꾸렸다. 아이들은 요리와 청소를 하고 텃밭도 가꾸며 가축도 보살폈다. 학교 건물을 칠하고 그림도 그리며 나무와 진흙으로 갖가지 물건도 만들었다. 아이들이 하는 '일'의 나머지, 이제는 많은 사람들이 놀이로 여기는 이 나머지 일감은 손으로 조작하도록 몬테소리가 고안한 학습 교구와 장난감, 게임으로 구성되었다. 아이들은 이 도구로 기초적인 근육 조작 능력을 키우고, 읽기와 쓰기, 셈, 고등 사고능력에 필요한 개념을 배울 수 있었다. 예를 들어 몬테소리는 학생의 아버지들이 단계별로 크기가 다양한 나무말뚝과 블록을 끼워 맞추면서 아이들에게 기초적인 숫자 개념을 보여주도록 했다. 학생들은 늘 자유롭게 교실을 드나들며 어떤 교구든 가지고 맘껏 작업할 수 있었다.

몬테소리는 아이들이 스스로 어려움을 극복하려는 욕구를 타고 났다고 믿었다. 교사들에게 아이들의 자발적인 행동에 끼어들지 말고, 문제 해결의 실마리가 잡히지 않는 상황이라도 아이들이 도움을 요청할 때까지 기다린 후에 도와주라고 했다. 로마에서 시작한 몬테소리의 교육방법이 가난한 아이들과 시설보호 아동을 대상으로 큰 성과를 거두면서 유럽과 미국의 중산층에서도 큰 사랑을 받았다. 오늘날 몬테소리 학교는 전 세계에 걸쳐 7천여 개에 이른다.

몬테소리와 동시대 사람으로 스코틀랜드 출신인 니일A. S. Neil도 자유와 자율성에 원칙을 둔 학교를 설립했으며, 내 교육인생의 출발점이 된 저서 『서머힐Summerhill』에서 일에 대해 비슷한 견해를 나타냈다. 서머힐 학교는 1921년 영국 서퍽에 세워져 지금은 니일의 딸인 조이 레드헤드Zoe Redheade가 운영을 맡고 있다. 교내 기숙형 학교이기 때문에 니일은 아이들이 자기 본연의 모습으로 살 수 있는 자연스러운 환경에서 아이들을 관찰할 기회가 아주 많았다. 니일은 이렇게 기록하고 있다.

나는 게으른 아이를 본 적이 없다. '게으르다'는 것은 흥미가 없거나 건강하지 않다는 것과 다름없다. 건강한 아이라면 게으르게 사는 것을 참지 못해서 하루 종일 무엇이라도 해야 한다.[3]

니일의 관찰에 따르면 아이가 일을 대하는 태도는 나이에 따라 다르다. 5살에서 10살 정도의 아이라면 예를 들어 어른들의 건축 일에 흥미를 느껴 칭찬이나 보상에 개의치 않고 부지런히 일하려고 할 것이다. 니일은 이런 일의 동기 중 일부는 어른과 자신을 동일시하며 어른처럼 되고 싶어 하는 데서 나온다고 생각했다. 이 시기가 지나면 아이들 대부분은 반복되는 육체노동에 흥미가 떨어지는 대신 자신에게 의미를 부여할 수 있는 일에 에너지를 쏟는다.[4] 이들 사례는 잠시 후 살펴보기로 하자.

내 경험을 통해 확인한 바로는 아이들은 조건이 맞아떨어지기만 한다면 나이에 상관없이 궂은 일도 때로는 흥미를 느끼며 열심히 하려 한다. 그 조건으로는 첫째, 일감 자체에 본래의 목적이 있어야 한다. 둘째, 일거리는 충분히 참신해야 한다. 마지막으로, 아이들이 자신의 작업 조건을 조절할 수 있고 일이 끝나면 직접 노동의 값진 대가를 확인할 수 있어야 한다. 이런 환경에서라면 아이들은 일에 매진하고 마무리까지 잘 해낸다는 사실을 오랜 경험으로 확신할 수 있다. 집안일도 부모가 일의 한계를 명확하게 짚어주고, 잔소리하거나 자잘한 부분까지 간섭하지 않으며 아이들에게 맡겨주기만 한다면 진정한 일감으로서 손색이 없다. 예를 들면 우리 학교에는 학생이라면 예외 없이 규칙적으로 참여해야 하는 일이 있다. 아이들은 일주일에 한 번 순서를 정해 식당을 청소하면서 식탁을 닦거나 공용 접시와 냄비, 팬 등을 주방으로 나르며(아이들은 모두 개별 식기를 가져온다), 바닥을 쓴다. 아이들은 모둠을 짜고 각 모둠에서 뽑은 대표는 맡은 일을 제대로 제 시간에 마치게 할 책임을 진다. 일은 오후 1시까지 끝마쳐야 하며 식탁과 바닥은 깔끔하게 닦여 있어야 한다고 정해져 있다. 아이들이 일을 어떻게 할 것인가 하는 결코 사소하지 않은 이 문제는(예를 들면 시작 시간 정하기 등) 전적으로 모둠원에게 달려 있다. 일을 제 시간에 마치지 못하면 요리사가 설거지를 못하기 때문에 그 모둠이 설거지를 마쳐야 하지만 이런 경우는 거의 일어나지 않는다.

이 과정을 지켜보면 빠져드는 재미가 있다. 각 모둠은 자기들만의 작전과 방식이 있다. 모둠 대표가 대장 행세를 하지 않을수록 협동이 잘되고 일도 효과적으로 마친다. 어떤 경우에라도 교사는 이 과정에서 한 발짝 물러나 아이들 스스로 해내도록 한다. 오랜 경험을 통해 아이들에게 더 큰 책임을 지워줄수록 아이들이 거부감 없이 일을 한다는 사실을 깨달았다. 일 자체만으로는 짜릿한 맛도 없고 어떠한 보상도 없지만 아이들은 자기 몫의 학교 살림을 해야 한다는 이 원칙을 기꺼이 받아들인다. 아이들도 교사가 최소 수준의 임금을 받고 일하고 있으며 학교는 이 일을 할 사람을 고용할 여유가 없다는 사실을 알기 때문이다.

우리 학교는 해마다 이른 봄이 되면 도시에서 40킬로미터쯤 떨어진 학교 소유 숲에 가서 단풍시럽을 만들어오는데 이 일이야말로 내면의 야성을 키우는 진정한 일감의 본보기라 할 만하다. 시럽 만드는 일이 아이들에게는 마법처럼 신기한지 시작부터 일에 빨려 들어간다. 아이들은 먼저 나무에 구멍을 뚫고 그 구멍에서 똑똑 떨어지는 달달한 수액을 맛본다. 그다음 눈을 터벅터벅 헤치고 걸어가 나무에 매달려 있던 양동이에 한가득 찬 수액을 더 큰 플라스틱 양동이에 쏟아붓는다. 그러고 나면 땔나무를, 그것도 엄청난 양의 땔나무를 모은다. 이때 나는 더 빠르고 효과적인 방법으로 나무를 해오는 방법을 알려주고 싶지만 입술을 꽉 깨물고 참아야 한다. 만약 끼어들기라도 하면 아이들의 열의는 풍선에서 바람 빠지듯이 사라져버린다는 사실을 알기 때문이다.

이제 아이들은 불을 지펴 몇 시간 동안 졸이면서 맑고 묽었던 수액이 황갈색의 끈적끈적한 시럽으로 변해가는 과정을 지켜본다. 모은 수액 전부를 졸이고 나면 아이들은 황금빛 시럽이 담긴 작은 단지를 하나씩 집으로 가져가 가족과 나눈다. 마지막으로 아이들은 시럽 전부를 팔아 숲을 보존할 기금을 마련한다. 아이들도 돈 버는 일을 좋아한다. 비록 그 돈이 자기 주머니에 들어오지 않고 학교 금고로 들어가더라도 말이다. 이렇게 해서 아이들의 자율성도 높아지고 학교 살림에 기여하기 때문에 소속감과 주인의식도 강해진다.

몇 년 전 아내 벳시와 나는 12살에서 14살까지의 남자아이들 한

무리를 데리고 버크셔산맥에 있는 학교 설립자 매리 루의 농장으로 일주일간 여행을 다녀왔다. 한겨울이어서 아이들은 꽁꽁 얼어붙은 비버 연못에서 아이스하키를 하려고 저마다 스케이트를 가져갔다. 딱 한 가지 문제는, 얼음 위에 일 미터가 넘게 쌓인 눈이었다.

우리가 그곳에 머문 기간 내내 벌어진 일은 지금 떠올려도 놀라울 따름이다. 첫날 아침 식사를 마친 아이들은 단단히 채비를 하고서 어깨에 삽 한 자루씩 걸치고 연못을 향해 묵묵히 걸어갔다. 부드러운 눈을 한 삽씩 퍼내는 일은 비교적 수월했다. 그런데 어디에 퍼 날라야 할까? 아이들은 곧 하키를 할 만한 공간을 만들려면 퍼낸 눈을 꽤 먼 곳까지 날라야 한다는 사실을 깨달았다. 두말 할 필요도 없이 이 작업은 견디기 힘들 정도로 진도가 느렸다. 하루 일과가 끝날 무렵이 되어서야 아이들은 자기들의 노력이 헛되지 않았다는 듯이 맑은 빙판이 드러난 지름 1.5미터 정도의 원을 만들고는 지친 몸을 끌고 터벅터벅 언덕을 넘어 돌아왔다.

이런 속도라면 일주일 내내 일해야 아이들이 그토록 갈망하는 스케이트장을 만들 수 있을 터였다. 벳시와 나는 아이들이 낙담해서 숲속 동물을 찾아다니거나 눈사람을 만들고 눈싸움을 하면서 놀 것이라 확신했는데, 다음날 아침 식사를 마친 후에도 아이들은 언덕을 내려가 광부처럼 눈을 퍼내기 시작했다.

닷새 동안이나 같은 광경이 벌어졌고 마지막 날 오후가 되어서야 이 우직한 아이들의 노력으로 스케이트를 지치기 충분한 공간이 모습을 드러냈다. 스케이트장이라고 해봐야 서로 부딪히지 않고는 모두가 들어가기도 힘들 정도의 크기여서 아이스하키는 꿈도 꿀 수 없었지만 아이들은 승리한 것마냥 의기양양했다. 차를 몰아 알바니로 돌아오는 길에 벳시와 나는 이 프로젝트의 효율에 대해 한마디도 불평하는 소리를 듣지 못했다. 스물다섯 시간이나 공들인 끝에 겨우 한 시간 놀고 왔을 뿐인데도 말이다.

여자아이들도 남자아이들만큼 몸을 쓰며 도전하는 일에 적극적이라는 사실을 주목할 필요가 있다. 얼마 전 4, 5학년 여학생 몇 명이 학교 뒤편 공터에 있는 큰 나무에 몇 주 동안 동아리방을 지었다. 매일매일 무딘 톱으로 목재를 자르고 끙끙거리며 무거운 판재를 나무 위로 올려보내고 셀 수 없이 많은 못을 박으면서 공사를 진행해 갔다. 계획했던 것만큼 목재가 딱 들어맞지 않을 때면 아이들은 계획을 수정했다. 남자아이들이 스케이트장을 만들 때처럼 이번에도 엄청난 끈기가 필요했지만 아이들은 아랑곳하지 않고 꿋꿋하게 작업한 끝에 모두에게도 만족스러운 동아리방이 완성되었다.

우리 학교의 맏이인 7, 8학년 학생들은 매년 봄 초청을 받아서 장기 여행을 하는데, 지금까지 캘리포니아, 스페인, 푸에르토리코 같이 멀리 떨어진 장소를 다녀왔다. 이 여행은 온전히 아이들이 기획한다. 교사는 아이들이 준비할 때 일종의 다리 역할을 하고 보호자 역할로 여행에 동행하며, 아이들은 목표를 정하고 일정을 짜서 필요한 경비 조달 등 중요한 역할에 책임을 맡는다. 이렇게 강도 높은 모둠 활동에서는 상당한 수준의 의견 조율과 토론을 거치고 나서야 모두가 만족할 만한 계획이 나온다.

아이들에게 경비 문제를 맡기는 데는 두 가지 이유가 있다. 하나는 집안 형편에 상관없이 모두가 함께할 수 있도록 하기 위해서이고 또 하나는 학생들이 개인적으로나 집단적으로나 충분히 성숙해서 2주 동안 집을 떠나 겪는 새로운 경험에 충분히 대처할 수 있다고 확신하기 때문이다.

5천 달러에서 1만 달러에 이르는 돈을 모으는 일은 이제 막 사춘기에 들어선 아이들에게는 결코 만만한 일이 아니다. 그 정도 돈을 모으려면 고된 일을 해야 하기 때문이다. 태풍이 휩쓸고 지나간 가난한 마을을 돕기 위해 푸에르토리코로 향하던 해에 아이들은 평범한 일에서부터 머리를 짜내야 하는 갖가지 방법으로 9천 달러나 되는 돈을 모았다.

바느질을 좋아하는 여학생 몇 명은 기증받은 천 조각 한 상자를 가지고 몇 주 동안 작업한 끝에 굉장히 근사하고 섬세한 퀼트 작품을 만들었다. 이 퀼트는 추첨식으로 판매해 1천 달러 이상을 벌었다. 다른 학생들은 동네를 돌아다니며 낙엽을 긁어모으고 집 청소를 하면서 기금을 모았다. 모둠 전체 활동으로는 큰 규모의 자선 만찬을 두 번 열어 그중 한 번은 지역 사업자들한테 부탁해 얻어 온 물건을 추첨해서 경품으로 주기도 했다. 아이들은 푸에르토리코에서 돌아온 후 여행담을 정리한 잡지를 출판해서 거의 2천 달러에 달하는 광고 수입을 올렸고, 이렇게 해서 목표 모금액을 충분히 채울 수 있었다.

이 과정을 거쳐 푸에르토리코에 도착한 아이들 앞에는 이 섬나라를 위해 그야말로 뼈 빠지게 고생할 일이 남아 있었으니, 아이들이 맡은 과제는 재미나 흥분과는 거리가 멀었다. 산사태가 나서 산자락에 있던 마을 도로를 덮쳤기 때문에 먼저 도로를 뒤덮은 진흙 수 톤을 옮겨 나른 후 산사태를 예방할 수 있는 옹벽을 만들기 위해 콘크리트를 섞어 반죽하는 일이 아이들의 몫이었다.

이 모든 일은 열대 지방의 타들어가는 태양 아래서 해야 했기 때문에 생고생이나 마찬가지였는데도 아이들에게서 불평불만은 거의 나오지 않았다. 주민들도 아이들의 용기와 헌신에 감동받아 하나둘씩 힘을 보탰고, 마침내 퇴직한 미장공이 와서 벽에 시멘트를 발라 깔끔하게 마감하면서 아이들도 작업의 대단원을 함께했다. 아이들은 벽에 커다란 푸에르토리코 국기를 그리고 자랑스럽게 자기 이름을 써넣었다. 이 프로젝트를 마무리하고 그 앞에서 찍은 단체 사진은 아이들이 만든 잡지 뒷면을 멋지게 장식했다. 아이들의 얼굴에 번진 만족스런 미소는, 훌륭한 일은 그 자체가 보상이라는 사실을 입증해주고 있다.

지난해에도 아이들은 스스로 기획해서 허리케인 카트리나로 큰 피해를 입은 뉴올리언스에 가서 구호활동을 했다. 아이들은 피해가 심한 나인스워드 지역의 환경이 열악하다는 사실을 충분히 알고서도 지원을 자청했다. 높은 습도와 주변에 널려 있는 폐허를 감안하면 늘 즐겁지는 않았겠지만 기꺼운 마음으로 봉사활동을 잘 마칠 수 있었다.

나는 아이들이 힘든 노동에 자발적으로 빠져드는 모습을 오랫동안 봐와서 그 이야기들만으로도 이 책을 다 채울 수 있다. 이미 오래전에 몬테소리와 니일이 한목소리로 이야기했지만, 아이들에게 의미와 흥미를 불러일으키는 일은 자립과 자율성을 추구하는 본능과 유기적으로 잘 맞아떨어진다는 사실을 기억할 필요가 있다. 내면의 야성은 도전에 목말라 있고 스스로 일을 완성하고 싶어 하며 그 뒤에 따르는 성취감을 애타게 갈망한다.

일이 사라진 아이들의 삶

— 피터 스턴스가 말한 대로 오늘날 대다수 아이들이 하는 유일한 일이 숙제라는 사실에 비극적인 현실이 담겨 있다. 많은 가정에서 점점 더 많은 부모가 집안일은 뒷전으로 밀쳐놓고 아이의 장래 성공을 걱정하며 학업에만 관심을 기울인다.[5] 그러나 숙제란 으레 그날 학교에서 배운 내용을 반복하는 정도에 그치기 때문에 내면의 야성을 키우는 일이 되지 못한다. 1933년 신문배달원 복지위원회의 의장은 국회위원회 증언에서 다음과 같이 말했다.

확실히 사업의 기초를 배우고, 인지상정이 배어 있으며, 신뢰와 정직, 예의와 신속함을 중시하는 사업의 가치를 배운 아이가 꽉 막힌 교실 안에서만 교육을 이어가는 젊은이보다 자기 길을 더 잘 헤쳐 나간다.[6]

그렇다면 어떻게 해서 그 많은 아이들의 삶에서 일이 사라졌을까? 20세기 전만 해도 아이들은 폭넓은 분야에서 일했다. 실제로 노동자 계층의 가족은 생존을 위해 아동 노동에 의존했다. 열 살에서 열다섯 살 아이들이 벌어들이는 소득이 가정소득의 20퍼센트를 차지했다. 일감의 대부분은 가정이나 농장에서 나왔으나 1890년 즈음에는 같은 연령대 아이들의 12퍼센트가 사업체나 공장에 채용되었다. 1910년에는 18퍼센트로 정점에 달했으며 스무 살 미만 연령층이 기계화 산업 현장에서 노동력의 절반을 차지했다.[7]

그러나 시장경제에서 노동은 수요와 공급에 따라 거래되는 상품과 같다. 20세기가 시작될 무렵 기계화로 인해 숙련기술 분야의 취업 기회가 꾸준히 줄어들면서 십대 남성은 보수가 낮은 단순기술 분야로 내몰리고, 공장들이 자동화되면서 젊은 노동자의 수요도 점점 줄어들었다. 마침내 1938년 대공황의 바람이 휘몰아치자 성인들의 대규모 실직이 파도처럼 밀려들었고, 공정노동기준법Fair Labor Standards Act이 통과되자 어른의 일터에서 아이들은 거의 사라져버렸다. 새로 제정된 연방법에 따라 16세 미만의 아이들이 학교 일과 시간에 집 밖에서 일할 수 없었고 14세, 15세 아이들은 학교 수업이 있는 주에 18시간 이상 일할 수 없었다.[8]

일터에서 몰려난 젊은 노동자들은 처음에 이 사태를 받아들일 수 없었다. 1937년 엄청난 수의 젊은이들이 워싱턴으로 행진해 대량 실직에 항의하면서 최초로 집단행동에 나섰다. 미국청년의회는 미국청년권리선언에서 이렇게 호소했다. "우리는 일하고 싶다. 생산하고 싶다. 건설하고 싶다. 그러나 우리 수백만 청년들은 어쩔 수 없이 게으름을 피워야 한다."[9]

같은 시기에 일에서 시작된 길들이기 작업이 기막히고도 절묘하게 놀이 길들이기로 이어졌다. 아이들 삶에서 진정한 일이 사라지기도 전에 사회개혁가들의 주도로 아이들의 여가 활동을 조직하고 감독하려는 프로그램이 전국에서 일제히 시행되었다. 개혁가들은 중산층이 느끼는 불안감에 자극받았다. 이전에 공장과 광산, 열악한 작업장에서 일하던 어린이들이 새로 찾은 자유를 만끽하며 거리와 놀이시설, 극장을 돌아다니면서 음주와 도박 같은 여러 가지 '청소년 비행'에 빠져드는 상황이 만연해 사회문제가 되고 있다는 인식을 갖고 있었다.[10]

시카고 웨스트사이드에 있는 유명 사회복지시설인 헐하우스Hull House를 설립한 제인 애덤스Jane Addams가 이들 개혁가의 선봉에 섰다. 젊은이들이 법에 따라 완전고용에서 몰려나기 훨씬 전인 1909년의 상황이 애덤스에게 어떻게 비쳐졌는지 소개한다.

오늘날 도시가 처한 취약하고 사악한 상황을 알려, 적어도 셋방살이와 공장을 전전하는 젊은이들에게 닥친 거대한 유혹으로부터 사회를 보호해야 한다. …… 무엇보다도 우리는 이들이, 자신들을 사로잡은 감정의 힘이 '가정생활'이라는 전통적인 길로 들어서지 않으면 사회에 침투한 암 덩어리처럼 안전한 사회적 유대를 파괴할 것이라는 사실을 깨달으리라고 낙관할 수 없다.[11]

애덤스는 특히 단순반복 노동이 도시 청소년들에게 끼치는 영향을 염려했다.

공공 오락거리의 부재와 건전하지 못한 유흥거리, 이들을 대체한 하찮은 오락거리 사이의 상관관계를 밝힐 수 있듯이, 단조로운 공장노동의 지루함과 청소년들이 저항하는 소소하지만 부도덕한 행태 사이의 상관관계를 밝히는 것도 의미 있을 것이다.[12]

애덤스는 당시 지루하고 단조로운 작업을 강요하면서 유발되는 청소년들의 심리적 긴장상태를 감지했다는 점에서는 어느 정도 독보적이라 할 수 있다. 그러나 '진정한 놀이와 내면의 야성'이라는 관점에서 젊은이들에게 의미 있는 일이 필요하다고 역설하는 대신, 아동노동을 중단하고 성인이 관리하는 놀이 활동으로 대체하라며 사람들과 힘을 모아 압력을 행사했다.

'사회 통제를 벗어나려는 타락한 도시'에서 젊은이들이 여가를 활용할 대체 수단을 만들기 위해 조직적으로 노력한 결과는 '놀이터운동'으로 나타났다. 이 운동의 목표는 아이들을 거리에서 몰아내 도시 고용인이 관리하는 놀이 구역에 가두는 일이었다. 말 그대로 아이들을 우리에 가두게 될 보편적인 공공제도를 고안하는 데 앞장선 도시는 보스턴이었다. 보스턴에서 가장 부유하고 저명한 가문의 상속자이자 독지가인 조셉 리Josheph Lee가 주도해 20세기 첫 십 년 동안 어린이용으로 특수 놀이시설과 모래놀이통이, 더 큰 아이들용으로 경기장과 스포츠시설을 갖춘 대규모 놀이터가 차례차례 도시에 들어섰다. 각각의 시설에는 특별히 훈련받은 직원이 고용되었으며 이들의 역할은 아이들의 놀거리를 조직하고 체계적으로 관리하는 일이었다.

놀이터운동의 아버지로 불리는 조셉 리는 이 시기에 나타난 유사 과학 철학에 심취하여 놀이를 해석했다. 리는 특히 노래에 맞춰 원을 그리면서 하는 '링 어라운 더 로지Ring around the Rosie*' 같은 집단 율동 게임이 아이들에게, 모든 도덕의 시작이 복종에 있음을 가르친다고 믿었다. 1915년 리는 이렇게 주장했다. "이 게임에 몰두하고 그 목적에 자신을 맡기며, 이 활동이 자기 존재보다 더 크다고 느끼는 순간이야말로 충만한 인생에 빠져드는 순간이다." 조셉 리는 시민의식과 이웃 관계의 뿌리가 이런 게임이 갖고 있는 리드미컬한 노래와 율동에 있다고 믿어 '리듬이야말로 사회의 연금술사'라고 말하기도 했다.[13]

리와 그의 제자이며 미국 놀이터협회 초대 회장인 루터 굴릭Luther Gulick은 연령대가 높은 청소년들을 대상으로 팀 스포츠 정신을 복음처럼 전도했다. 이들은 팀 스포츠야말로 당시 사람들이 갱단 행동에서 나타나기 시작했다고 생각한 태도, 즉 또래 집단을 향한 본능적인 충성심을 사회적으로 순화할 것이라고 믿었다. 굴릭은 다음과 같이 말했다.

---

* 같은 제목의 동요에 맞춰 원을 그리며 노래하다 신호에 따라 웅크리는 놀이. _옮긴이 주

가장 완벽하게 자아를 실현하는 길은 가장 완벽하게 자신을 더 큰 단위인 팀의 복지 밑에 두는 것이다. …… 이런 형태의 집단 충성심은 도시로 치면 선량한 시민의식이라 일컫는 정신과 같으며 국가로 치면 애국심이라 칭하는 정신과도 같다. 팀 게임은 의심의 여지없이 국민의 도리를 키우는 최고의 훈련장이다.[14]

굴릭은 조직적 놀이가 신체를 건강하게 발달시킬 뿐 아니라 젊은이들이 자기감정을 다스리고 정신력을 단련하며, 수월하게 권위에 따르도록 한다고 믿고 보급에 앞장섰다. 역사학자 돔 카바요^{Dom} ^{Cavallo}는 놀이터운동이 점차 국가 전체로 퍼지면서, 도시화와 산업화의 길에 들어선 미국 사회의 가장 첨예한 세 가지 문제에 대한 만병통치약으로 여겨졌다고 주장한다. 그 세 가지 문제란 산업화 이전에 사회화를 담당하던 시설의 소멸, 젊은 이민자들이 사회와 동화하는 과정의 어려움, 젊은이들 사이에 퍼져 제인 애덤스 같은 이들을 떨게 했던 '제멋대로 식' 개인주의가 야기한 사회혼란이었다.[15]

일과 놀이를
길들이는 사회

놀이터운동이 탄력을 얻어 퍼져나가는 동안 젊은이들의 여가활동 관리를 목적으로 만든 조직들도 비슷한 성장세를 보였다. 이 중 YMCA와 YWCA가 맨 처음 등장해 1851

년 보스턴에 지부를 열었고 1900년에는 전국에 걸쳐 지부가 1,379개로 늘었다. 1906년에는 전국소년클럽협회가 창설되었고 이어서 1910년에 보이스카웃과 캠프파이어걸즈가, 1912년에 걸스카웃이 설립되었다. 1925년에는 재향군인회인 아메리칸리전이 십대 소년을 대상으로 최초의 농구리그를 만들었으며 1938년에는 어린 소년을 대상으로 하는 리틀리그라는 농구리그가 생겨났다. 성인 대상으로는 1910년과 1917년 사이에 로터리클럽과 라이온스클럽 같은 시민클럽과 지역 봉사단체가 수없이 등장했는데, 이들 단체 역시 어른이 건전하게 관리하는 어린이 활동을 기획하는 데 주력했다.[16]

이 시점부터 일과 놀이를 길들이는 과정은 미국사회에 뿌리 깊은 두 가지 핵심 정서의 영향을 받으며 나란히 진행되었다. 하나는 '게으른 사람은 나쁜 짓을 하기 마련'이라는 격언에서 드러나는 청교도주의 기풍이고, 다른 하나는 끈끈하게 뒤엉킨 부모의 불안과 죄책감이었다. 자본주의 시장은 아이들의 자유시간을 이용하는데 주저 없이 뛰어들었고, 자유시간이 늘어난 만큼 권태와 청소년 비행에서 비롯된 어른의 불안 심리는 이용가치가 더 컸다. 다른 여러 요소가 더해져 불안심리를 자극하면서 아동 도서와 장난감, 게임과 여러 형태의 오락거리가 고소득 산업으로 빠르게 성장했다.[17] 한 가지 예로 1930년대 시작된 지능검사의 영향으로 지능발달을 돕는다는 '교육용' 장난감 시장이 붐을 이루었다.[18] 오늘날 학습 준비의 부담이 계속 커지면서 부모는 거의 모든 장난감이 교육적이라는 선전에 점점 귀가 솔깃해지며, 놀이 이론가 브라이언 서튼 스미스^{Brian Sutton Smith}

가 말한 이른바 '성취의 허상'으로 아이들을 에워싸는 데 사상 유례 없이 달려들고 있다.[19]

전후 교외 지역이 확장된 현상도 일과 놀이를 길들이는 데 일조했다. 지리적으로 취업 현장에서 멀리 떨어져 살면서 고용 기회도 크게 떨어지고 교외 지역의 삶이 풍요로워지면서 아이들은 일할 필요를 전혀 느끼지 못했다. 1980년대부터는 집안일을 대신해주는 서비스가 생겨 잔디깎기, 신문배달 등 그나마 아이들이 할 만한 일거리를 모두 차지해버렸다. 지역적 고립, 도시는 위험하다는 인식, 자유 시간이 늘어나 한가해진 아이들 걱정 탓에 유독 교외 지역 부모는 아이들에게 각종 오락거리를 사주는 일에 점점 빠져들었다.(20세기 말, 아이들 여가 활동의 60%를 어머니들이 결정했다.)[20]

오늘날 학업 걱정에 사로잡힌 부모는 아이가 학업과 숙제, 과외활동을 빠짐없이 하면 휴대전화, 비디오 게임, 쇼핑 등으로 보상하며 때로는 은밀하게 때로는 노골적으로 아이와 거래 아닌 거래를 한다. 마지막으로 이미 언급했듯이 안전에 대한 불안감도 놀이뿐만 아니라 일에 영향을 준다. 아이들이 기이한 일거리를 찾아 동네를 어슬렁거리도록 놔두자니 불안한 부모들은 더욱 조심스러워져서 예전보다 더 아이들을 집 가까이 묶어둔다.

어른의 일터에서 아이들의 몫이 거의 사라진 것은 긍정적인 면도 있고 부정적인 면도 있다. 아이들이 맡았던 직업들의 대부분은 사회적으로 천대받기 일쑤였고, 단순반복 작업인데다 임금도 턱없이 낮았다. 열 살도 안 된 어린 아이들이 강압적인 환경에서 장시간 고된 노동을 하기도 했다. 사회는 세상 물정 모르는 아이들을 이용해 노동력을 뽑아내는 데 혈안이 된 악덕 고용주로부터 아이들을 보호해야만 했다.

그러나 아이들이 가족의 생계에 기꺼이 기여했다는 점에서 일하는 행위 자체에는 고유한 의미가 있었다. 결과적으로 아이들은 가족이 자기를 필요로 하며, 자신은 가족에게 중요한 존재라고 느꼈고, 본질적으로 충만한 경험은 아니었을지라도 일을 해본 경험은 아이들에게 성인 세계로 진입하는 발판이 되었다. 일을 해본 아이들은 장래를 내다볼 수 있었고 책임감과 지향점을 동시에 얻으며 자신감을 쌓고 한층 성숙해졌다.

이와 비슷하게 놀이터운동도 아동기 여가활동과 놀이에 있어서는 양날의 칼이나 마찬가지였다. 놀이터운동은 아이들의 활동을 본격적으로 길들이려는 움직임의 시작이었고, 그 여파는 오늘날에도 미치고 있다. 그러나 다른 관점에서 보자면 놀이터는 도시 아이들을 위한 보호구역과 같아서 아이들이 모여 안전하게 놀 수 있는 장소인 동시에 스포츠를 통해 기량을 겨루며 체력을 키우는 장소이기도 했다. 내가 자란 워싱턴만 하더라도 놀이터운동으로 시설들이 들어섰고, 나도 9살 무렵부터 15살 무렵까지는 집 근처 놀이터에서 살다시피 했다. 그곳에서 지금도 내 삶의 활력이 된 야구와 미식축구, 농구와 축구, 테니스와 탁구 등을 배웠고, 놀이터를 관리하던 아저씨는 내 인생의 예민한 시기에 그렇게도 간절히 바라던 아버지 역할을 기꺼이 대신 맡아주고 멘토가 되어주었다.

다행히도 그때 내가 놀았던 놀이터에서는 어른이 아이들의 활동을 계획하거나 관리하지 않았다. 우리 동네 놀이터의 관리자는 엄격히 통제하는 성향이 아니어서 우리 행동이 도를 넘지만 않는다면 실컷 놀도록 해주었다. 게다가 놀이터는 하루 종일 개방되어 있어서 주변 어른의 손을 타지 않고도 우리끼리 놀 수 있는 시간이 많았다. 그렇게 우리 세대 다른 아이들의 놀이가 놀이터운동의 영향으로 다소나마 길들어져가던 동안에도 우리의 놀이는 오늘날의 기준으로 보면 여전히 '야성'을 유지하고 있었다.

집에서 아이들이
자기 몫의 일을 하는 것
———

경제체제가 산업사회에서 서비스산업 중심으로 변하면서 청소년들도 법이 허용한 범위 안에서 점차 고용 기회를 얻어 시장으로 되돌아오고 있지만, 노동인구에서 십대의 수는 전반적인 경제 여건에 따라 오르락내리락한다. 경제가 어려우면 어린 노동자들은 대개 고용 대상 마지막 순위이자 해고 대상 1순위가 된다. 좋은 소식이 있다면 미국 십대의 80퍼센트에게 고용기회가 열려 있으며, 노동경험이 있으면 이들의 독립심과 자존감, 책임감과 시간 및 돈 관리능력도 올라간다는 사실이다. 또한 국립연구회의와 의학협회의 연구에 따르면 고등학교 시절 일주일에 20시간 이하의 일을 하는 청소년이 학위 이수와는 별개로 대학시절

과 그 이후의 경력에서 더 잘 지내는 경향을 보인다.[21]

그러나 나쁜 소식은 좋은 소식보다 더 크게 들리기 마련이다. 오늘날 미국 고교 졸업반 학생의 거의 절반이 주당 20시간 이상을 일하는데, 같은 연구에서는 재학 기간에 주당 20시간 이상을 일하는 십대 청소년은 수면과 운동 시간, 가족과 지내는 시간도 더 적을 뿐 아니라 숙제에 투자하는 시간도 줄어드는 경향을 보이는 것으로 나타났다. 또한 성적도 낮은 경향을 보이며 학업을 중도 포기하는 비율이 높고 행동상의 문제나 약물 남용의 사례도 많다. 여기에 더해 대학 진학 비율도 더 낮은 경향을 보인다.[22]

이 연구는 많은 노동량이 십대의 삶에 나쁜 영향을 끼치는 이유에 대해서는 뚜렷한 이유를 제시하지 않고 있으나 약간의 실마리를 던져주었다. 고용된 십대의 절반 이상이 상점, 슈퍼마켓의 현금 출납이나 패스트푸드 가게에서 햄버거 뒤집기 등 소매사업 부문에서 일하고 25퍼센트는 레저 서비스나 기초적인 건강관리 사업에서 일한다. 그리고 나머지는 젊은이들이 늘 그래왔듯이 농사나 생산시설, 가족사업 분야에서 일한다. 십대들의 일거리가 대체로 초보적인 기능을 요구하기 때문에 업주의 변덕이나 예측할 수 없는 노동 시장에 따라서는 일을 옮기는 경우도 잦고 업무 일정도 수시로 바뀌는 등 노동조건의 변화가 많다.

그렇더라도 청소년들이 이전 세대와 달리 자기가 번 돈을 가정에 보태는 일은 이제 좀처럼 찾아보기 어려워졌다. 오히려 애써 번 돈을 옷이나 오락거리, 자동차 등 필수품은 아니지만 개인적 욕구를 채우는 데 쓰는 경향이 크다.[23] 그리고 이 연구에서 밝혀지지는 않았지만 물가상승률을 적용한다면 이들의 실질소득은 1985년 이후 25퍼센트나 줄어들었으며 감소 추세는 계속되고 있다.[24]

나는 청소년들이 또 다른 캐치-22 상황에 걸려들었다고 생각한다. 이들이 선택할 수 있는 일자리라고 해봐야 큰 의미 없이 지루하게 반복하는 일이 대부분이다. 이들은 철저하게 길들여진 형태의 일만 하며, 그 일에는 돈을 번다는 점 외에는 창의성도 목적도 빠져 있다. 반면에 그 대가는 너무 낮아서 자신이 목표한 수입을 위해서는 더 오랜 시간 일하는 수밖에 없으며 그것도 온종일 지루하게 되풀이되는 학교 일과를 마친 후에야 가능하다. 그렇게 한 주를 보내고 나면 이들은 무료함과 좌절감을 달래려고 어렵게 번 돈으로 밑도 끝도 없이 뭔가를 사들이고 오락거리에 써버린다. 그리고 이 상황을 깨달을 즈음에는, 일단 익숙해지면 빠져나오기 힘든 연간 2천억 달러 규모[25]의 소비주의 경제에 깊숙이 걸려들어 출구를 찾을 수 없게 된다. 아이들은 사악하고 소모적인 노동·소비의 원을 빙빙 돌며 스스로를 망가뜨린다.

아이들이 손수 일하며 스스로 단련하고 능력과 책임감을 키우며 삶의 교훈으로 삼을 수 있는 노동으로서의 마지막 영역은 집안일이다. 유감스러운 일이지만 일찍이 언급한 것처럼 아이들에게 집안일을 거들게 하는 부모는 이제 많지 않다. 아이들은 이미 숙제와 과외 활동만으로도 족하다고 여기거나, 아이들에게 사랑받는 부모가 되겠다는 욕심에 아이들이 집안일을 하지 않으려고 하면 한 발짝 물러서는 부모도 있다. 이들 부모는 '내가 하는 편이 속 편하겠어'라는 식으로 자기합리화를 하면서 위안을 얻는다.

심리학자이자 부모 교육가인 진 일슬리 클라크Jean Illsley Clarke와 코니 도슨Connie Dawson, 데이비드 브레더호프트David Bredehoft는 지나친 방임으로 곤란한 상황에 처한 부모에게 당부한다. 이들의 책 『지나친 방임이 아이를 망친다How Much Is Enough?』는 어린 시절 지나친 방임 속에 자란 성인 1,200명을 대상으로 한 인터뷰에 기초해 엮은 책이다. 저자들은 과잉방임overindulgence이란 '좋아 보이는 것을 너무 많이, 너무 일찍, 너무 오래 주는 행위'로 규정한다. 이 말은 가족이 나누어야 할 자원을 아이에게 지나치게 몰아주는 것은 아이의 욕구를 들어주는 듯 보이지만 실은 부모의 욕구를 반영하고 있다는 의미이다.[26] 저자들은 과잉의 문화에서는 지속적으로 다다익선多多益善이라는 메시지의 세례를 받으며 살기 때문에 오늘날 부모로서는 음식, 옷, 돈, 관심, 오락거리를 지나치게 많이 주려고 할 수밖에 없다고 주장한다.[27] 이들은 사실상 모든 형태의 가족에서 정도 차이는 있지만 과잉방임의 유형이 나타나기 마련이고, 부모에 따라 방임하는 방식도 다양한데 그중 공통적으로 나타나는 현상은 '지나친 보살핌'이라고 주장한다.[28]

지나치게 보살피는 부모는 아이에게 집안 살림에서 자기 몫을 하라고 요구하기보다 아이 몫을 대신 해줌으로써 중대한 실수를 저지른다. 이 연구 참가자 대다수는 가족 일에 일조하여 자부심을 느낄 수 있다면 어린 시절에 기꺼이 집안일을 했을 것이라고 말했다.[29]

이들은 또 미네소타 대학의 가정교육 분야 동료 교사인 마티 로스만Marty Rossman의 연구 내용을 언급한다. 취학 전 아이들을 포함, 어린이 84명을 대상으로 한 이 연구는 약물에 빠지지 않고 다른 사람과의 관계가 아주 좋으며 졸업 후 사회생활을 순조롭게 시작하는 것으로 아이의 성공을 가늠할 수 있다면, 5세나 6세 즈음부터 집안살림을 나누어 함으로써 그 성공을 예상할 수 있다고 결론지었다. 연구는 일찍부터 집안일에 참여하면 다른 어느 요소보다 지능지수를 포함한 성인기의 성공에 기여한다고 보았다. 그 핵심은 아이들이 자신은 짐이 아니며 실제로 가정생활에 중요한 기여를 하고 있다고 일찍부터 느낄수록 더 좋다는 사실이다.[30]

다시 한 번 말하자면 설거지나 쓰레기 내다버리기, 잔디깎기 같은 일은 '야성적인' 일이 아니지만 이렇듯 일상적이고 평범한 일조차도 아이 내면의 야성을 키워준다. 이런 일을 하면서 아이는 가족의 삶에 참여할 뿐 아니라 자라면서 자신감을 키우고, 성숙해지면 더 넓은 세계에 참여할 수 있다는 자신감을 갖게 되기 때문이다.

부모는 아동기 환경에서 참된 일이 얼마나 중요한지 곰곰이 생각하고 20세기 이후로 참된 일이 사라졌다는 달갑지 않은 사실을 인식하는 데서 출발해야 한다. 의미 있는 일이 아이의 발달 단계에서 차지하는 중요한 역할을 부모와 교사가 이해한다면 집안 일거리와 일상적인 학업을 넘어 더 창의적이고 만족을 주는 일거리를 찾을 수 있을 것이다. 부모에게 바느질, 목공, 요리, 집짓기, 사진촬영, 텃밭농사처럼 실생활에 도움되는 기술이 있다면 이들 기술을 손수 보여주고, 즐거우면서도 서로에게 만족을 주는 프로젝트에 참여시킬 방법도 찾아야 한다.

마찬가지로 교사는 학생들이 자신의 아이디어를 쏟고 창의성을 살려 실생활에 적용할 수 있는 프로젝트에 참여하도록 북돋아야 한다. 학교는 지역사회와 동떨어진 교육과정의 틀에서 벗어나 학생들을 일터로 연결해주고, 다양한 분야의 전문가들을 학교와 맺어주는 이음새를 만들어야 한다.

아이들의 삶에 중요한 역할을 하고자 하는 사람들 모두가 나서서 아이들이 자발적이고 실제적이며 스스로 만들어낸 경험을 할 권리를 지키는 일이 어느 때보다 다급해졌다. 이어지는 내용에서 보겠지만 이런 경험이야말로 우리가 지닌 내면의 야성을 지탱해주며 사람이 사람다울 수 있는 본질이다.

4

놀이가 주는
선물

아이는 놀이를 통해 자기 영혼을 자유로이 표현하기 때문에
놀이야말로 아동기 발달과정에서 최선의 표현이다.
_프리드리히 프뢰벨, 『인간 교육The Education of Man』 가운데

아이의 발달과 놀이의
상관관계

——

아이들은 저마다 흥미롭고 놀라우면서도 의미를 찾을 수 있는 경험에 대한 욕구가 있다. 진정한 놀이는 바로 이 욕구에 의해 아이들이 자발적으로 참여하는 형태의 놀이이며, '내면의 야성'에는 최고의 벗이자 동지이다. 아이들은 놀면서 마음껏 상상하거나 탐구하고, 사물의 조작법을 익히고 실험하며, 배우고 웃고, 때로는 모험도 하면서 몸과 마음을 하나로 연결해 '길들지 않는' 전인全人으로 자란다.

아이들은 진정한 놀이를 하면서 발견이라는 경험을 한다. 누구를 믿어야 할지, 진실과 거짓을 어떻게 구별하는지, 현실과 환상이 어떻게 다른지, 언제쯤 다음 도전을 해야 하는지, 자기가 속한 곳은 어디이고 다른 사람이 속한 곳은 어디인지, 세상이 왜 그렇게 돌아가는지와 같은 물음에 대한 답을 얻는다. 디시와 라이언은 이렇게 단계를 거치며 성장하는 과정을 아동기의 '심리적 작용'이라고 했다.[1]

진정한 놀이는 몸과 마음, 감정에서 사회성에 이르기까지 아이의 모든 영역이 발달하도록 돕는다. 진정한 놀이는 무엇보다도 출생과 동시에 지능이 본능적으로 펼쳐질 수 있게 추진 작용을 한다. 스위스의 심리학자 장 피아제Jean Piage는 오늘날에도 널리 인정받는 아동기 인지발달이론에서 식사와 배설, 감정표현 이외에 아기가 생후 몇 달 동안 하는 일은 모두 본질적으로 '놀이'라고 보았다. 학습심리학에 큰 기여를 한 이 이론에서 언어가 발달하기 전 지적 사고가 가

능하도록 길을 열어주는 것은 아이의 초기 감각운동과 모방에 의한 놀이다.[2]

피아제는 아기가 옹알거리고 바동거리며 욕구를 해소하기 위해 온갖 행동을 하다가, 자기 안팎의 세상을 깊이 이해하고 이성적이며 질서정연한 존재로 성장하기까지의 인지작용에 주목했다. 학습이 환경의 자극과 강화에 좌우되며, 본래 수동적이고 기계적인 과정이라 규정한 동시대 심리학의 주류 행동주의 심리학자들과는 입장을 달리했다.

2장에서 살펴본 마투라나와 바렐라의 인지이론과 비슷하게 피아제 역시 배움이 이루어지는 생물학적 근거를 밝히는 데 목적을 둔 결과, 배움은 역동적이며 창조적인 활동이라는 결론에 도달했다. 지식은 아무런 노력 없이 얻을 수 있다거나 고정되어 저장할 수 있는 성질이 아니다. 아이들은 바깥 세계에서 들어온 재료를 받아들여 새로운 의식구조로 재편성하면서 지식을 만든다. 예를 들어 아기는 훗날 중력의 법칙을 배울 때까지 기다리지 않더라도, 어른이 물건을 떨어뜨리는 것을 보고 사물은 낙하한다는 사실을 받아들이면서 하나의 의식구조를 만든다.[3]

피아제는 참된 놀이를 "그 자체가 목적인 행동이며 다른 사람이나 외부의 영향으로 강요된 어떤 행동도 놀이가 될 수 없다"고 규정하며, 놀이가 지식이 구성되는 과정에서 연결고리 역할을 한다고 주장했다.[4] 놀이는 각각의 발달단계별로 예상되는 학습을 촉진한다. 예를 들면 발달과정의 첫 단계인 '감각운동기'(생후 3세까지)의 놀이는 새로운 물건은 무엇이든지 맛보고 만지려 하며 동작과 소리를 끊임없이 흉내내려는 특징이 있다. 인간은 이런 방식으로 걷고 말하는 법을 배운다.

'전조작기'(4세~9세)에 들어서면 아이는 언어를 배워 상징적으로 다양한 사물을 나타내는 법을 배운다. 피아제는 상징과 언어로 학습을 촉진하는 상상놀이 형태를 '상징놀이'라고 불렀다. 피아제는 저서 『아동기의 놀이, 꿈, 모방Play, Dreams and Imitation in Childhood』에서 "상징은 아이가 사고하는 구조"라고 말했다. 아이는 상징을 통해 현실에서 보는 모든 것을 구체적으로 나타내며, 언어적·논리적 사고가 아직 충분히 발달하지 않은 시기에 자신의 경험을 표현하고 이해한다.[5]

아이들이 '구체적 조작기'(9세~13세)에 들어서면 구체적인 사물과 사건을 논리적으로 사고할 수 있게 된다. 이 시점에서 상징놀이에 대한 흥미가 점차 사라지고 규칙과 구조를 특징으로 하는 놀이에 흥미를 갖기 시작하는데, 피아제는 이 시기 놀이를 '사회적 놀이'라고 불렀다. 이제 아이들은 합리적 사고로 세상을 이해하기 때문에 더 이상 실제와 다른 가상의 세계만 좇지는 않는다. 마지막으로 '형식적 조작기'(13세 이후)에 접어들면 아이들은 추상적인 개념을 논리적으로 사고할 수 있으며 놀이도 주로 경쟁이 따르는 집단 게임이나 스포츠의 형태로 즐기게 된다.[6]

진정한 놀이는 아이의 지적 발달뿐 아니라 감성 발달을 촉진하는 매체로서 손색이 없다. 감정은 합리적이지 않으며, 진정한 놀이의 원형이라 할 수 있는 가상놀이나 상상놀이 역시 합리성의 경계 밖에서 이루어지기 때문이다. 가상놀이의 세계에서 아이들은 실제 세계의 관습과 요구에 구애받지 않고 자유롭게 상상을 펼친다.[7] 아이들은 자기들을 온갖 역할과 상황 속에 그려 넣고 다양한 감정의 폭에서 자기 방식으로 일을, 더 정확하게는 놀이를 한다. 이때 아이들에게 필요한 것이라고는 시간적 여유와 몇 가지 다양한 소품뿐이다.

우리 학교 유치부 교실에 언제든 이용할 수 있는 변장용 의상을 여행가방 하가득 모아놓은 것도 이런 이유다. 신사용 모자 하나만 쓰면 남자아이는 금세 엄하고 무시무시한 아버지로 분장할 수 있다. 여자아이는 하이힐을 신고 손목에 핸드백을 걸치는 것만으로 깐깐하고 독선적인 어머니가 될 수도 있다. 또는 정반대로 사랑이 넘치는 부모인 척할 수도 있고 다른 친구들이 이 부모의 사랑스러운 자녀를 연기할 수도 있다. 소품이 전혀 없더라도 남자아이들 몇 명이 한 배에서 태어난 강아지로 변해 서로 뒹굴고 씨름할 수 있다. 마치 진짜 강아지가 된 것처럼 힘을 겨루고 서로를 다치게 하지 않는 범위에서 다투는 시늉도 한다. 누군가 세게 때리고 밀치고 누르기라도 하면 나머지가 재빨리 눈치를 주어 열에 아홉은 금세 누그러지고 만다.

우리 학교의 초등부 교실을 돌아다니다 보면 아이들 여럿이 이런 저런 상상놀이에 몰두하는 모습을 흔히 볼 수 있다. 요즈음에는 초등과정 남자아이들이 모여 던전 앤 드래곤 또는 아이들 말로 D&D라는 테이블게임 형식의 상상놀이에 열심이다. 어른들은 전혀 끼어들지 않고 자기들끼리 용감한 기사, 악당, 강력한 마법사처럼 환상

속 등장인물이 되어 온갖 시련과 모험을 이겨내고 사악한 적과 사나운 괴물을 물리친다는 내용이다.

D&D는 본질적으로는 남자아이들이 놀이를 하는 도중에 즉흥적으로 만들어가는 동화나 마찬가지다. 이 놀이는 온갖 상상력을 동원해 진행되며 기술적인 요소는 전혀 없다. 아이들은 먼저 정성껏 등장인물과 각 등장인물의 능력치를 자세히 기록하며, 그중 한 명이 던전 마스터라는 놀이 기획자로 뽑혀서 줄거리를 풀어나가고 심판 역할을 한다. 던전 마스터와 놀이를 하는 아이들 모두 함께 주사위를 굴리며 자기들이 각색한 생사의 시나리오를 어떻게 이끌어갈지 결정해나가면서 놀이에 생명을 불어넣는다. 긴밀한 협동과 상호작용이 필요한 이 놀이를 하다 보면 아이들은 밑도 끝도 없이 몇 시간이고 빠져들어 놀게 된다. 재미있는 사실은 이 놀이에 판타지 특유의 잔혹한 소재가 많기는 해도 놀이를 하다가 실제 싸움으로 번지는 일은 거의 없다는 점이다.

여학생들도 즐기는 형태는 다르지만 가상놀이를 좋아한다. 지난해에는 8살에서 9살쯤 되는 여자아이들 몇 명이 말놀이에 흠뻑 빠졌다. 이 모둠의 리더격인 에스더는 운 좋게도 승마 수업을 받으며 현실세계에서의 열정을 쏟아부었지만 나머지 시간에는 도시에 사는 같은 반 친구들과 함께 말이 가득한 일종의 대체 현실을 꾸며내곤 했다. 에스더는 할머니에게서 받은 실물 크기의 봉제 조랑말 인형을 가져오고 다른 아이들도 각자 말 장난감을 가져와 차례차례 드라마를 연출했다.

아이들은 몇 시간이고 앉아 가장 좋아하는 말을 꾸미고 공들여 줄거리를 만들었다. 에스더는 글쓰기에 소질이 있어서 이미 이 모둠의 작가 역할을 해왔던 터였다. 손과 무릎을 짚고 가장 넓은 교실의 카펫을 가로질러 전속력으로 질주하는 말의 동작을 고안해낸 것도 에스더였다. 친구들과 무리를 만들어 경주마 무리가 말굽을 부딪치며 결승점을 향해 질주하는 소리는 무시무시하게 들릴 정도였다. 이따금씩 경마 장면을 연출하기라도 하면 학교 전체가 응원하러 모여들었다. 이렇게 익살맞고 기발한 놀이에는 어떠한 식으로든 어른이 끼어드는 경우가 없다.

피아제는 복종과 자유를 두고 벌어지는 갈등은 아동기에 겪는 고통이라고 말하며, 가상놀이에 어른이 규칙을 강요하는 일은 없어야 한다고 호소했다. 실제 삶에서는 복종 아니면 반항, 타협만이 가능한 반면에 가상놀이에서는 마법 같은 대안을 끝없이 만들어낼 수 있다.[8] 피아제는 아이들이 가상놀이를 하면서 감동적이거나 기뻤던 순간을 재현해 이 경험에서 느낀 감정을 곱씹어보며 조화를 찾기 때문에 '연습놀이'라고도 불렀다.[9] 아이는 가상극을 통해 아픈 경험의 상처를 덜어내면서 그 경험으로 생긴 불안을 '해소'한다.[10] 피아제는 동생이 태어나 상처가 될 정도로 질투를 느끼는 여자아이의 이야기를 예로 들었다. 아이는 크기가 다른 인형 두 개를 가지고 놀면서 작은 인형은 여행을 떠나보내고 큰 인형이 엄마와 집에 남는 상황을 그리면서 슬픈 감정을 드러냈다.[11]

부부 심리학자인 도로시 싱어Dorothy Singer와 제롬 싱어Jerome Singer는 저서 『가상놀이의 집The House of Make-Believe』에서 세 살짜리 이웃집 남자아이 이야기를 자세히 들려준다. 아이의 부모는 키우던 개가 심각한 종양을 앓자 어쩔 수 없이 안락사시켜야 했다. 이 일을 아들 마이클에게 어떻게 납득시켜야 할지 고민하던 부모는 "수의사에게 데려가 낫게 할 수 있는지 알아보려고 하는데, 어쩌면 개가 죽을지도 모른다"고 아이에게 말했다. 나중에 부모만 돌아오자 마이클은 커다랗고 두꺼운 종이로 집을 만들었다. 이 집은 개집이었으며 마이클은 엄마에게 그 안에 네 발로 기어 들어가도록 했다. 마이클은 처음에 '개' 역할을 하는 엄마를 상냥하게 어루만져주고 뼈다귀를 주며 귀 뒤를 긁어주었다. 그러다가 갑자기 화를 내며 개를 꾸짖다가 마침내 개집을 잠궈 '가둬놓은 채' 놀러 나갔다. 마이클은 잠시 후 돌아와서 개와 화해하고는 차를 몰아 개를 수의사에게 데려가는 시늉을 했다. 집으로 돌아오고 나서 마이클은 상상을 끝내고 엄마를 원래 모습으로 돌려놓았다. 마이클은 가상놀이를 통해 개와 엄마에게 사랑과 분노가 뒤섞인 감정을 표현할 수 있었고 마침내 이 상황을 받아들였다.[12]

오늘날 놀이치료는 기본적으로 이와 같은 형태를 띠며 아이들이 상상놀이라는 형식을 빌려서 마음속 깊은 상처를 치유하는 데 도움이 된다. 싱어 부부의 연구에서 좋은 사례 한 가지를 더 들어보자. 8살인 마크의 부모는 다툼이 잦았고 아이가 보는 앞에서 싸우기도 했으며 그렇게 몇 달 동안 갈등을 겪은 끝에 이혼했다. 설상가상으로 마크의 아버지는 출장이 잦았기 때문에 마크가 일주일마다 찾아가도 만나지 못하는 일이 많았다. 학교에서 마크의 행동은 곧 걷잡을 수 없을 정도로 돌변해서 아이들을 때리고 깨무는 것도 모자라 그것을 제지하는 교사에게 의자를 집어던지기까지 했다.

마크는 놀이치료를 받으면서 영웅물에 등장하는 캐릭터 인형으로 상처 입은 마음을 표현했다. 등장인물을 괴롭히거나 명령하고 모든 전투에서 승리하는 상황을 만들면서 자신이 등장인물을 모두 조정하는 역할을 했다. 그러던 어느 날 6시 뉴스에서 강력한 태풍으로 피해 입은 지역을 보고 나서 놀이치료실에 있던 커다란 인형의 집으로 태풍이 불어오는 상황을 꾸며, 그 안에 있던 가구와 사람 모형을 넘어뜨리고 물건을 인형의 집 창밖으로 내던졌다. 그러고 나서 의사놀이 상자를 공구상자인 척 다루며 피해 입은 부분을 모두 고쳤다. 놀이치료를 몇 차례 더 진행한 후 마크는 집 부수는 놀이를 그만두고 사람 모형에 애정을 쏟으며 함께 어울려 재미있게 노는 장면을 만들었다. 이후 학교에서 마크의 행동은 눈에 띄게 좋아졌다.[13]

관계 맺기와 같은 사회적 학습의 상당 부분 또한 진정한 놀이를 통해 만들어진다. 놀이는 어린아이들을 또래와 맺어주는 독보적인 매개체이며 디시와 라이언이 자기결정성 이론에서 제기하는 세 가지 선천적 욕구 중 세 번째인 대인관계 욕구와 긴밀한 연결지점을 찾을 수 있다. 이 이론에 따르면 인간은 세 가지 욕구 중 어느 하나라도 충족하지 못하면 제대로 성장할 수 없다. 즉 자율성 욕구와 자신감 욕구가 채워진다 하더라도 관계 욕구가 채워지지 않는 환경이라면 어딘가 '안녕하지 못한 삶'이라고 해야 할 것이다.[14]

벗companion을 의미하는 사전상의 단어가 '놀이친구playmate'라는 사실은 결코 우연이 아니다. 놀이는 아이들을 하나로 이어주는 접착제와 같기 때문에 아이들은 같이 어울려 놀면서 친구가 된다고 할 수 있다. 아이들은 놀이를 하면서 평등한 관계로 만나 서로가 좋아하는 것과 싫어하는 것, 소망과 꿈을 알아가기 시작하며 공감대를 만든다.

덧붙이자면 놀이는 매우 효과적인 교류수단이다. 처음 만난 아이들도 일단 서로 만족스럽게 놀 수 있는 놀이를 찾고 나서 금세 친해지는 모습은 그저 놀라울 따름이다. 이스라엘의 심리학자이자 가족치료사 슐로모 아리엘Shlomo Ariel의 주장에 따르면 놀이, 특히 가상놀이는 의사소통을 가능하게 해주는 특별한 매개체이기 때문이다.[15] 가상놀이는 대단히 정교하면서도 융통성이 있어서 여러 가지 목적을 충족시켜준다. 가상놀이는 아이들이 놀이를 하며 갖가지 상상을 동원해 서로의 차이와 갈등을 이해할 때 '외교언어'의 역할을 한다. 아이들은 안전하게 상상의 세계를 나누면서 물리적인 공격수단을 쓰지 않고도 힘을 겨루고 갈등을 조절할 수 있다. 서로에게 얼마나 가까이 다가가야 할지, 같이 노는 모둠 중 누구에게 얼마나 믿음을 주어야 할지, 누가 남아 있어야 하며 누가 나가야 하는지, 누가 책임을 맡고 얼마나 많은 시간을 쏟아야 하는지 조정할 수 있다.

아리엘은 이를 '근접과 통제의 문제issues of proximity and control'라 부르며, 인간을 포함한 모든 동물 사이에서 상호작용의 근본이자 관계의 기본이 된다고 말했다. 현실세계의 스트레스와 압박감이 조화로운 결과를 이끌어내기보다는 장애가 되는 반면, 상상놀이에서 아이들은 이른바 현실세계의 구속과 관습에 구애받지 않기 때문에 온갖 형태의 사회적 환경을 자유로이 설정할 수 있다.[16] 스포츠나 여타 경쟁 형태의 놀이를 하고 있는 아이들을 관찰해본 사람이라면 아이들이 근접과 통제의 문제를 조정하려 할 때 얼마나 쉽게 싸움이 벌어지는지 알 수 있다.

아이들은 또한 가상놀이를 '법률언어'로 사용하여 인간의 보편적인 갈등 원인이라 할 수 있는 '영역과 소유의 문제'를 조정한다. 아이들이 가상놀이를 조직할 때 핵심적인 단계는 어른의 논리가 좀처럼 끼어들 수 없는 자기들만의 규칙을 만들고 규칙 위반의 결과를 정하는 과정이다.[17]

싱어 부부는 거의 50년 동안의 연구 경험을 바탕으로 놀이가 감성적 학습과 사회적 학습에도 중요한 원천이 된다고 주장한다. 이들의 관찰에서 가상놀이를 하는 동안 부정적 감정을 강하게 드러내는 아이들은 매우 드물었다. 아이들은 장난감이나 가상의 등장인물을 이용해 상상 수준에서 자기 분노와 공격성을 연기할 뿐 실제로 다치는 아이들은 없다. 싱어 부부는 일 년에 걸친 연구에서 8군데 어린이집 아이들이 자유놀이 시간에 보여준 사회적 상호작용의 형태를 기록했다. 놀랄 것도 없이 가상놀이에 많이 참여한 아이들이 즐거워했고 활기가 넘쳤다. 아이가 상상력이 풍부해보일수록 걱정도 슬픔도 덜하며 덜 지쳐 보였다. 여러 연구가 있었지만 결과는 한결같았다.[18]

반대의 경우로, 아리엘은 다양한 연구에서 가상놀이에 능숙하게 참여하지 못하는 아이들이 또래들에게 거부당하는 경우가 잦고 따라서 자존감에 상처를 입을 가능성도 있음을 보여주었다.[19] 그러나 심리학자 스티븐 데이비스Stephen Davis와 존 판투조John Fantuzzo가 진행한 두 연구에서는 거부당한 아이들이 또래 주도의 놀이치료 시간을 통해 가상놀이에 참여하는 요령을 배운 결과 자신감이 높아지고 전반적인 행동이 크게 향상된 모습을 보여주고 있다.[20]

내면의 야성을 일깨우는 창의적인 놀이

─

진정한 놀이는 창의성을 자극하기 때문에 내면의 야성을 살리는 데 가장 큰 역할을 한다고 볼 수 있다. 여기에서 경이로운 순환의 고리가 발생한다. 내면의 야성은 창의성이라는 역동적인 에너지를 얻어 활발해지며, 또한 창의성이 발현되기 위해서는 독창성과 자유로운 표현을 열망하는 내면의 야성이 필요하다.

네덜란드의 문화역사가 요한 하위징아Johann Huizinga는 놀이가 인간 활동 영역에 고루 퍼져 있다는 인식에서 출발해 모든 문화는 놀이에서 발생한다고 주장했다. 인간은 언어 대부분을 놀이에서 배우며, 은유나 유머는 사실 언어를 가지고 하는 놀이다. 하위징아는 또한 신화는 세계를 특정 이미지로 만든다는 개념에 바탕을 두고 있으며 신화의 정신은 "농담(놀이)과 진담(진지함) 사이의 경계를 넘나들며 노는 것에 있다"고 하였다.

하위징아는 자신의 독보적인 저서 『호모 루덴스Homo Ludens』에서 놀이에 대한 견해를 밝혔다. '놀이하는 인간'을 뜻하는 라틴어 제목은 인간을 생물학적으로 분류한 호모 사피엔스 또는 '생각하는 인간'에서 착안했다. 하위징아는 이렇게 추론했다. "인간은 놀이를 하며 자신이 놀고 있다는 사실을 안다. 그렇다면 인간은 합리적인 존재 이상임에 틀림없다. 놀이란 비합리적이기 때문이다." 하위징아는 책의 많은 부분에서 각 문화영역에 따라 분류한 '놀이 요소play-element'를 파헤쳤다. 예술과 놀이의 연관성은 뚜렷하다. 시는 낱말과 은유의 놀이고, 음악(연주의 영어 단어는 play이기도 함)은 소리와 리듬의 놀이며, 춤은 동작과 리듬의 놀이고, 조형예술은 색과 형태, 결의 놀이다. 철학은 관념의 놀이이며 실제로 수수께끼를 만들고 푸는 기술에서 기원했다. 과학은 관찰과 측정, 형태의 놀이다.[21] 이 장의 후반부에서는 놀이와 창의성의 의미를 찾지 못하고 그 가치도 이어가지 못하는 현대문화에 대해 하위징아가 걱정한 암울한 상황을 짚어보려고 한다.

하위징아 시대 이후 여러 사회과학자들이 창의성을 폭넓게 연구해서 본질적인 성격을 이해하려고 했다. 이디스 콥Edith Cobb은 몇 년에 걸쳐 유명 예술가와 작가, 과학자들의 삶을 연구하여 이들의 창의적이고 천재적인 재능에 불을 지핀 요인이 무엇인지 찾아내려 했다. 콥은 진정한 놀이와 창의성이 교차하는 지점을 '경이감wonder'이라고 했다. 콥은 저서 『아동기 상상력의 생태학The Ecology of Imagination in Childhood』에 이렇게 기록하고 있다.

경이감은 아동기에 자연스럽게 생겨나는 특권이다. 우주 만물은 사람에게 흘러들어오는 정보에서 새롭고 진기한 방식과 형태를 조직하도록 마음을 움직이는데, 성장한 후에도 경이감을 계속 유지하면 신경계의 반응을 불러내 삼라만상에 답할 수 있다. 그런 이유로 성인으로서 세상을 경탄하는 마음으로 바라볼 줄 아는 능력은 시인이나 예술가, 또는 창의적인 사상가의 작품에 들어 있는 기술이자 필수적인 도구이다.[22]

콥에게 경이감은 피아제가 생각하는 놀이와 같은 의미였다. 경이감을 느낀 아기들은 자기 손을 발견한 순간 기뻐하며, 친근한 사람이나 익숙한 대상이 다시 눈에 들어올 때에도 기뻐한다. 놀이를 할 수 있다고 알아차리기 오래전부터 아기가 하는 모든 행동은 앞으로도 놀랄 거리가 더 많을 것이라는 기대감 속에 경이감으로 나타난다.[23]

콥은 아동의 정신세계를 탐구하는 데 필요한 형식적인 자격을 갖추지는 않았지만 아이의 상상력과 창의성을 다루는 자료에서 가장 먼저 인용되기도 한다. 콥은 1960년대 당시 마침 싹을 틔우기 시작한 생태학의 개념에 큰 영향을 받아 장차 획기적인 의미를 갖게 될 자신의 저작을 위해 자료를 모으던 중이었다. 아동생태학자로서 아이 안팎의 세계에서 벌어지는 상호작용이 장래의 됨됨이를 결정하는 데 어떤 작용을 할지, 그리고 아이가 자라 창의적이고 독창적인 삶을 살게 될 수 있을지의 여부에 특별한 관심을 기울였다. 콥 연구의 기본 개념은 다음과 같다.

시인과 아이들이 창의적으로 인식하는 과정을 연구해보면 사고 자체의 생물학, 실제로는 상상력의 생태학에 근접하게 된다. 몸과 마음은 단일 구성단위이자 하나의 생태계를 이루며 여기서 나오는 에너지와 자연의 에너지가 일체가 되어 자연과 문화에, 그리고 인간이 만든 사회에 적응하여 문화를 구현한다.[24]

콥은 상상력을 "아동기가 인간이란 존재에게 보내준 선물"이라 보았다. 콥은 훗날 아이의 정신적·사회적·신체적 건강 여부는 잘 다듬어진 상상력에 의존하며, 아동기는 상상력을 부화하기 위해 준비해둔 특별한 시간이 되어야 한다고 확신했다.[25] 또한 아이들의 마음을 지나치게 계발하도록 몰아붙이면 창의적 본능을 파괴할 위험이 크다고 보았다.[26] 오늘날 이 나라의 가정과 국가에서 벌어지는 상황을 보고 콥이 무어라 말할지는 상상만으로도 충분하다.

사회심리학자 테레사 애머빌Teresa Amabile은 삼십 년 이상 창의성에 대해 연구해왔으며 창의적인 유명 인물 수백 명에게서 공통적으로 나타나는 특징을 분석했다. 창의성에 대한 애머빌의 분석은 폭넓은 지지를 받고 있는데, 그 연구에는 내면의 야성에서 찾아볼 수 있는 중요한 특징이 모두 나타나 있다. 공통적으로 나타나는 특성인 '독립심'에 대해 애머빌은 사회의 틀에 맞추어 사고하지 않으며 다른 사람으로부터 인정받는 것에 연연하지 않는 성향이라고 정의했다.[27] 창의적인 사람은 자신이 창조한 내용을 평가할 때 자신의 판단에 최우선으로 귀를 기울이며, 그 다음에야 다른 사람의 의견을 듣는다. 우디 앨런Woody Allen이 영화 〈애니 홀Annie Hall〉로 오스카상 수상이 확정되었는데도 아카데미 시상식에 참석하지 않은 이유는 맨해튼에서 화요일 밤마다 열리는 재즈 연주회에서 자신이 맡은 클라리넷 연주를 더 중시했기 때문이다.[28]

애머빌의 획기적인 연구에서는 창의성을 북돋우려면 외부의 구속에서 벗어나 '자유롭고 쾌활하며 홀가분한 분위기'가 중요하다는 사실도 강조한다. 여기에서 애머빌은 아인슈타인의 학교교육을 예로 들고 있다. 어린 시절 엄격한 훈육을 표방하는 학교에 다니던 아인슈타인은 결코 눈에 띄는 학생이 아니었다. 그 후 열일곱 살에 대학 입학시험에 떨어지고 스위스에 있는 기숙학교에 입학했다. 다행스럽게도 이 학교는 학생이 저마다 자기 방식으로 지식을 탐구할 것을 강조했고 암기식 학습은 중요시하지 않았다. 그 대신 개별적인 실험 작업과 학생이 주도하는 연구, 학생과 교사 사이에 편안하고 민주적인 관계를 중요하게 여겼다. 아인슈타인은 후에 다음과 같이 학교 이야기를 전한다.

학풍은 자유로웠고 교사는 외부 권위에 기대는 일 없이 소박하고도 진솔했기 때문에 이 학교에서의 생활은 평생 잊을 수 없는 기억으로 남아 있다. …… 겨우 두 차례 있는 시험을 제외하면 정말이지 마음 내키는 대로 지낼 수 있었다. 덕분에 시험 몇 달 전까지는 내가 원하는 연구를 선택할 자유가 있었으며 나는 이 자유를 한껏 누리며 그 위에 얹힌 양심의 가책마저 훨씬 소소한 악행으로 여겨 기꺼이 받아들였다.[29]

아인슈타인이 훗날 상대성 이론으로 이어지는 첫 실험을 착안한 곳도 바로 이 학교였다.[30] 애머빌은 연구를 결론지으며 창의성이란 "시행착오를 겪더라도 독창적인 방식으로 참신한 작업을 해내는 과정이며 어느 시점에서 사람들이 유용하고 만족스럽다고 인정하는 과정"이라 정리했다. 달리 말하면 조리법에 따라 요리하는 일은 창의적이라고 할 수 없으며, 갖고 있는 재료를 활용해 이런저런 조합으로 실험을 거듭하며 기막힌 맛을 찾아낼 때 창의적이라고 할 수 있다.[31]

애머빌은 이어서 창조적 과정의 5단계 모델을 만들었다. 첫 단계에서는 개인이 필요에 따라 무엇인가 창조하거나 문제를 풀기로 선택한다. 동기의 내부 요인이 클수록 과제를 풀어나가는 과정이 더 유쾌하고 홀가분하며, 모험도 마다하지 않으면서 타당성이 즉시 뚜렷하게 나타나지 않더라도 주어진 모든 환경에 심혈을 기울이게 된다. 대가나 마감 시한, 평가 같은 외재적 동기는 외부 목적을 이루는 데만 관심을 쏟게 만들기 때문에 창의성에 해롭다. 반면에 당면한 목표와 연관성이 떨어져 보이는 여러 상황에도 자유롭게 주의를 기울일 때 의외의 창의성이 발휘되기도 한다. 오로지 목표에만 매진

할수록 대안적인 방법을 찾을 가능성은 더 줄어들며 따라서 독창적인 결과를 이끌어낼 가능성도 줄어든다.[32]

　두 번째 단계에서는 새롭거나 이미 익힌 기술, 특별한 재능, 관련 있는 정보를 모두 동원한다. 창조나 문제 해결 과정이 얼마나 참신한지 판가름 나는 단계는 세 번째 단계이다. 강한 집중력, 모험을 마다하지 않는 태도, 문제에서 드러난 새로운 관점을 수용하는 능력, 비범한 아이디어를 짜내는 능력, 갖가지 참신한 방식으로 상상력을 동원하는 능력 등 애머빌이 '창의성 유관 과정'이라 말한 목록에 따라 과정의 융통성이 결정된다. 애머빌은 지능 자체만으로는 창의성에 불을 지피지 못한다고 주장한다. 네 번째 단계에서는 하던 과정을 멈추고 작업이 얼마나 유용하고 만족스러운지 판단하는데, 당연한 일이지만 참신함 하나만으로 창의성을 충족하기엔 부족하다. 마지막 다섯 번째 단계에서는 네 번째 단계에서 거친 자기평가 결과를 토대로 이 과정의 지속 여부를 결정한다. 목표를 이루었거나 목표를 이룰 수단이 없다고 판단하면 이 과정을 종료한다. 목표를 이뤄내는 과정에서 진전이 있었다면 다시 첫 단계로부터 시작해 다섯 번째까지의 과정을 반복할 것이다.[33]

　애머빌은 창의적인 과정의 기본적인 윤곽을 그려낸 후에 어린이에게 관심을 돌렸다. 애머빌은 '창의성이란 다른 사람에 비해 더 타고나는 성질이 아니라, 모두가 잠재적으로 갖고 있지만 환경의 조건에 따라 발달하기도 결여되기도 하는 성질'로 보았다.[34] 전미교육협회가 후원한 논문에서 베스 헤네시Beth Hennessey와 공동저자 애머빌은

'창의성을 죽이는 방법' 5가지를 열거했다.

1. 보상을 바라고 일하게 하라. 보상을 바라는 아이는 모험을 감수하려 하지 않으며, 유쾌하고 홀가분하게 실험하는 자세로 과제에 접근하지 않는다.

2. 마음을 잡아끄는 형태의 보상이나 알아주는 식으로 경쟁적인 환경을 조성하라.

3. 아이들이 평가에 초점을 맞추도록 하라. 좋은 평가를 얻으려고 과제를 수행하면 동기는 저절로 외부에서 오며 창의성은 죽는다.

4. 감시하라. 누군가 지켜보는 사람이 있다는 것만으로도 창의성을 떠받치는 내재적 동기를 훼손할 수 있다. 아이가 문제를 창의적으로 해결할 기회를 앗아버리고 싶다면 아이가 항상 당신이란 존재를 느끼도록 하라. 아이의 동작을 하나하나 지켜보고 지금 하는 일에 집중을 못하게 하는 대신 당신이 암시하는 평가행위에 관심을 기울이게 만들라.

5. 아이들이 미리 정해진 조건만 선택할 수 있도록 강요해서 선택의 폭이 좁은 환경을 만들어라.[35]

헤네시와 애머빌은 아이들이 미리 짜이지 않은 가상놀이를 하면 사물의 특성을 새로 발견할 기회를 얻으며 상상력이 풍부해지기 때문에 창의성도 고무된다고 주장했다. 이 주장을 뒷받침하기 위해 미취학 아동을 대상으로 실시한 연구를 소개했다. 헤네시와 애머빌은 먼저 아이들이 가상놀이를 하는 동안 드러나지 않게 관찰하며 자발적으로 참여하려는 아이들과 그렇지 않은 아이들을 각각 '플레이어 player'와 '논플레이어non-player'로 구분했다. 이어서 실험 대상 아이들에게 세 모둠으로 나누어 각각 물건을 가지고 자유롭게 놀기, 물건을 가지고 실험자의 행동 모방하기, 물건을 가지고 즉시 문제 해결하기 활동을 하게 했다. 자유놀이 모둠은 행동의 창의성 면에서 나머지 두 모둠에 비해 매번 뛰어났다. 다만 창의성 수준에서 높은 점수를 기록한 아이들은 모둠 내 '플레이어'뿐이었다.[36]

헤네시와 애머빌은 교사들에게 학생들이 자유로이 놀 수 있는 시간을 넉넉히 주고 가상놀이에 참여하게 하고, 가능하면 교실에서 제한, 보상, 평가, 경쟁의 상황을 없애고 아이들이 자기가 하는 일에서 즐길 거리를 찾아 집중하도록 도우라고 당부하며 연구를 마치고 있다. 헤네시와 애머빌은 학교에서 아이들이 흥미와 재미를 느끼는 점이 있다면 무엇인지 이야기를 나누어보라는 제안도 하고 있다.[37] 그러나 대부분의 교육현장에서 이들의 조언은 소귀에 경 읽기와 다름없어 보인다.

놀이의 적들
———
내면의 야성은 참된 놀이 없이는 살아남을 수 없다. 하지만 참된 놀이의 걸림돌은 도처에 널려 있다. 스포츠, 수동적으로 받아들이는 오락물, 갖가지 종류의 전기 장난감과 게임 등 오늘날 놀이로 여겨지는 것들 상당수는 참된 놀이와는 거리가 멀다. 이들은 아이의 상상력이나 창의성을 키우는 데 전혀 도움이 되지 않기 때문에 하위징아가 말하는 '거짓 놀이false play'의 모양새를 띤다고 볼 수 있다.[38]

참된 놀이는 오늘날 아이들의 삶에서 자취를 감추고 있다. 7장에서 더 자세히 살펴보겠지만 가정에서는 텔레비전과 비디오, 비디오 게임과 컴퓨터 게임, 인터넷이 놀이를 대신하고 있다. 문제는 복합적이다. 전자미디어의 유혹은 너무나 강력하고 중독성도 아주 강하다. 게다가 앞서 논의한 내용처럼 안전을 염려한 나머지 아이들에게 밖에서 노는 걸 허락하지 않거나 집에서 먼 곳까지 돌아다니는 걸 금지하는 부모가 많다. 아이들이 자연과 점점 단절된다는 사실은 더욱 암울하다. 디스커버리 채널과 인터넷같이 수동적으로 받아들일 수밖에 없는 기술 중심의 대체물이 자연이 없는 빈 공간을 메울 뿐이다.

아이들의 삶이 정신없이 분주해지고 과도하게 조직되면서 참된 놀이 또한 짓눌리고 있다. 참된 놀이에는 충분한 시간과 공간이 필요하며, 단지 부모들끼리 약속을 정해 아이들을 놀게 한다거나 영화관에 가고 상업화된 놀이시설에 가는 간단한 방식으로 참된 놀이를 살려낼 수 없다. 그리고 부모가 아이와 놀아줄 경우 특별히 나쁠 것까지는 없어도 또 다른 형태의 관리로 쉽게 변질될 여지도 있다. 다시 말하지만 참된 놀이는 놀이 자체의 에너지와 영감을 원천으로 해서 일어난다.

이제 참된 놀이의 공공의 적 1순위인 학교가 있다. 대부분의 제도권 학교는 하루 일과 목록에서 놀이가 될 만한 일을 거의 지워버렸다. 어떤 이유로든 학생들의 바깥 활동을 허락하지 않는 학교가 많으며 일단 학생들이 안으로 들어오면 학교는 문을 잠가버린다.

학습에 도움이 되는 게임, 장난감, 퍼즐 등을 활용해 이른바 '교육적' 놀이를 도입하겠다고 말로만 떠들어대는 학교들이 여전히 있지만, 35년간 공립 초등학교 수석교사를 해온 쉴라 플랙스먼Sheila Flaxman은 이런 활동이 상상력을 자극하거나 저절로 동기를 불러오는 놀이만큼 풍족한 효과를 유발하지는 않는다고 주장한다. 플랙스먼은 '멸종 위기의 놀이Play : An Endangered Species'라는 제목의 기사에서 다음과 같이 주장한다. "아이들은 이런 놀이를 스스로 주도하고 만들어간다. 이런저런 규칙을 설명하고 게임의 임무를 부과하는 사람은 없다. …… 이런 놀이는 상황에 맞춰 융통성 있게 활용할 수 있어서 아이들은 실패나 어른의 평가에 대한 부담 없이 실험하고 탐구할 수 있는 여지가 많다. …… 오늘날 아이들은 어른의 기대와 변덕, 규칙과 일정에 좌지우지되고 있다. 놀이는 아이들이 자기 세상을 스스로 조정할 수 있는 유일한 시간이다."[39]

그러나 학교가 참된 놀이의 가치를 살리는 데 실패한 것이 그나마 최근의 현상이라 생각하며 위안 삼을 수는 없는 노릇이다. 이미 반세기 전에 피아제가 한 말을 곰곰이 생각해볼 필요가 있다. "위대한 교육가들의 선견지명에도 불구하고 전통적인 교육에서 놀이는 기능적 중요성도 없이 아이들을 숙제에서 멀어지게 해 언제나 정신적 낭비를 조장하거나 모조 활동에 불과하다는 취급을 받아왔다.

최선의 가르침을 얻으려면 '구조'를 발견할 수 있는 여건을 만들어야 한다. 이 말은 구조를 전해준다는 의미가 아니다. 아이들은 자기들 스스로 고안해낸 구조만을 이해할 수 있다."[40]

창의성을 키우는 마지막 보루라고 여겼던 분야도 제도교육 현장에서 차츰 사라져가고 있다. 매년 예산상의 이유나 낙오학생방지법의 기준에 맞춰 교육과정에서 미술과 음악 수업을 없애는 학교가 늘고 있다. 그러나 아직 그 정도까지 이르지 않은 학교라도 이미 살펴본 것처럼 강요와 보상을 번갈아 적용하는 접근방식은 창의성이 발현하는 원리와는 상충될 수밖에 없다.

현대의 기술이 집약된 장난감도 진정한 놀이를 위협하는 또 하나의 장애물이다. 현실과 너무도 똑같고 다양하기는 하지만 상상력에 불을 지필 여지가 남아 있지 않기 때문이다. 이런 이유로 알바니 프리스쿨 유치부는 나무블록과 다양한 크기의 레고를 넉넉히 들여놓은 것 말고는 가장 기본적인 수준의 장난감만 갖추고 있다. 구조물을 지을 수 있는 장난감을 많이 갖다놓은 이유는 우선 아이들이 제한된 숫자를 두고 싸우지 않고, 원할 때는 언제든지 공들여서 건물을 지을 수 있게 하려는 데 있다.

한 구석에는 어느 때나 사용할 수 있도록 기본적인 장난감을 모아놓았다. 봉제 인형이 가득한 바구니며, 앞서 말한 변장용 옷이 가득한 여행가방, 소꿉놀이용 오븐과 싱크대, 냉장고 모형도 찾아볼 수 있다. 금속으로 만든 장난감 자동차가 가득한 상자며 오래돼서 이제는 사용하지 않는 전화기, 공항과 성의 장난감모형, 굴러도 안전한 매트, 작은 미끄럼틀 두 개, 회전 놀이기구 두 개, 오래된 세발자전거 두 개, 흔들목마, 발야구공 두어 개, 테니스공 한 바구니 등이 가득 모여 있다. 벽장 안 큰 상자에 고이 두었다가 아이들이 요청할 때만 꺼내는 물건들도 있다. 플라스틱으로 만든 갖가지 과일과 그릇, 작은 인디언 티피, 낙하산, 길쭉한 평균대, 갖가지 색깔의 나무구슬과 그것들을 엮을 신발끈이 가득하다.

　나는 장난감에 반대하는 입장은 아니지만 아이들이 손에 닿는 재료라면 무엇이든지 자기들 방식으로 응용해 장난감을 만드는 과정 말고는 딱히 관심이 없다. 이번 해에는 덩치 큰 다섯 살 남자아이 둘이 나무블록을 가지고 노는 대신 그 블록을 담아두는 우유 배달용 플라스틱 상자 십여 개를 쌓으며 즐겁게 놀았다. 아이들이 고층건물이나 계단을 너무 높이 쌓아서, 거기 올라가도록 그냥 내버려둘 수 없을 정도였다. 이 아이들은 놀이가 끝나면 블록을 모두 다시 담아야 하는 성가신 일도 마다하지 않고 일주일에 몇 번이고 상자 쌓기를 계속했다. 몇 해 전에는 6살과 7살 아이들 몇 명이 상상력으로 똘똘 뭉쳐 낡은 천 조각을 엮어서 2층에 있는 목조 정글짐을 가로질러 묶고 그 안에 숨거나, 그네로 활용할 수 있는 해먹을 만들기도 했다. 이 아이디어의 성공으로 아이들은 우리가 알아채기도 전에 이미 예닐곱 개나 되는 해먹을 정글짐 안에 층층이 만들어놓았고, 이 광경은 마치 누에고치로 뒤덮인 나무를 연상시켰다.

　우리는 공원에 갈 때 이따금씩 공이나 원반 외에는 일체의 장난감을 가져가지 않는다. 아이들은 주변에 널린 물건은 무엇이든 이용해서 상상놀이에 필요한 장난감을 고안해낸다. 나뭇가지는 용도가 가장 다양한 재료로 단검이나 칼, 총이나 창, 비행기나 우주선, 삽이 될 수도 있고 상상 속 캠프파이어를 지피는 연료가 되기도 한다. 버려져서 흙이 가득 찬 음료수 병은 던질 수 있는 무기가 되기도 하고, 공원을 에워싸는 수풀에서 따온 작은 열매와 나뭇잎은 아이들 기분에 따라 요정나라 명약이나 마녀의 독약을 만드는 재료가 되기도 한다.

브라이언 서튼 스미스Brian Sutton Smith의 저서 『문화로서의 장난감Toys as Culture』에는 장난감에 대한 나의 보수적인 입장을 지지해줄 근거가 많다. 서튼 스미스는 '현대의 장난감이 창의적인 놀이를 이끄는가, 또는 억누르는가'에 물음을 던지며 비평가 롤랑 바르트Roland Barthes로부터 가능한 답변을 제시한다.

충실하면서도 정교한 장난감이 판치는 세상에서 아이는 주인이자 사용자일 뿐 창조자는 절대 될 수 없는 자신을 확인할 뿐이다. 그래서 아이는 세상을 고안하기는커녕 사용할 뿐이다. 장난감은 아이를 위해 준비되어 있으며 놀이에는 모험도 없고 경이로움도 없으며 기쁨도 없다. …… 장난감은 기성품처럼 아이에게 제공된다. 처음부터 끝날 때까지 어떤 발견도 허락되지 않는 상황에서 아이가 기댈 존재는 자신밖에 없다. …… (그러나) 너무 정교하지만 않다면 가장 단순한 블록 몇 가지만으로도 전혀 다른 세상을 찾을 수 있다. …… (블록만 있어도) 걷고 구르는 형체를 창조할 수 있으며 소유권이 아닌 생명을 불어넣으면 물건은 이제 스스로 움직인다. 아이의 손안에서 이것은 더 이상 생기 없고 복잡한 재료가 아니다. 그러나 이런 장난감은 드물다.

바르트는 플라스틱으로 만든 현대식 장난감이 "촉감으로 느낄 수 있는 모든 기쁨과 즐거움, 인간적 감성을 파괴한다"고 평가절하했다.[41] 서튼 스미스는 아동 놀이를 다룬 유네스코 자료에서 또 다른 비평가의 말을 인용해 현대식 장난감을 비판했다.

더욱 심각한 점은 공장에서 대량생산된 완구는 기술적으로 완벽한 반면 판에 박힌 듯 정형화되어 있어서 장난감으로서의 가치가 없다는 사실이다. 창의성과 상상력이 들어오지 못하게 울타리로 둘러싼 폐쇄적인 물건이다. 어떤 경우든 나무 막대나 조약돌 같은 단순한 장난감이 바람직하다. 아이의 마음이 시키는 대로 악기가 되기도 하고, 연장이나 무기가 될 수도 있고 자동차나 배가 되기도 하기 때문이다.[42]

심리학자 매리 앤 풀라스키Mary Ann Pulaski가 유치원 2년차 아이들을 대상으로 한 연구는 실제로도 이러한 정서가 들어맞는다는 사실을 확인시켜주었다. 풀라스키는 종이와 물감, 놀이용 점토와 나무블록, 마분지 상자와 파이프 청소용 솔, 봉제 인형과 변장용 의상 등 단순한 형태의 놀잇감과 재료를 받은 아이들의 놀이가 모형 주유소, 바비 인형, 별도의 부착물을 달 수 있는 캐릭터 인형 등 복잡한 형태의 공장제 장난감을 받은 아이들의 놀이보다 더 다양하며 상상력도

풍부하다는 사실을 알아냈다.[43]

또 다른 연구에서 싱어 부부는 어린아이들이 가상놀이에 활기를 불어넣으려면 인형, 장난감 가구, 모형 자동차 등 일상의 물건을 대표하는 제조 장난감도 필요하지만, 일단 가상놀이에 익숙해지면 상상력을 동원해서 이들 현실 세계 모형을 점점 덜 사용하게 된다는 사실을 보여주고 있다.[44]

서튼 스미스는 최종적으로는 장난감 그리고 장난감이 아이들 놀이의 질에 미치는 영향에 대해서는 나보다 훨씬 중도적인 입장을 취하고 있다. 이 문제에 대해 서튼 스미스는 장난감이 산만해지기 쉬운 아이들을 훈련시켜 결과적으로는 통제하게 되는 '아편'인지 또는 아이들에게 새로운 경험과 독특한 정보를 전해주는 수단인지에 대해서는 논의의 여지가 있다고 대답한다.[45]

서튼 스미스는 장난감이 단지 가족과 학교, 기술과 시장에서 나타나는 문화 양상을 반영하는 것 뿐이기 때문에 아이들에게 어떤 영향을 끼치더라도 장난감 자체를 탓하지는 말라고 말한다. 장난감은 오늘날 아이들 놀이의 중심에 있기 때문에, 사회가 가족에게 가하는 압력이 장난감을 통해 아이들에게 자동적으로 이어지는 것이다. 이어서 장난감의 영향력은 그 자체보다 아이들이 장난감을 가지고 놀면서 사회적 압력으로 받은 영향이 드러나는 양상을 통해 규명해야 한다고 주장한다. 시대와 종류에 따라 장난감은 혼자 하거나 또는 경쟁하거나 협동하는 식으로 놀이를 북돋운다. 아이가 장난감에 빠져들지 않고 온전히 조절한다면 자율성을 기를 수 있고,

작동원리를 발견한다면 교육의 도구가 될 수 있으며, 장난감에 있는 모든 활용가능성을 탐구한다면 참신한 경험을 얻을 수 있다. 그러나 신분을 상징하는 도구로서 뽐내는 수단이라면 소비만능시대의 대리 만족을 안겨줄 수도 있다.[46]

이 모든 이야기에는 동전의 양면 같은 장난감의 성격이 잘 드러난다. 한편 서튼 스미스는 "아이가 똑같은 행동으로 현실 세계를 모방하고 반항하면서 상상의 나래를 펼치며 저절로 흥미를 찾아가는 방식으로 장난감을 가지고 논다는 사실에 놀이의 본질이 있다"고 주장한다.[47]

서튼 스미스가 이 대목에서 말하는 장난감은 어린아이들에게 어울리는 딸랑이, 인형, 장난감 전화, 색칠 공책부터 좀더 큰 아이들을 위한 보드 게임, 자전거, 공구상자 등이다. 그러나 비디오 게임이라는, 차원이 전혀 다른 장난감에 대해서는 어조를 바꾸어 말한다.

장난감으로서의 비디오 게임은 기술에 의한 인간 해방이라는 명목을 가지고는 있지만 동시에 기술이 인간에게 휘두르는 엄청난 영향력을 보여준다. …… 기계에 불과한 이 장난감이 아이를 소외시킬 뿐 아니라 소유해 버린다. …… 인간에게 통제력을 가져다줄 것이라던 기술이 결국에는 인간을 지배할지도 모른다.[48]

전자미디어가 놀이에 미치는 영향에 대해서는 7장에서 더 자세히 파헤쳐보려고 한다.

자유 속에서 꽃피는 놀이

농구, 미식축구, 야구, 축구, 테니스 같이 아이들 스스로 조직해서 운영하는 경기들이 내면의 야성에 활력소로 작용하던 시절도 있었다. 슬픈 현실이지만 이런 운동들은 이제 스포츠라 불리면서 성인 사회의 게임을 모델로 해서 완전히 어른이 운영하고 있다. 어린이 스포츠 단체는 지난 세대를 거치면서 천문학적으로 성장해 이제 이 나라 아이들 2천만 명 이상이 여기에 소속되어 있다. 내가 염려하는 것은 어른 세계를 그대로 따라한 구조에, 어른의 규칙과 유니폼을 덧씌우고 각종 보상으로 유혹하며, 지나친 어른의 기대가 부담으로 작용한 결과, 결국 경기의 승패가 아이들에게 지울 수 없는 상처를 남기는 상황이다. 모두 다 진정한 놀이의 정신을 훼손하는 일이다.

다시 한 번 강조하지만 진정한 놀이는 자유로운 선택에서 나와야 한다. 어떤 상상이든 자유롭게 펼칠 수 있고 아이 스스로 동기를 찾아 주도적으로 이루어져야 하며 특정한 목표에 좌우되지 않아야 한다. 그리고 무엇보다도 재미있어야 한다. 나는 한때 리틀 야구단 코치를 하면서 아이들이 순수하게 야구를 즐기기에는 너무도 많은 장애가 도사리고 있다는 사실을 깨달았다. 부모의 횡포, 심술궂은 심판, 코치의 승부욕, 그리고 늘 그렇듯이 최종 점수가 초래하는 압박감, 모든 게 게임을 즐길 수 없게 하는 장애물이다. 나는 이런 방해 요인을 줄이기 위해 무엇이든 해보려고 애썼지만 소용이 없었고 결국 코치직을 그만두었다.

첫 장에서 언급했던 웬디 그롤닉이 스키 대회에 참가하는 13살 이하 어린이들을 대상으로 한 연구 내용은 참고할 만하다. 부모가 아이에게 주는 부담감의 정도와 더불어 그 부담감이 아이에게 끼치는 영향이 문제의 핵심이었다. 63퍼센트의 아동이 부모로부터 부담스러운 수준으로 경쟁과 승리에 대한 압박을 받았다고 대답했으며, 27퍼센트는 부모가 대회 참가를 노골적으로 강요했다고 대답했다. 부모의 관여를 어떻게 생각하느냐는 질문에는 50퍼센트 정도만이 상관없다고 대답했고 27퍼센트는 중립적인 반응이었으며 24퍼센트는 불쾌하다고 대답했다.

그롤닉은 경쟁을 유발하는 스포츠가 아이에게 나쁘다는 결론을 내리지는 않았다. 실제로 아이의 참여가 순수하게 자발적이고 진정한 놀이와 맥락을 같이하는 상황이라면 스포츠는 긍정적일 수도 있다. 그롤닉은 부모에게 아이의 스포츠 활동에 관여하더라도 격려하되 부담은 주지 말 것, 경쟁에서 오는 기쁨에는 관심을 기울이되 승패에는 연연하지 않을 것, 아이들이 기량 향상을 위해 목표를 설정하도록 하고 무엇보다 코치의 태도를 주시하라는 조언을 덧붙였다.[49]

내가 어렸을 때의 상황은 전혀 달랐다. 여러 스포츠 활동에 참여해보았지만 경기 대부분은 전혀 어른의 간섭 없이 진행되었다. 나와 친구들은 게임을 기획하고 선수와 장비를 챙겼으며, 당연히 선수 개별 특성에 맞춰 경기 규칙과 진행 방식을 손보았다. 초등학교 시절 한두 학년 터울인 남자아이들이 모여 토요일 아침마다 미식축구 리그를 열었던 기억이 생생하다. 늘 스무 명 정도가 모였기 때문에 정상적인 규모로 경기를 할 수 있었다. 그러나 경기 규칙과 진행 방식을 언제나 조정해가며 바꿀 수 있었고 이를 두고 토론하는 과정은 중요한 경험이자 경기의 생생함을 살리는 핵심이었다.

경기 중간에 가졌던 전략회의는 아직도 잊을 수 없다. 코치가 미리 짠 작전에 따라 움직이지 않아도 됐기 때문에 우리는 우리 방식으로 경기를 할 수 있었다. 학교에서는 휴식시간만 되면 팀별로 운동장 한 구석으로 빠져나와 새로 짠 전략을 모래 위에 그려가며 다음 경기 계획을 논의했다. 돌아오는 토요일에 치를 경기에 대비해 계획을 짜는 일은 경기 자체만큼이나 짜릿했다.

우리는 이따금씩 새로 고안해 낸 독특한 경기 방식을 섞어보기도 했다. 한번은 인원도 많지 않고 테니스 라켓 하나와 공밖에 없어서 덕분에 전혀 새로운 경기를 생각해냈다. 테니스와 야구 방식을 반반씩 섞어 만들었기 때문에 우리는 이 경기를 라켓볼이라고 불렀다. 이때는 똑같은 이름의 실내 성인 스포츠가 나타나기 오래전이었다. 이 경기가 놀라웠던 점은 놀이 방식도 단순한데다가 장비가 필요하지도 않았다는 사실이다. 부드러운 테니스공을 사용하면 야구 글러브도 필요 없었고, 놀이터에 있는 농구장을 내야로 이용하면서 바닥에 칠한 흰 선이 만나는 지점을 베이스로 삼았다. 야구장이 너무 질척해서 야구를 할 수 없으면 우리는 언제라도 라켓볼을 하며 놀 수 있었다.

라켓볼은 상황에 맞게 규칙을 바꾸어 적용하기도 쉬웠다. 선수가 많으면 범위를 넓혀 농구장 경계 너머 풀이 무성한 울타리까지 경기장으로 삼았다. 야구 본래 규칙을 충실하게 적용하기도 했고, 인원이 너무 적으면 아예 외야는 경기장에 포함시키지 않고 주자가 베이스 사이에 있을 때 수비수가 공을 던져 맞추면 아웃으로 인정하기도 했다. 한 회당 아웃의 수를 줄이는 일도 가능했다. 경기 방식이 우리의 필요에 몹시 잘 맞아떨어졌기 때문에 어린 시절 내내 우리 동네에서는 라켓볼 놀이를 흔히 볼 수 있었다.

굳이 스포츠가 아니더라도 놀 거리는 셀 수 없이 많았다. 피구, 숨바꼭질, 술래잡기 같은 오래된 놀이도 있었고 우리가 새로 생각해 낸 놀이도 여전히 많았다. 가을이 오면 우리는 거리에 있는 낙엽을 전부 긁어모아 키와 비슷한 높이에 3미터 정도 폭으로 쌓아올렸다. 이윽고 모두 자전거에 올라타서는 멈추지 않고 낙엽 더미로 돌진해 누가 그 더미를 더 크게 터뜨리는지가 이 놀이의 묘미였다.

성공의 비결은 한 블록 남짓한 거리에서 전속력으로 달리는 데 있었다. 엄청난 속도로 달리다가 낙엽과 충돌하는 순간의 짜릿함은 말로 표현할 수 없을 정도여서 낙엽이 사방으로 흩날리면서 순식간에 앞이 깜깜해지고 만다. 이때 균형을 잡고 자전거 바퀴살에 낙엽이 끼지 않게 페달을 계속 빠르게 밟을 수 있다면 출발지점 맞은편 끝까지 내달릴 수 있다.

페인트볼 기술이 개발되기 사십 년 전에는 같은 동네 아이들이 철사 옷걸이와 고무줄로 새총을 만들고 편을 나눠 동네 전체를 무대로 하는 서바이벌 게임을 했다. 덩굴이 무성한 동네 정자에 열린 설익은 포도는 우리에게는 최고의 총알이었다. 몸에 맞더라도 아프지 않고 상대편이 포도알을 맞고도 빗나갔다고 거짓말할 수 없게끔 적당한 얼룩도 만들기 때문이었다. 이 게임의 유일한 흠이라면 착한 주인이 여름휴가를 마치고 돌아와 그 해 가을에 수확할 포도가 하나도 남아 있지 않다는 사실을 알고는 크게 실망했으리란 사실이다. 우리는 양심의 가책을 느끼고 다시는 이 게임을 하지 않았다.

놀이의 본질적 요소,
모험

———   진정한 놀이의 또 다른 필수 요소는 모험이다. 모험을 시도한다는 말은 자신의 한계에 도전하고 능력을 넓힌다는 말이며, 이것은 알지 못하는 존재에 대한 공포를 넘어서기 위해서도 꼭 필요한 요소이다. 특히 아이들에게는 내면의 야성을 키워주는 데 꼭 필요한 동력이 된다.

모험을 시도하는 일은 신체적인 형태가 아니더라도 다양한 모습으로 나타난다. 사람들 앞에서 시를 낭송하고, 만난 지 얼마 안 되는 친구에게 우정을 고백하거나, 주식 시장에 투자할 때도 사람에 따라서는 어느 정도 위험이나 모험이 따르게 마련이다. 그러나 어린 시절의 배움에는 신체적인 요소도 다분히 많기 때문에 아이들이 자신의 한계가 어디까지인지 알기 위해서라도 신체적 능력을 확인할 기회가 꼭 있어야 한다.

이 대목에서 앞서 소개했던 푸에르토리코 여행 학급에 있던 학생 한 명이 떠오른다. 제시는 다니던 학교에서 학업에서나 행동에서나 오랫동안 순탄치 않은 이력을 쌓고 열네 살 되던 해 우리에게로 왔는데, 여러 가지로 말과 행동이 일치되지 않고 모순이 많았다. 도시 빈민가 아이들 특유의 알아듣기 힘든 힙합 가사를 주절거리면서 작동하지도 않는 삐삐를 차고 다니기도 했다. 제시는 세상이 자기를 호락호락하지 않으며 거친 존재로 알아주기를 바라는 모양이었다. 하지만 어려서부터 체구가 땅딸막했던 탓에 소심하고 미성숙한 행동도 간간이 보였다.

극심한 빈곤과 약물중독, 온갖 결핍이 가득한 환경에서 자란 아이들이 그렇듯이 제시도 삐딱한 관심 속에 자랐다. 구멍가게에서 사탕과 음료수를 몰래 가져오기 일쑤였고 농구는 거의 하지 않으면서도 쇼핑몰에서 고가의 농구화나 명품 의류를 슬쩍하기도 했다. 반면에 애정 어린 관심은 충분히 받아보지 못했다. 안아주거나 잠자리에서 책 읽어주는 어른은 물론이고 자기 행동을 일관되게 납득이 가도록 바로잡아줄 만한 어른도 없었다.

푸에르토리코로 향하던 날, 본인은 인정하지 않을 테지만 같은 반 아이들과 학교 승합차에 올라 공항으로 향하던 차 안에서 제시는 몹시 주눅이 든 표정이었다. 제시가 가져온 어마어마한 크기의 여행 가방에는 몇 달을 지내고도 남을 옷이 가득 담겨 있어서 제시가 어떤 심정이었는지 금세 알 수 있었다. 건방지고 귀에 거슬리는 표현을 끊임없이 내뱉는 모습에서도 확실히 눈치챌 수 있었다.

비행기가 하늘로 날아올라 푸에르토리코 수도 산후안 쪽으로 방향을 돌리자마자 제시는 눈에 들어오지도 않을 만큼 조용해졌고 이후로도 한동안은 그 상태로 있었다. 집에서 멀리 떨어져본 경험이 없고, 살면서 한순간도 안정된 생활을 겪어보지 못한 아이에게는 비행기에 오르는 일조차도 엄청난 모험거리였다. 장거리 여행을 하는 아이들 상당수에게도 이런 상황이 비슷하기는 마찬가지였다. 우리가 장거리 여행을 하는 데는 이런 이유가 있기도 했다.

시간을 좀더 빨리 돌려 제시를 영원히 변화시킬 특별한 모험의 순간을 돌아보자. 푸에르토리코 여행에서는 평일 일과를 마치면 북동쪽 외곽에 있는 열대우림으로 차를 몰고 들어가 어느 폭포 아래에 있는 깊고 넓은 천연 수영장에서 하루 열기를 식히곤 했다. 이런 장소에는 어김없이 수면 위로 툭 튀어 나온 바위턱이 여러 군데 있기 마련이어서 간이 큰 아이들은 겁도 없이 그 위에서 뛰어내리기도 한다. 우리가 이곳에 도착한 첫날, 이 동네에 사는 십대 몇 명이 족히 6미터는 되어보이는 높은 바위 턱에서 뛰어내리고 있었고 그중 몇 명은 다이빙도 즐기고 있었다.

당연히 우리 아이들 몇 명도 뛰어내리고 싶어 안달이었다. 운동신경이 좋고 나이도 많은 남자아이들 두 명이 먼저 뛰어들려고 했다. 외딴 곳이어서 혹시나 무슨 일이라도 생기면 도움을 받을 수 없기 때문에 나는 아이들에게 물에서 중간 바위 턱까지는 올라가도 되지만 다이빙은 안 된다고 일러두었다. 아이들은 들릴 듯 말 듯 툴툴거리다가 곧바로 바위에 기어오르기 시작했고 이내 자기들의 삶을 만끽하기 시작했다. 잠시 후에 여학생 보호자 격인 샌디를 따라 여자아이 몇 명도 용기를 내서 이 모험에 빠져들었다. 나는 높이가 주는 모험에 끌리지 않았기 때문에 계곡 가장자리에 앉아 안전요원 행세를 하는 정도로 만족했다.

다행히 제시도 바위에서 뛰어내리는 일에는 그다지 흥미를 보이지 않았다. 제시는 충동적이기도 하지만 몸이 둔한 편이었기 때문에 혹시라도 발을 헛디뎌 심하게 다칠까 봐 신경이 쓰이던 참이었다. 그러나 셋째 날 제시는 다른 아이들처럼 뛰어내려보기로 굳게 마음을 먹은 모양이었다. 제시가 허락을 구하려고 나를 쳐다보는 동안 나는 표정 하나 바꾸지 않고 어느 편이 더 위험한지 헤아렸다. 다른 아이들은 딱히 걱정할 게 없었다. 하지만 이 아이는 제시다. 다른 누구보다도 몸을 쓰며 모험을 해야 할 필요가 있는 아이였다. 내가 가장 낮은 3미터 높이 바위 턱에서 먼저 연습 삼아 뛰어보라고 하자 제시는 다른 아이들처럼 툴툴거렸다. 내가 숨죽이며 지켜보는 동안 제시는 천천히 조심스럽게 등반에 나섰다. 드디어 바위 턱에 다다르자 제시는 똑바로 서서 보글거리는 수면을 바라보며 골똘히 생각에 잠기는 듯했다. 비행기가 이륙한 직후의 모습을 다시 보는 듯했다. 다른 아이들도 이 순간이 얼마나 민감한 찰나인지 알아차렸기 때문에 고맙게도 제시를 부추기지 않았다. 제시는 호흡을 가다듬고 완전히 집중하고 나서 마침내 뛰어내렸다.

점프는 흠잡을 데 없었고 제시의 머리가 수면 위아래로 오르내리자 다른 아이들이 일제히 환호성을 질렀다. 나도 엄지손가락을 치켜세우며 안도의 한숨을 내쉬었다. 제시는 환한 미소로 화답했다. 제시와 나로서는 믿음 하나로 일궈낸 값진 도약이었다.

제시는 졸업 후 몇 년이 지나 학교를 방문했다. 단단해진 체구에서 예전의 포동포동한 몸매는 전혀 찾아볼 수 없었고 표정에는 온기와 함께 자신감이 넘쳤다. 잘난 체하며 어색하게 웃던 모습은 흔적도 없이 사라졌다. 제시는 고등학교를 무사히 마치고 이제 친구와 함께 막 사업을 벌이려는 참이라 매우 들떠 있다고 얘기했다. 그리고 오늘의 자신을 있게 한 그때의 도약도 떠올렸다.

학교에서 일어나는 사고와
보험 문제
—

이렇게 우리 학교에서는 아이들이 모험을 받아들이고 도전하려는 욕구를 인정하고 존중해준다. 고맙게도 제시가 뛰어내리던 일만큼 극적인 모험은 좀처럼 일어나지 않지만 학교생활에서 아이들의 도전은 거의 일상적인 일이다. 앞에서 말한 대로 건물 2층의 유치부에 목조 정글짐이 하나 있고 뒤뜰에 또 하나가 있다. 안전문제 때문에 내부 정글짐 밑에는 푹신한 카펫과 두툼한 매트리스가 깔려 있고 야외 정글짐 밑에는 충격 흡수용 나무 부스러기가 수북이 쌓여 있다. 너무 어린 아이들이 섣부르게 위험한 높이까지 오르지 못하게 하려고 두 개 구조물에서 아래쪽 발 디딤대는 모두 없애버렸다.

그러나 이런 조치를 취하고 나서도 예기치 못한 일은 일어나기 마련이어서 부상이라는 민감한 주제에 관심을 기울이게 된다. 내 판단으로는 위험한 일이란 누군가가 다칠 가능성이 없다면 실제로는 그다지 위험하지 않다. 이따금씩 목조 정글짐에서 아이들이 미끄러져 떨어지기도 한다. 다행히도 학교 설립 이후 어린아이들이 심각하게 다친 경우는 없다고 말할 수 있다. 기껏해야 엉덩이에 멍이 들거나 머리가 살짝 부어오르는 정도에 불과하다. 그러다 몇 년 전 고학년 남자아이 두 명이 바깥 정글짐에서 서로 쫓아다니며 놀던 중 열세 살짜리 조이가 건너편 구역으로 뛰어넘다가 미처 닿지 못해서 팔이 부러진 사건이 있었다. 이 부상은 조이의 성장에서 매우 중요한 계기가 되었다. 스스로 이 정도 고통과 불편을 충분히 감당할 수 있다고 알아가는 과정은 조이의 인내심과 힘을 키우는 데 큰 힘이 되었다. 조이의 팔을 감싼 깁스에는 아이들 모두가 응원의 메시지를 적어주었고 조이에게 깁스는 훈장이나 다름없었다. 조이는 이 사건을 계기로 눈에 띄게 성장했다.

또 언젠가는 12살 된 크림슨이 통행이 금지된 지름길을 지나 공원에 가려고 낡은 철망 울타리를 넘다 사고를 당했다. 울타리 끝은 예리하게 날이 서 있었기 때문에 우리는 항상 아이들에게 넘지 말라고 주의를 주었다. 하지만 크림슨은 어떻게 해서든 넘어가려고 마음을 먹었고 이런 일에는 늘 운이 따라주지 않듯이 넘어가는 도중에 발을 헛디뎌 팔뚝을 심하게 다치고 말았다.

크림슨은 지그재그로 벌어진 상처를 서른여덟 바늘이나 꿰맨 이야기를 요즘도 자랑삼아 이야기한다. 지금은 희미해졌지만 남아 있는 흉터도 당당하게 내보이곤 한다. 상처는 몹시 고통스럽고 보기만 해도 겁날 정도였지만, 크림슨의 아버지는 물론이고 응급실 의료진들도 그토록 다급한 상황에서 침착했던 아이의 모습에 놀라 칭찬이 마르지 않았다. 크림슨도 그 상황을 자랑삼아 이야기하곤 한다.

부상이 양날의 칼이라는 사실은 새삼 강조할 필요가 없다. 고통과 공포를 감당해야 하는 아이의 모습을 보고 싶은 사람은 아무도 없다. 우리 학교는 다른 학교에 비하면 아이들의 모험에 너그러운 편인데 놀라우리만치 사고가 적다. 그러나 아주 적게나마 내가 목격한 아이들의 사고는 아이 입장에서 보면 모두 하나같이 중요한 교훈도 준다고 말할 수 있다.

안전과 위기관리, 책임이라는 복합적인 문제는 빠른 속도로 진정한 놀이의 종말을 부추기고 있다. 앞서 논의했듯이 '안전'은 현대 생활의 강박관념이 되다시피 했다. 아이의 삶에서 위험을 없애려 끊임없이 노력한 결과 진정한 일과 놀이 둘 다 길들이는 결과를 가져오고 말았다. 그러나 여기에 대해 문제를 제기하는 목소리는 거의 들리지 않는다. 무엇을 대가로 한 안전이란 말인가?

혹시나 일어날 사고의 책임을 둘러싼 불안이 커지고 보험료가 치솟으면서 일과 놀이에도 길들임 현상이 두드러졌다. 지난 삼십 년간 일과 놀이의 길들임을 주도한 원인을 꼽자면 이 두 가지 현상을 빼놓을 수 없다. 이 기간 동안 아이들이 너무도 자주 들어야 했던 말을 떠올려보자.

"미안하구나. 우리는 더 이상 네 말을 들어줄 수가 없단다. 보험 문제 때문에 말이지."

이 사회가 소송으로 넘치다 보니 보험회사는 아이들의 평범한 놀이 활동에도 보험료율을 계속 높이고 보험 적용 기준을 더욱더 까다롭게 만들어왔다.

1980년대 중반, 소위 책임보험 위기라 불리던 시기에 보험 문제는 심각한 수준에 이르렀다. 미국 상업회의소는 이 위기로 인해 회원의 40퍼센트가 1~5배에 이르는 보험료 상승을 겪었으며 20퍼센트는 보험 정책을 전면 취소할 수밖에 없었다고 보고했다. 보험회사들은 보험시장 내부에서 주기적으로 되풀이되는 문제 탓으로 돌렸다. 그러나 이후로도 보험료는 계속 오르기만 했고 그 효과는 핼러윈 캔디 괴담에 못지않아서 끝없는 히스테리가 뿌리를 내리면서 '아동과 안전'이란 문제에 불안한 먹구름을 드리우는 계기가 되었다.

1985년 우리 학교의 주거래 보험회사가 보험료율을 3배나 올리겠다고 하자 학교 설립자 매리 루는 학교의 책임보험 정책을 전면 취소하겠다는 대담한 결정을 내렸다. 대신, 납부해오던 보험료를 제3자에게 맡기고 사고를 대비해 일종의 자가보험을 들게 한 일은 지금으로서는 감사할 노릇이다. 이제는 나도 확신할 수 있지만 우리가 여전히 보험 정책을 고수하고 있었다면 우리 학교의 정글짐은 박물관 전시물이 될 것이 뻔했으니 매우 통찰력 있는 조치였다.

매리의 정책은 지금까지 제 구실을 훌륭하게 해내고 있다. 우리는 아이가 학교 일과 중에 다칠 경우, 부모가 보험에 가입하지 않아 발생하는 모든 치료비는 학교가 부담한다는 사실을 부모에게 미리 알린다. 사실 매리는 부모들 대부분이 나름대로의 대비책을 마련해놓고 있다는 사실도 알고 있다. 이어서 우리는 부모에게 위험 동의서에 서명해달라고 요청하는데, 이는 만에 하나 사고가 나더라도 학교를 고소하지 않겠다고 약속하는 것이다. 현재까지는 갈등이 딱 한 번 있었다. 수년 전 남자아이 한 명이 발판 사다리에서 떨어져 앞니가 부러진 사고가 있었다. 홀로 아이를 키우던 엄마는 크게 놀라고 화가 나서 막무가내로 학교를 고소했다. 뉴욕 주에서 위험 동의서는 법적 구속력이 없었지만 판사는 학교가 치과 치료의 책임을 명백하게 떠맡으려 했다고 판단해 고소를 기각했다.

그러나 요즘 들어 자체적으로 위험에 대한 책임을 떠맡으려는 단체는 극히 드물다. 피터 스턴스가 조사한 내용에 따르면 2001년에는 피구 같은 게임조차 신체적·도덕적 안전을 위협할 수 있다는 이유로 조사 대상에 포함될 정도였다.[50]

놀이를 길들이는 사회
—
놀이를 즐기는 능력을 내버린 문화는 아이는 물론이고 사회에도 암울한 영향을 미친다. 이번 장에서 살펴보았지만 인간이 이미 그 지점에 도달했다는 증거를 도처에서 찾아볼 수 있다. 그럼에도 주류 문화의 삶 곳곳에서 철저히 길들여지고 있으며 이미 그 대가를 치르고 있다는 사실을 알아챈 사람은 거의 없다.

이런 통찰에 이른 사람은 내가 처음이 아니다. 앞서 언급한 요한 하위징아는 거의 70여 년 전 생애 마지막이 될 저서를 출간하면서 서구 문명이 "더 이상 놀이하지 않는"[51] 현실을 세상에 경고하려고 했다.

책이 발간된 1938년은 책의 내용만큼이나 심각한 의미가 있다. 나치의 힘이 유럽을 위협하고 모국 네덜란드까지 조여오던 시기에 하위징아는 참된 놀이와 자유사회 사이에 깊은 관련이 있다는 사실을 깨닫고 놀이의 역사를 연구하기로 결심했다. 하위징아는 "놀이는 자유이며, 참된 놀이가 가진 열정과 강한 몰입의 특성이야말로 놀이의 원시적 본질"이라고 했다.[52]

하위징아는 계속해서 다음과 같이 주장했다. "진정한 문명은 놀이 요소 없이는 존재할 수 없다. 문명은 자아의 제한과 지배를 전제로 하며, 또한 자아의 성향과 궁극적인 목표를 혼동하지 않고, 자아가 자유롭게 받아들인 특정 경계 안에 둘러싸여 있다는 사실을 이해하는 능력을 전제하기 때문이다."[53]

하위징아는 르네상스 시대에 독보적인 문화적 각성을 일으킨 힘은 이 시대 두루 퍼진 놀이의 정신에서 발견할 수 있으며, 르네상스 시대야말로 "놀이의 황금기"라고 주장했다. 그러나 19세기 들어 산업화와 더불어 폭발적인 기술의 발달로 발생한 여파는 심리학·사회학적으로도 모든 형태의 놀이에 심각한 피해를 입혔다. 하위징아는 한 가지 예로, 현대로 접어들면서 성인 중심의 조직 스포츠가 생겨난 사실을 강조했다. 과거에는 놀면서 겨루던 놀이가 처음에는 어른을 대상으로, 이어서 어린이를 대상으로 하는 진지한 사업으로 변질되었고, 더 이상 참된 놀이의 정의에 들어맞지 않게 되었다. 이제 이들 스포츠를 놀이라 부르지 않는 현상은 결코 우연이라 할 수 없다.

때를 같이하여 과학자들은 응용성과 수익성에서 연구의 동기를 찾으며 순수한 발견에 대한 갈증은 점점 줄어들었다. 또한 전쟁을 치르는 국가는 인도적인 행동강령과 규칙을 더 이상 따르지 않으며, 제의祭儀와 관련된 고대의 모든 놀이 요소는 빠르게 사라지고 있었다. 하위징아는 달갑지 않은 시대의 변화를 고통스럽게 증언해야만 했다. 안타깝게도 하위징아는 나치에 억류되어 있던 1945년, 죽음을 맞이했고 『호모 루덴스』는 사후에 빛을 보았다.

브라이언 서튼 스미스는 삼십여 년간 전 세계의 아동 놀이가 지닌 본질과 가치를 연구한 끝에 진정한 놀이가 무서운 속도로 사라지고 있다고 결론 내렸다. 서튼 스미스가 연구를 시작한 1950년대 초부터 1980년대 초에 이르기까지 놀이의 양은 이미 급격하게 감소했으며, 그의 말을 빌리면 아동을 가두고 볼거리로 전락시키는 '동물원화zooification'라고 할 만한 움직임이 일어났다.[54] 『아동 놀이의 역사A History of Children's Play』에서 서튼 스미스는 아동기 길들임의 기원에 대해 흥미로운 견해를 제시했다.

어린이의 사고가 전조작기에 머물러 있거나 혹은 미숙하다고 보는 인지적 견해와 더불어 아동 문학, 예술, 놀이에서 아동기를 이상적으로 그려낸 모습은 아이들이 특별히 순진무구해서 통제가 필요하다는 주장을 정당화하는 것으로 간주할 수 있다. 18세기의 문명에 찌들지 않은 고결한 야만인$^{noble\ savage}$과 19세기의 순종적이며 가정적인 여성상과 마찬가지로 보수적인 시각은 아이들을 그저 불합리하고 감정적인 존재로 바라볼 뿐이며 따라서 문명이라는 토대에서는 가능한 일찍부터 아이들에 대한 지배와 착취, 세뇌를 정당화한다.[55]

이와 같이 서튼 스미스는 놀이가 길들여진 과정을 거대한 틀의 일부로 파악했는데, 1장에서 언급한 바와 같이 아이를 바라보는 사회의 전반적인 시각이 이해력 있고 유능한 존재에서 천진난만하고 의존적인 존재로 변하는 과정도 이 현상과 나란히 진행된다. 서튼 스미스는 20세기 초부터 현재에 이르기까지 아동기 역사에서 가장 의미심장한 결정 요인은 '놀이를 통한 복종과 세뇌작업에 기초한 교육제도'에 있다고 결론지었다.[56] 그는 오늘날 예측 불가능한 세상에 적응해야 하는 아이들의 노력이 놀이를 길들이는 문화 때문에 점점 위축되는 현상에 깊은 우려를 보냈다.

참된 놀이는 융통성과 자발성, 열린 가능성을 본질로 하며 아이들은 참된 놀이를 훈련의 장으로 삼아 통제의 족쇄에서 벗어나 참자아를 꽃피우기 위한 능력을 갈고닦을 수 있다. 진정한 놀이를 되살리기 위한 노력이 절실히 요구되는 때이다.

5

아이들에게는
길들일 수 없는
저마다의 야성이 있다

똑똑하다고 하는 지식인은 집에서 식물을 키우듯이
인간이 만들어낸 관념의 세계에서 살 수 있다고
생각하는 모양이다. 그러나 인간의 머릿속 어딘가에는
무의식이라 부르는 미지의 황무지가 있어 이 영역에서는
식물을 재배하듯이, 또는 관념을 만들어대듯이
할 수 없다. 그 안에는 기후나 땅속 암반처럼 강인하고
영원히 지속되는 힘이 있어 시간에 따른 변화의 작용을
거스르면서 독특한 인간성을 유지할 수 있다.
이 힘이야말로 인간이 지닌 개별적 다양성의 근원이다.

_폴 셰퍼드, 「미국 문화의 자리Place in American Culture」 가운데

내면의 야성은
문명과 충돌하지 않는다

인간이 보이지 않는 어떤 본질로부터 생기를 얻는다는 생각은 전혀 새로운 사고방식은 아니다. 이 본질은 대대로 철학자, 신학자, 신비주의자, 심리학자 모두에게 동일한 고민거리였다. 사람에 따라서는 이 본질을 혼soul이라 부르기도 하고 얼spirit이라 부르기도 한다. 웹스터 사전은 두 단어 모두 "인간의 생명에 활기를 불어넣어주는 것"이라고 설명하고 있다. 상상력이라 부르는 사람도 있다. 소크라테스를 비롯해 후대 그리스 철학자들은 '다이몬daimon'이라고 했으며 로마인은 '게니우스genius'라는 비슷한 개념으로 불렀다. 지그문트 프로이트는 '이드id', 마리아 몬테소리는 '호르메', 앙리 베르그송Henri Bergson은 '엘랑비탈élan vital'이라는 이름으로 불렀다. 최근에는 자칭 생태심리학 전문가인 첼리스 글랜디닝Chellis Glendinning이 '원초적 모체primal matrix'라는 말로 사회와 문화의 겉모습 근저에 있는 자연스러운 존재 상태를 나타내고자 했다. 우연한 계기로 남미 정글에서 석기시대 방식으로 사는 원주민과 2년 반 동안 생활했던 진 리들로프Jean Liedloff는 이 상태를 '연속성'이라고도 불렀다.

이 모든 개념은 상당히 비슷한 의미를 지니면서도 종교적이거나 과학적이거나 뉴에이지를 연상케 하는 내용도 있어 내 의도를 담기에는 모자란 구석이 있다. 나는 불꽃처럼 팍팍 튀는 어린이의 활기와 독창적인 본성을 담아내고 싶었다. 고심 끝에 나온 '내면의 야성'

이란 표현에는 말로는 담을 수 없는 불꽃의 성질은 물론 외부의 야성, 즉 자연과 밀접하게 연결되어 있다는 의미도 담겨 있다. 헨리 데이비드 소로우Henry David Thoreau는 "우리 자신과 멀리 떨어져 있는 야성을 꿈꾸는 것은 헛된 일이다. 그런 것은 세상에 없다. 그것은 우리 뇌와 몸 속에 있는 늪, 내면에 있는 자연을 향한 원시적 열정으로 우리의 꿈을 불러일으킨다"고 했다.[1] 나는 '야성'과 아이를 연결할 때 자칫 오해를 낳을 수 있다는 사실도 안다. 내면의 야성과 밖으로 드러나는 행동 사이의 연관성에서 그런 오해가 나올 수 있다. 처음부터 명확하게 밝히자면, 타고난 성향이 조용하고 섬세한가, 시끄럽고 부산스러운가를 떠나서 아이들은 모두 나름대로의 야성을 타고난다. '야성적'이라는 표현 그대로 행동하면서 내면의 야성을 드러내는 아이가 있는가 하면, 예술과 상상력, 상상놀이로, 또 마음 깊숙한 곳에서 세상에 대한 경탄과 더불어 세상을 독특하게 인식하면서 드러내는 아이도 있다.

　나는 아이들이 삶에서나 교육에서나 신체적, 정서적으로 자유를 누려야 하고 스스로 배움을 이끌고 갈등을 풀어나갈 힘을 기를 수 있어야 한다는 철학을 견지해왔다. 때문에 항상 아이들 내면의 야성을 지지하는 나의 입장은 『파리대왕』이 그려낸 어두운 인간관과는 상충될 수밖에 없었다. 파괴와 야만의 행동을 일삼으며 미쳐 날뛰는 아이들이 지닌 그 어두운 이미지와 상충되는 이 신념을 지키기란 쉬운 일이 아니었다. 그러나 나는 수십 년에 걸친 경험으로 윌리엄 골딩이 만들어낸 이 도덕극이야말로 공포와 무지에 깊이 물든 허황된 이야기에 불과하다고 믿는다. 『파리대왕』을 비롯해 토마스 홉스가 묘사한 무법 상태를 연상시키는 암울한 소설을 집필하던 당시, 골딩이 엘리트 계층을 대상으로 하는 영국 성공회 소속 대학 예비학교의 교장이었다는 사실은 그다지 널리 알려지지 않았다. 무인도에 고립된 소년들이 빠져들 수밖에 없었던 야만적 상황은 골딩에게 깊이 물들어 있는 칼뱅주의 영향과 2장에서도 언급했던 야성에 대한 뿌리 깊은 공포를 반영한다. 그렇더라도 만약 골딩의 학생들이 실제로 무인도에 버려졌더라면 마찬가지로 암흑의 구렁텅이로 빠져들었을 것이다. 치열한 경쟁 속에 감정이 받아들여지지 않는 가혹한 환경에서 살았던 영국 상류층 소년들이 대리인들 밑에서 자라다가 막상 어른의 통제가 사라지자 본능만 남은 동물의 상황에 처한 모습을 쉽게 그려볼 수 있다.

나는 이 이야기가 내가 몸담고 있는 프리스쿨에는 해당되지 않는다고 단호하게 말할 수 있다. 이 학교에서는 서로가 협동하며 전체의 안녕을 위해 책임을 나누어 갖는다. 또한 자기의 감정을 깨닫고 솔직하게 표현하는 것을 매우 가치 있는 일로 존중해준다. 이런 일이 어떻게 가능할까? 내면의 야성을 존중받으며 자란 아이들이라면 문명의 소양을 갖출 수밖에 없다. 이 아이들은 자연스럽고 합리적인 수준의 제약을 받아들일 줄 알고, 이들이 타고난 본능은 건설적이어서 삶의 질을 향상시키는 방향으로 이끈다. 이쯤 되면 나도 '어린이야말로 본디 순수하며 선하다'고 믿었던 소위 낭만주의자의 대열에 거리낌 없이 끼어들 수 있다. 그리고 아이들의 가슴속 뜨거운 고

갱이는 본디 사랑스럽고 책임감 있으며 붙임성 있다고 주장했던 프로이트의 급진적인 제자 빌헬름 라이히^{Wilhelm Reich}와도 어깨를 나란히 할 수 있다. 아이들이 불신과 공격 성향, 통제 불능의 충동으로 겹겹이 보호막을 치는 경우는 무시당하고 마음의 상처를 받거나 지나친 관리와 과도한 방임 상태에서 자랐을 때뿐이다.[2] 이런 나의 신념은 공허한 이론이 아니라 내 두 아이를 포함해 셀 수 없이 많으면서도 하나같이 저마다의 개성을 지닌 아이들과 함께 지낸 경험에서 나온다. 이 아이들은 사회 기준으로 재단한 기대에 따르라는 압력을 받지도 않으며 충분히 사랑하고 어루만지며 진솔한 대화가 오가는 환경에서 자란다. 이 환경에서는 모든 연령대 사람들과 자유로이 교제할 수 있으며, 간단히 말하자면 아이들은 자기들 본래의 모습대로 자랄 수 있다.

야성을 잃지 않은 아이
가비
———
수년간 함께 지낸 아이들의 개별적인 이야기를 통해, 내가 말한 내면의 야성이 무슨 의미인지 그것이 어떻게 아이들 삶에 드러나는지 그려보려고 한다. 모든 아이는 저마다 개성이 있기 때문에 섣불리 일반화하다가는 자칫 많은 문헌들이 범하는 오류에 빠질 수 있기 때문이다.

가브리엘은 네 살 때 만나 고등학교로 진학하기 전인 열여섯 살까지 함께 지낸 학생이다. '가비'라 불리기를 좋아한 이 아이는 가녀린 체구에 밝고 파란 눈, 가늘고 부드러운 금발의 곱슬머리 소녀로 상냥하고 호수같이 평온하면서도 자기 내면의 야성을 온전히 간직한 아이였다. 이따금씩 여섯 살배기 또래와 함께 머릿결을 두건으로 감추고 엄마의 립스틱을 몰래 가져와 입술에 바르는 익살맞은 행동으로 내면의 야성을 드러내기도 했다. 평소 가비는 태평하고 꿈 많은 어린 소녀였고 분장과 소꿉놀이, 노래와 춤을 좋아하며, 길고 긴 이야기도 즐겨 들었다. 무엇보다도 색칠과 그림 그리기를 좋아했다. 아주 어려서부터 예술가 기질이 두드러져서 가비가 처음 그린 크레용 스케치와 템페라 초상화를 보면 그림에 얼마나 재능이 있는 아이인지 금세 알아차릴 수 있었다. 일곱 살이 될 무렵에는 깜짝 놀랄 정도로 세밀하게 유니콘을 그리기도 했다.

1학년이 되던 해 가비는 그림과 상상의 세계에 온통 마음을 빼앗겨 있었다. 기초 과목인 읽기, 쓰기, 수학은 가비의 하루 일과에서 늘 낮은 비중을 차지했고, 그보다는 용과 공주가 등장하는 자기만의 상상의 영역을 만들거나 친구들과 함께하기 좋아했던 즉흥극에 쓰일 영웅 캐릭터를 그리느라 몇 시간을 보내곤 했다.

1학년을 마치고 2학년, 3학년이 되도록 가비는 여전히 기초과목과 씨름할 생각이 없었다. 기초과목의 학습을 미루는 것은 선택의 문제였지만, 상상과 이미지의 영역인 우뇌가 두드러지게 발달한 반면 순차적 사고와 정보 저장을 담당해 문자 이해 능력과 셈을 돕는 좌뇌는 덜 발달한 데 원인이 있었을지도 모른다. 더군다나 가비는 얼마든지 자기 속도에 따라 배울 수 있고 자기가 좋아하는 분야를 파고들 수 있었기 때문에 오로지 그림에만 관심을 두었다.

그렇다고 가비가 문학에 흥미가 덜한 것은 아니었다. 가비는 학교에서도 집에서도 선생님과 부모가 들려주는 이야기에 늘 귀를 기울였고, 열 살이 되던 해에는 톨킨의 『반지의 제왕』 전편을 비롯해 다양한 고전을 섭렵했다. 가비는 글 쓰는 작업을 따분하고 성가시게 여겼지만 다른 누군가 받아 적어주는 수고를 해주기만 하면 시 짓기도 좋아했다. 그렇게 누군가 대신 적어준 시로 알바니 공립도서관이 주최해 많은 아이들이 참가한 대회에서 대상을 받기도 할 정도로 재능이 뛰어났다.

다행히도 집에서 법률사무소를 운영하던 가비의 부모는 프리스쿨이 있는 동네로 이사 올 정도로 학교의 교육방침을 적극적으로 지지하고 있었다. 우리는 가비가 배울 준비가 되면 언제든지 배울 것이라고 가비의 부모에게 확신을 주었고, 부모도 아이가 나이를 먹을수록 걱정이 늘 수밖에 없었지만 가비의 타고난 지능이 언젠가 작동하리라 믿으며 비상벨을 누르고 싶은 마음을 꾹 눌렀다.

가비는 4학년이 되자 마침내 때가 되었다고 결심했다. 매일매일 학교에서 열심히 공부하고 일주일에 이틀씩 오후 과외를 받으면서 한 달 만에 유창하게 읽기가 가능해졌다. 더욱 놀라운 일은 일단 활자에 숨은 암호를 풀자마자 아동 수준을 넘는 어려운 책도 읽을 수 있게 되었다는 사실이다. 그렇다고 독서가 첫사랑 '미술'을 밀어내지는 못했지만 털끝 차이로 2순위를 차지해서 좋은 소설을 끼고 다니는 경우도 자주 보았다.

가비의 독서량이 많아지면서 쓰기 실력도 함께 늘어났지만 여전히 수학만큼은 황금 보기를 돌같이 하듯 대했다. 우뇌가 크게 발달한 아이가 흔히 그렇듯이 가비도 수학의 개념과 씨름하고 있었다. 수학에는 가비가 좋아할 만한 구석이 전혀 없었다. 그러다가 우리와 지내는 마지막 8학년이 되어서야 가비는 작정하고 수학에 부딪혀보기로 했다. 가비의 동기는 수학에 새로이 흥미를 찾아서라기보다는 다음 해에 자신이 원하는 대로 고등학교로 진학해 거기를 졸업하려면 4년간의 수학 과정을 이수해야 한다는 냉정한 현실에 있었다. 가비는 엄청난 노력을 쏟아부은 끝에 마침내 단 9개월 만에 8학년 수준의 수학 전 과정을 익혔다.

가비는 내면의 야성을 고스란히 지켜낸 채 아동기 중반을 마무리했다는 사실을 증명이라도 하듯 학년 말 장기 자랑에 선보일 촌극을 준비했는데, 지금까지도 내가 본 아동 창작극으로는 가장 재미있는 작품으로 남아 있다. 가비는 이 작품에 '텔레비전이 우리 뇌를 빨아 먹어요'라는 제목을 붙였다. 텔레비전이 아이에게 끼치는 효과를 탐탁지 않게 여겨 오래전에 치워버린 엄마아빠를 익살스럽게 꼬집는 내용이었다. 촌극의 내용은 이랬다. 어느 가정에 두 아이가 있는데 텔레비전은 벽장 안에 보관되어 있고 출입이 엄격하게 금지되어 있다. 어느 일요일, 아버지는 아이들을 꾀어 밖으로 내보낸 후 혼자 몰래 미식축구 경기를 시청한다. 아이들은 이를 재빨리 알아채고는 자기들도 아버지 몰래 텔레비전을 보려고 한다. 관객들은 가비가 종이상자로 솜씨 좋게 만든 텔레비전 앞에 두 아이가 앉아 있는 모습만 볼 수 있지만 사실 아이들이 쓰고 있는 모자 속에는 삶은 스파게티로 가득한 비닐봉지가 감춰져 있었다. 비닐봉지에는 낚시줄이 묶여 있고 스크린 뒤에 숨어 있는 아이가 이 낚시줄 끝을 잡고 있었다. 아이들이 텔레비전 앞에 넋 놓고 앉아 있는데 숨어 있던 학생이 느닷없이 줄을 당겨 모자 속에 있던 '뇌'를 끄집어냈다. 뇌는 바닥에 철퍼덕 쏟아져 무대를 가로질러 질질 끌려가더니 이내 굶주린 텔레비전의 입 속으로 빨려 들어갔다. 아무도 생각지 못한 개그였다. 배를 움켜잡고 웃다가 앉아 있던 의자에서 넘어지는 사람도 있었다. 웃음을 추스르고 다음 연기로 넘어가기까지는 몇 분이 걸렸다.

예상했던 일이지만 가비가 고등학교 생활에 적응하기까지 어느 정도 어려움이 있었다. 일반학교의 교육과정은 거의 좌뇌 활동에 의존하는 내용으로 가득해서, 자기 속도와 흥미에 따라 배움을 조정하는 일은 프리스쿨 시절에나 가능한 일이었다. 더구나 하루하루 각종 시험과 평가를 치러야 했으니 가비는 이런 것을 전혀 겪어보지 못한 상황이었다. 가비가 이 상황을 헤쳐나간 방식을 보면 내면의 야성이 얼마나 가치 있고 중요한지 입증된다. 가비는 교사들과 친분을 쌓은 덕에 도움이 필요할 때는 주저 없이 부탁했다. 해야 할 대부분의 일이 자기에게는 무의미하다는 사실을 꿰뚫어보고 있었지만 현명하게 처신하는 요령도 빠르게 터득했다. 가비는 해내리라 굳세게 마음먹은 터라 첫 해 중반 즈음에는 우등생 명단에도 올랐고 이

후 나머지 학교생활 내내 이 명단에서 내려오지 않았다.

당연한 일이지만 가비는 개설된 미술 수업은 하나도 빼놓지 않고 수강한 덕에 학교생활을 지탱할 수 있는 힘을 얻었을지도 모른다. 더 정확하게는 가비가 가장 좋아했던 미술교사와의 관계가 있었기에 학교를 꼬박꼬박 다닐 수 있었을 것이다. 슈메이더 선생님은 가비에게 중요한 멘토였다. 좋은 교사가 그렇듯이 가비의 재능을 알아보고 북돋아준 결과 가비는 젊은 예술가를 대상으로 한 저명한 여름캠프에서 장학금을 받을 수 있었다. 가비는 훗날 존경과 감사의 뜻을 담아 졸업식 파티에 슈메이더 선생님을 초대하기도 했다.

가비는 명문 사립대학에 진학해서 미술에 대한 열정을 본격적으로 쏟아부을 수 있었다. 가비가 연극에 대한 열정을 꽃피운 곳도 바로 그 대학이다. 극작 프로그램에 등록해서 장편극 제작을 위해 각본, 감독, 제작 방식을 익혀나갔다. 나는 가비의 연극을 관람하는 행운도 누렸고 두 눈으로 직접 가비의 눈부신 역량을 확인했다.

가비는 여기서 멈추지 않고 흥미진진한 삶을 계속 펼쳐나갔다. 졸업을 하고 집으로 돌아온 가비는 떠나 있는 동안 동네에 득실대고 있었던 조직폭력 활동에 깜짝 놀랐다. 가비가 목격한 상황은 아이들의 삶에 유익한 일이라고는 전혀 찾아볼 수 없는, 도심 빈민가에서 흔히 벌어지는 일이었다. 가비는 친구 몇 명과 함께 패거리가 몰려다니고 마약 거래가 빈번한 거리에서 미술 공예와 원예 프로그램을 시작하기로 마음먹었다. 프로그램은 시작과 동시에 성공을 거두었다. 여름이 끝날 무렵에는 일 년 내내 운영할 수 있게 프로그램

장소를 실내로 옮기려는 계획을 세우고 마을의 문 닫은 성당을 점 찍어 두었다. 가비와 친구들은 교구 주교를 몇 차례 만나 설득한 끝에 5천 달러에 건물을 사들였다.

이 글을 쓰고 있는 지금, 이 용감한 친구들은 활동 범위를 넓혀 본격적으로 비영리 단체를 운영하며 백 년 된 성당을 보수해서 예술 활동 중심의 지역센터로 활용하기 위해 자금을 마련하고 있다. 재기 넘치고 대담무쌍하며 상상력이 넘치는 가비는 이렇게 성인 사회에 첫발을 내디뎠다.

에너지가 넘치는 아이
폴

— 이제 폴의 이야기를 시작해 보자. 폴은 여러 모로 가비와는 반대 성향을 지닌 아이였다. 가비가 은은하게 떨리는 바이올린이라면 폴은 요란스럽게 울려 퍼지는 트럼 펫이었다. 어머니 미시가 짓궂게 놀리듯이 들려주는 얘기를 들어보면 네 아이 중 막내였던 폴은 울부짖으며 태어났다고 한다. 아기 때부터 까다롭고 배앓이가 잦았으며, 밝은 초콜릿 같은 얼굴에 갈색 눈은 사납게 번뜩였다.

폴의 감정은 쉽게 예측할 수 있는 날씨 같았다. 삶이 자기 방식대로 순조롭게 흘러가면 구름 한 점 없는 하늘처럼 맑고 전염성 강한 미소는 태양처럼 번졌다. 하지만 불운이 덮쳐 다치기라도 하거나 또래들에게서 억울한 일을 당하면, 혹은 어른들 때문에 자기 방식대로 하지 못하는 일이 돌연 발생하기라도 하면 폭풍우가 휘몰아칠 확률은 거의 백 퍼센트였다.

폴은 걸음마를 시작한 순간부터 이곳저곳 구분 없이 휘젓고 다녔다. 처음부터 한부모 가정을 꾸려가던 미시에게는 거의 매시간 능력치를 시험이라도 하듯 그야말로 다루기 힘든 아이였다. 폴의 황소고집은 보통 사람들의 참을성을 짓밟기 일쑤였다. 걷잡을 수 없는 상황이 되면 미시는 폴이 지나친 행동을 하지 않겠다고 약속할 때까지 문 밖으로 내쫓고는 집안에 들여놓지 않았다. 그러면 폴이 처절하게 울부짖는 소리가 온 동네에 울려퍼졌다.

당시 미시는 이 학교 교사였기 때문에 폴도 어려서부터 엄마를 따라 학교에 다녔다. 폴은 주체 못할 에너지로 천장이 높고 넓은 유치부 공간을 가득 채웠다. 폴이 여섯 살 되던 즈음 폴 못지않게 높은 옥탄가 에너지를 자랑하는 또래 남자아이 다섯 명이 들어왔다. 아이들은 새끼 늑대 무리마냥 교실 안을 어슬렁거렸고 정글짐을 기어오르거나 그 아래 깔린 대형 매트에서 씨름을 하거나 블록으로 탑을 높이 쌓아올렸다가 우르르 무너뜨리기도 했다. 무엇보다 안팎을 가리지 않고 서로 쫓아다니며 놀기를 가장 즐겼던 것 같다.

이 아이들의 놀이는 밑도 끝도 없이 기발했다. 꼬마들의 식탁의자를 두 줄로 나란히 늘어놓고는 난데없이 도시를 순환하는 버스놀이를 하거나 아무런 소품도 없이 네 발로 기어다니는 기괴한 동물로 변하기도 했다. 꼬리를 살랑살랑 흔드는 상냥한 강아지가 되었다가 무시무시하게 으르렁거리는 사자로 돌변하기도 했다. 아이들은 늘 기발하고 변화무쌍한 활동을 그리워했고 판에 박힌 일에는 질색했다.

여섯 명 모두 이후 십 년 동안 학교생활을 같이했는데, 이 아이들의 길고도 파란만장한 생활은 8학년이 되던 해 자기들이 만든 동영상에서 정점을 찍었다. 이 영상은 집에서는 감히 엄두가 나지 않는 온갖 무모하고도 우스꽝스러운 묘기로 가득하다. 의심의 여지없이 생기로 똘똘 뭉친 아이들이었다.

폴은 주체할 수 없는 신체 활동과 위태위태한 모험에 대한 갈증으로 내면의 야성을 드러냈다. 폴과 함께 지낸 세월은 내게 도전과 동시에 기쁨의 시간이었고, 그동안 폴이 지루해했던 날은 단 하루도 기억나지 않는다. 사람이 자기 신체가 가진 능력대로 온전히 살고 그 안에서 편안해진다면 마지못해 재미있는 일을 찾아나서야 하는 일은 없을 것이다. 권태라는 것은 모든 아이가 타고나는 권리, '움직임의 자유'가 강하게 거부당할 때 생긴다. 폴이 열 살쯤 되던 무렵 운동선수로서의 재능이 두드러졌다. 옹골찬 신체 조건과 타고난 순발력, 신체 활동에 대한 자신감 덕분에 종목을 가리지 않고 탁월한 능력을 발휘했다. 야구를 가장 좋아해서 여러 해 동안 어린이 야구 올스타로 뽑혔고 단일 시즌 홈런 기록을 갈아치웠다.

폴도 가비처럼 읽기 능력이 늦되었지만 그 원인은 달랐다. 폴은 어린아이치고는 속도와 동작에 대한 집착이 남달라서 읽기 활동이 힘들었던 것이다. 두뇌가 정보를 처리하는 속도 이상으로 눈이 문자를 훑어 내려가는 속도가 빨라지거나, 충동적으로 단어 끝으로 건너뛰고 혹은 몇 개 단어를 한꺼번에 묶어 읽다가 문맥을 이해하지 못하고 더 이상 어찌해볼 수 없어 낙담하곤 했다. 폴은 열두 살이 되자 속도를 조금 줄여 진지하게 읽기 학습이 가능해졌다. 여전히 힘겨워했지만 애쓰는 모습은 참으로 기특했다. 감당할 수 없을 정도로 안절부절 못하다가, 책을 앞에 두고 일어서서 초조하게 이쪽 발에서 저쪽 발로 무게를 번갈아 옮겨간다. 몇 분 후에는 테이블 위에 사지를 쭉 뻗고 벌러덩 누워버리기도 하며 조금 더 시간이 지나면 책상 밑으로 기어들어가 있는 모습을 볼 수도 있다. 그러나 어떻게 해서든 폴은 집중력을 키우려 애썼고 자기 속도를 조절하고 집중하는 능력은 꾸준히 커져갔다. 7학년 끝 무렵에는 폴도 자기 학년 수준의 내용을 어려움 없이 즐겨 읽을 정도가 되었다.

폴의 발달과정에서 가장 큰 도전거리는 자기 충동을 다스리고 불같이 타오르는 감정을 추스리는 일이었다. 다행스럽게도 폴의 어머니 미시는 아들이 시시때때로 복받치는 감정을 터뜨릴 때 단호하고 일관되게 제한을 두면서도 억누르지 않고 열린 마음으로 받아주었다. 미시는 끈기를 잃지 않고 폴이 자기 감정을 말로 표현하는 법을 익히도록 도우면서 감정이 폭발하더라도 벌을 주지 않았다. 오히려 폴을 솔직하게 대하고 존중해주어, 간혹 벗어나긴 해도 폴 역시 어머니를 존중하고 솔직한 관계를 맺을 수 있게 되었다.

우리는 학교에서도 마찬가지로 대했다. 폴이 화가 나면 우리는 그 분노가 차올라 근육으로 전해지기 전에 알아차리고는 화난 상대 대신 다른 대체물을 찾아 감정을 다스릴 수 있게 도왔다. 폴의 끓어오르는 분노가 타고난 기질 탓인지, 코카인 중독에서 벗어나려 몸부림치느라 폴을 방치할 수밖에 없었던 친부의 부재 때문인지, 그렇다면 그 크기는 또 어느 정도인지 아무도 헤아릴 수 없었다. 그러나 부족하나마 주위 어른과 또래들의 도움 덕분에 실망을 이겨내며 폴은 화를 다스리는 힘을 점점 키워갔다. 폴의 분노는 완전히 사라지지 않았지만 자기 감정에 못 이겨 주위 사람들에게 화풀이하는 일은 하지 않으려 노력하면서, 다른 사람에게 화낼 만한 일이 벌어지더라도 상황에 맞게 대처하는 법을 배워나갔다.

열 살이 되자 폴은 아이들 사이에서 어느새 유능한 리더로 인정받고 있었다. 다른 아이들이 강한 감정에 사로잡히면 그 원인이 어디에 있는지 깨닫게 해주면서 스스로 짊어진 숙제를 풀어나갔다. 이따금씩 민감하게 반응할 때도 있었지만 자신의 동기는 숨김없이 드러냈으며 자기에게 잘못이 있을 때면 기꺼이 그것을 인정했다. 폴의 내부에 장착된 '뻥 탐지기'는 정밀해서 누군가 하는 이야기에 모순이나 부조리가 있으면 친구와 교사 가리지 않고 주저 없이 지적했다. 폴은 용기 있는 행동과 솔직한 성격으로 폭넓은 지지를 받았다.

폴도 가비처럼 공립 고등학교에 진학하기로 결심했다. 폴의 에너지 수치가 엄청나게 줄어들어 있긴 했지만, 자리에 앉아서 보내야 하는 9년차 교육과정의 부담이 처음에는 엄청난 걸림돌이었다. 그러나 폴은 운동에서와 마찬가지로 학업에서도 탁월하다는 사실을 꿋꿋하게 입증해내며 첫 학년이 끝날 무렵에는 우등생 명단에 이름을 올렸다. 폴이 학업에 전념하기 위해 그해 봄, 그렇게 좋아하는 야구를 스스로 포기했다는 사실도 덧붙여야겠다.

자신의 학업 역량을 입증하고 나서 폴은 2학년 가을에 스포츠와의 사랑을 다시 시작했다. 그것도 아주 격정적으로. 폴은 조직적인 미식축구를 해본 경험이 전혀 없었지만 학교 대표팀의 주전 리시버로 선발되었다. 겨울에는 역시 처음으로 레슬링에 도전해 학교대표가 되어 성공적인 시즌을 보냈다. 그보다 몇 년 일찍 레슬링을 시작한 선배들에게만 패했을 뿐이다. 폴은 그해 봄 학교 야구팀 선발에 참가해서 당연하다는 듯이 대표로 선발되어 주전 중견수로 뛰었다. 소속팀의 전용 야구장 개축으로 화제가 되어 지역 모든 텔레비전 뉴스가 보도한 첫 시합에서 폴은 첫 타석 장외 홈런을 쳐냈다. 지역 사람들 모두가 6시 뉴스를 통해 이 장면을 생생하게 목격했다.

폴이 어떤 모습으로 성인 세상에 들어올지는 아직 더 지켜봐야 하지만 내면의 야성을 고스란히 키워낸 폴이라면 독창적이고 가치 있는 삶을 만들 수 있을 거라고 말해도 큰 무리 없을 것이다.

내면의 소리에 귀 기울인 엘리너

———

독자들이 혹시라도 내면의 야성이 살아 있으면 읽기 능력에 문제가 있겠거니 생각하지는 않을까 싶어서 엘리너 이야기도 해야겠다. 열세 살에 우리 학교에

들어온 엘리너는 읽기 학습 적령기인 8살 이후 줄곧 읽기에서 뛰어
난 능력을 보였다. 부모가 아일랜드 출신인 엘리너는 말레이시아에
서 태어났다. 당시 엘리너의 부모는 영어를 제2 언어로 배우는 학생
을 대상으로 순회교사 생활을 하고 있었다.

엘리너에게서 가장 두드러진 점은 변함없이 상냥한 성격이었다.
엘리너가 북미 원주민이었다면 이 아이의 토템 동물은 사슴이 아니
었을까. 얼굴에 미소가 번질 때면 은은하고 파란 눈동자도 같이 미
소지었고, 재미를 느끼면 목청껏 깔깔거리기보다는 조그맣게 키득거
렸다. 상황을 꿰뚫어보는 지성에 걸맞게 호기심도 그치지 않았지만
고통스러울 정도로 수줍음이 많아 그것에 엘리너의 재능이 가려지
곤 했다. 부드러운 말씨로 보아 엘리너의 성향 중 일부는 부모에게
서 물려받은 게 틀림없었고 한편으로는 여성이 고분고분해야 하는
일부 문화권에서 자란 탓도 없지는 않았으리라 짐작된다.

엘리너가 처음 왔을 때는 브루나이에서 받은 엄격한 학교교육의
효과가 너무도 역력했다. 누군가가 자기 몫의 경험을 대신 짜주는
방식에 너무 익숙해져서 학업에 필요한 지식은 잘 연마했을지 몰라
도 자기의 진짜 관심사가 어디에 있는지 도통 찾아낼 수 없었다. 한
동안은 지금 엘리너가 무언가 배울 때 중요하게 여기는 교재나 학습
장에 부지런히 매달렸다. 그러다가 자습이 싫증나면 이내 지겨워하
는 티를 내기 시작했다. 다른 아이들 같으면 상황에 따라 여러 가능
성을 찾아내고 조건을 가려가며 선택하겠지만 엘리너는 아직 자신
을 위해 생각하는 힘이 부족해서 그 정도에 미치지 못했다. 하고 싶

은 일이 무엇인지 교사가 물어보면 그저 "잘 모르겠어요"라고 대답할 뿐이었다.

엘리너는 저어하는 성격과 서투른 사교성 때문에 우리 학교 교육과정의 핵심이라 할 수 있는 '구애받지 않고 노는 일'에 좀처럼 끼어들지 못해서 이 흐름에 자연스럽게 섞이는 방법을 찾느라 우리와 함께한 첫 해 대부분이 지나갔다. 엘리너가 외딴 섬을 빠져나오게 될 실마리는 미술실에서 찾을 수 있었다. 엘리너는 내 아내 벳시에게서 일주일마다 도예수업을 받기 시작했다. 벳시는 지금은 산파로 일하면서 일정이 맞으면 흔쾌히 자원교사를 하고 있으며 당시는 전임교사로 여러 해 동안 학교에 재직 중이었다.

드디어 엘리너가 가진 가장 큰 재능은 손에서 나온다는 사실을 발견했다. 곧 엘리너는 벳시가 없을 때도 혼자 물레를 돌리며 작업할 정도로 능숙해졌다. 오래지 않아 벳시가 가르칠 수 있는 모든 내용을 익혔고 당장 판매하기에도 손색없는 컵과 그릇을 빚었다. 엘리너는 두 번째 해에 접어들자 학교생활에 완전히 익숙해졌다. 또래들모두 엘리너를 좋아했고 이 아이의 통찰력과 미묘하게 발산하는 존재감을 소중히 여겨서 엘리너는 점차 소리 없이 자신감을 키워나갔다. 이제는 더 이상 "잘 모르겠어요"라는 말도 하지 않았다.

한때 엘리너는 뉴욕 주립 박물관의 인류학자 밑에서 인턴을 하다가 인류학에 흥미를 느꼈다. 이 학자는 고속도로 공사 현장에서 발굴한 북미 원주민 유해를 분류하던 중이었는데, 엘리너의 역할은 유해를 조심스럽게 청소하는 일이었다. 엘리너는 유골의 상태를 연구하면서 인간에 대한 정보를 수집할 수 있다는 사실에 흥분했다.

엘리너는 우리와 지내는 동안 또 다른 열정을 키웠는데 바로 여행이었다. 엘리너는 8학년이 되던 해 가장 친한 친구 두 명과 함께 학교 승합차로 남부 여러 주를 죽 둘러보는 2주간의 학급 여행을 기획했다. 엘리너의 반은 전년도에 이미 국제민주교육한마당에 참석차 기차로 웨스트코스트를 여행한 경험이 있었지만 이번 여행은 이 아이들에게 기념비적인 사건이나 다름없었다. 세 아이들은 남쪽으로는 플로리다주 세인트어거스틴에 이르고 서쪽으로는 세인트루이스에 이르는 장장 8천 킬로미터의 여행 일정을 꼼꼼하게 계획했다. 반 아이들 중 몇 명은 단지 집에서 멀리 떠난다는 생각에 들뜨기도 했지만 엘리너는 들르는 장소마다 깃든 역사와 문화, 건축 양식에 마음을 빼앗겨 다른 아이들은 그저 별생각 없이 지나치는 박물관이나 갤러리에서 쉽게 발을 떼지 못했다. 미국에서 가장 오래된 도시인 세인트어거스틴에서는 역사적 문구와 안내 표시를 하나하나 읽어보고, 뉴올리언스의 프렌치쿼터에서는 예사롭지 않은 건물을 자세히 뜯어보며 사진에 고스란히 담아냈다. 다음 해 여름 엘리너는 자동차 여행을 기획했던 두 친구 중 한 명과 함께 샌프란시스코로 날아가 친척집에 머물렀다. 이제 여행의 달인이 된 아이들은 일주일을 머물며 거의 자기들 힘으로 도시 구석구석을 탐구할 수 있었다.

엘리너는 알바니고등학교에 진학하기로 결심했다. 학업만 따져보면 크게 어려운 일은 아니었으나 프리스쿨에 비해 거대한 규모나 건조하고 그다지 따뜻하지 않은 면을 고려해 엘리너는 결국 그해 말,

이 학교는 자기에게 맞지 않는다는 마음의 소리를 받아들였다. 엘리너는 혼자 힘으로 인근 매사추세츠에 있는 기숙형 사립학교를 찾아내어 지원했고 학비를 감당할 수 없었던 부모의 걱정을 뒤로 하고 전액 장학금을 받으며 입학에 성공했다.

엘리너가 기숙형 학교로 떠나 있는 동안 그리워한 일이 하나 있다면 어머니와 함께 요리하는 일이었다. 둘은 엘리너가 아주 어렸을 때부터 함께 요리하기를 좋아했다. 엘리너는 학교 주방을 기웃거리다 제빵사와 친분을 쌓기 시작했고 오래지 않아 빵이며 케이크 만드는 일을 도왔다. 다시 한 번 엘리너의 손을 타고 나온 열정에 불이 붙었다.

엘리너는 고등학교를 우등으로 졸업하자마자 제빵에 대한 사랑을 찾아나섰다. 알바니 바로 북쪽에 인접한 소도시의 유명 패스트리 가게 주인을 찾아가서는 수습생으로 받아줄 수 있는지 물어보았다.

"절대로 안돼. 열아홉 살짜리는 어려서 감당할 수 없어."

주인의 대답은 단호했다. 엘리너는 다시 거절당하지 않으려고 일부러 그 가게의 수프와 샌드위치 코너 주방에 일자리를 얻었다. 맡은 일을 가능한 한 일찍 마치고 고등학교 시절 했던 것처럼 날마다 업무 시간 후에 제빵 코너를 기웃거리는 일이 엘리너의 작전이었다. 당연하게도 수석 제빵사는 아일랜드 억양이 뚜렷하고 매력적인 이 소녀에게 관심을 보였다. 오래지 않아 이 제빵사는 엘리너에게 패스트리 제조 비법을 가르치고 소소한 일거리도 주기 시작했다.

엘리너는 대학에 지원해서 입학 허가도 받았지만 돌아오는 9월에 바로 진학해야 할지 확신이 서지 않았다. 그러나 여름이 끝날 무렵 샌드위치를 만들며 생계를 꾸려가는 일에 질려서 대학생활에 도전하기로 마음먹었다. 대학에서는 작은 혁신적인 단체에 참여하면서 오로지 요업과 인류학에만 관심을 쏟아부을 수 있었다.

엘리너는 첫 해를 순조롭게 보냈지만 2학년이 될 무렵 다시 학교로 돌아갈지 곰곰이 생각하다가 문득 잊고 있던 무언가를 떠올렸다. 엘리너가 손에 잡고 싶었던 것은 흙 반죽이 아니라 밀가루 반죽이었다. 그렇게 다시 패스트리 가게로 찾아갔고 지난 여름 엘리너의 일이 마음에 들었던 주인은 이번에는 훨씬 누그러져서 일 년간 수습생으로 받아달라는 부탁을 들어주었다. 타고난 손재주와 강한 배움의 욕구 덕분에 엘리너는 수습을 마친 지 두 달도 안 되어 열아홉의 나이에 야간조의 가장 중요한 임무인 수석 제빵사가 되었다.

연말이 되자 엘리너는 독일에서 제빵 공부를 이어가기로 결심했다. 원래는 정치 분야 학생을 대상으로 하는 정부 간 교류 프로그램에 지원해서 처음으로 비정부 부문 인턴십 지원자가 되었는데, 이 글을 쓰는 지금 엘리너는 바이에른에 있는 자그마한 도시에서 행복한 마음으로 빵을 굽고 있을 것이다. 엘리너는 뉴욕에 있는 유명 대학 몇 군데로부터 입학 허가도 받아놓았다. 학부에서 학위를 마치는 동안 우수 제과점에서 일하며 배울 수 있는 여건을 찾아 신중하게 고른 도시가 뉴욕이었다.

엘리너에게 충만했던 바로 그런 종류의 내면의 야성이야말로 젊은이들이 어른 세계로 가는 길을 밝혀준다. 바깥세상은 엘리너를 수줍고 자신감 없는 존재로 보았을지 모르지만, 그것은 어디까지나 이 아이의 겉모습 일부분일 뿐이며 내면에는 자신의 삶을 이끄는 확실한 나침반이 있었다. 엘리너는 다음번에 무슨 일을 해야 하고 왜 해야만 하는지 알려주는 자신의 소리를 신뢰했기 때문이다.

삶을 이끄는 나침반, 내면의 소리
——

　　　　　　　　　　　　　　나는 생명에 활기를 불어넣어 주는 존재로서 문화적 색채가 덜한 개념을 찾아보다가 고대 그리스와 로마 시대의 개념까지 거슬러 올라갔다. 그리스 로마인은 서구인으로서는 처음으로 인간성과 올바른 삶의 본질을 이해하기 위해 심혈을 기울였다. 나는 대학 신입생 시절 이후 책장에 꽂아둔 채 먼지가 수북이 내려앉은 플라톤의 『국가』 염가판을 꺼내들었다. 플라톤의 사상에는 동의할 수 없는 부분도 많아 열렬히 신봉하는 편은 아니지만 개화된 사회를 논하는 이 책 말미에서 내가 찾던 의미와 정확히 맞아떨어지는 개념을 발견했다. 소크라테스의 가장 유명한 제자인 플라톤은 에르의 신화를 통해 인간은 각자의 다이몬을 가지고 있다는 스승의 사상을 전한다. 다이몬은 인간 내면의 나침반이자 지혜의 원천으로, 일생에 걸쳐 인간을 인도하고 때로는 꾸짖기도 한다. 이야기 전개는 다음과 같다.

　에르라는 군인이 전투에서 죽었다가 화장을 하려고 쌓아올린 장작더미 위에서 느닷없이 깨어나 자기 육체가 죽고 나서 혼이 겪은 이야기를 전해준다. 에르는 자기 영혼이 저승을 여행하면서 겪은 일을 목격할 수 있도록 허락받았기 때문에 이 이야기를 전할 수 있다.

에르를 비롯해 육체를 떠난 다른 이들의 영혼은 운명의 세 여신 앞에 불려온다. 이들 운명의 여신은 과거를 주관하는 라케시스, 현재를 주관하는 클로토, 미래를 주관하는 아트로포스이다. 이 만남을 이끄는 라케시스는 모여든 영혼 앞에 삶의 표본들을 늘어놓고 고르도록 하며 대변인을 통해 말한다.

"하루살이 인생인 영혼들이여. 죽음을 맞이할 수밖에 없는 삶에 죽음을 가져다주는 또 다른 삶의 주기가 시작한다. 다이몬이 그대들을 제비 뽑는 것이 아니라 그대들이 다이몬을 선택하리라. 첫 번째 제비를 뽑는 자가 먼저 삶을 선택하리라. 일단 선택하면 그는 반드시 그 삶과 함께해야 한다."

모든 영혼이 제비를 뽑은 후에 라케시스는 그 삶의 수호자이자 '선택한 일들을 완수하는 자'로서 각각의 영혼이 선택한 다이몬을 함께 딸려 보낸다. 꼬박 하루 동안 여행을 한 끝에 갈증이 난 상태로 망각의 강에 도착한 영혼들은 그 물을 마시고 저승에서의 일은 모두 잊어버린다. 한밤중이 되어서야 모든 영혼이 새 삶을 얻어 환생한다.[3]

확실하지는 않지만 '다이몬'이라는 개념은 소크라테스와 함께 나왔을 가능성이 있다. 소크라테스는 자신의 다이몬이 내면의 목소리로 몇 차례에 걸쳐 뚜렷하게 나타났다고 했다. 『변명Apologia』에서는 자신의 다이몬을 "내면의 신탁"이라 언급하며 "이 신호는 목소리의 형태를 띠고서 내가 어렸을 때 맨 처음 다가오기 시작했다"고 말한다.[4]

로마인에게는 다이몬에 해당하는 '게니우스'라는 개념이 있었다. 이 용어는 여러 세대를 거치면서 훨씬 양호한 모습으로 살아남아 영어에서는 여전히 '사람에 붙어다니는 신'이라는 라틴어 의미와 딱 맞아떨어진다. 반면에 다이몬은 정반대의 과정을 거쳐 은혜로운 존재에서 오늘날 영어의 '악마'로 타락했다. 다이몬의 언어적 의미가 지옥으로 추락한 과정은 더 자세히 살펴볼 필요가 있다. 이 의미의 변화야말로 내가 이 책을 쓰게 된 중요한 이유와 관련 있기 때문이다. 로마인의 게니우스는 '사람은 자기 안에 기독교의 수호천사와 비슷한 수호신을 갖고 있다'는 정도의 간단한 개념이다. 그러나 그리스어로 '예측불가능하며 통제할 수 없는'이라는 의미를 지닌 다이몬은 훨씬 더 복잡한 개념을 가지고 있어서 독립적인 내면의 힘으로서 혼을 부추기고 "선택한 일들을 완수하는 자"이다. 혹자는 이런 의미 때문에 '야성적'이라고 말할지도 모른다.

행복을 뜻하는 그리스어가 '에우다이모니아eudaimonia' 즉, 기뻐하는 다이몬이라는 사실은 흥미롭다. 그러나 행복한 삶으로 가는 열쇠는 각자의 열정과 조화를 이루어 살며 바깥의 안내보다도 자기 목소리의 안내를 따라야 한다는 개념은 초기 기독교 신학자들의 이론과 맞지 않았다. 이 신학자들에게서 인간은 외부에 존재하는 신의 원대한 계획에 의해 인도받는다는 이야기밖에 찾을 수 없다. 이들은 선과 악, 빛과 어둠이라는 양극의 개념을 천사와 악마라는 극단의 상징물로 변화시켰다. 후에 서구 과학자들도 '인간은 자신만의 의지와 지혜로 활기를 얻는다'는 믿음에 맞선 종교의 움직임에 동참했다.

하늘의 보좌에 앉아 계신 여호와만 제외하면 기독교의 원대한 계획과 똑같은 과학계의 기본 계획은 17, 18세기 뉴턴으로부터 비롯한 과학혁명에 뿌리를 두고 있다. 뉴턴이 지구와 우주에 존재하는 물체의 운동은 수학적으로 결정된다는 사실을 입증하면서 등장한 학파는 인간을 포함한 만물을 검증 가능한 객관적 법칙으로 설명할 수 있는 대상으로 끌어내렸다. 이들의 사고관에서 보면 우주는 마치 태엽으로 작동하는 거대한 시계와 같으며 과학이 만물의 비밀을 알아내고 통제하게 되는 일은 시간 문제이다.

과학사와 과학철학은 이 책이 다루는 범위를 넘어선다. 그러나 인간이 현실을 파악하는 방식을 다듬는 과정에서 과학적 패러다임이 한 역할은 여전히 인간 삶의 도처에서 찾아볼 수 있다. 지난 4백여 년 동안 뉴턴의 기계적 우주론이 아동기 전 영역을 지배해왔기 때문이다. 다이몬에 대한 고대인의 사상은 겨우겨우 그 맥을 유지하다가 20세기 중반이 되어서야 실존심리학자 롤로 메이Rollo May에 의해 소생했다. 심리치료 전문가이기도 했던 메이는 프리드리히 니체가 19세기 후반 철학적으로 설명하려 했던 문제를 실제 환자들에게서 발견했다. 니체는 뉴턴식의 합리적이며 기계적인 사고 모델이 인간의 독창성과 창의력을 질식시키고 있다고 보았다. 기독교의 '노예

도덕'에 인간의 관능과 본능에 대한 불신, 사후세계에 대한 과도한 집착이 섞이면 결국 욕망과 상상력이라고는 찾아볼 수 없는 일차원적 인물인 '이론적 인간theoretical man'으로 전락한다. 과학과 기술의 가혹한 진보 속에 또 한 세기가 지난 후 언어학자 마셜 맥루한Marchall McLuhan은 "대중사회의 인간mass man"으로, 사회학자 데이비드 리스먼David Riesman은 "주조되는 인간plastic man"이라 불렀을 것이다.[5]

이와 유사하게 메이가 관심을 가졌던 현상은 자신의 고객들에게 만연한 내면의 진공 상태였다. 이들은 어떤 이유에서인지 수동적이며 움직임을 잃고 자기 삶을 책임질 수 없었다. 메이는 이에 대한 설명으로 인간의 동기에 초점을 맞춘 모델을 만들었다. 이 모델의 핵심이 다이몬이며, 메이가 현대적으로 풀어쓴 표현으로는 "다이모닉daimonic"이다. 메이는 다이모닉이란 "모든 존재에 깃들어 자신을 확언하고, 강력히 주장하며, 자신을 불멸케 하고, 증대하려는 욕구로서 …… 그 원천은 자아를 초월해 인간을 덮친 운명적인 자연의 힘 어딘가, 자아가 뿌리내린 영역에 있다"고 규정했다.

메이는 "다이모닉은 합리적인 판단에서 나온 '아니오'라는 대답을 결코 하지 않는다. 이런 관점에서 보면 다이모닉은 기술의 적이다. 다이모닉은 모든 인간이 로봇처럼 묶여 있어야 하는 기계적 시간이나 틀에 박힌 일정, 일괄 조립공정을 받아들이지 않는다"고 주장했다. 메이의 주장대로라면 다이모닉은 인간의 자아실현을 돕는 조력자다. 여러 기능 중에서도 특히 인간이 자율성을 잃어버리는 것에 경종을 울린다. 그러나 문제는 인간이 무리에 섞여 길을 잃거나 현대 생활에 물들어 익명성에 묻힌 채 소크라테스가 말한 내면의 목소리에서 멀어지며 다이모닉을 피해 갈 때 발생한다.[6]

한 세대 후에 또 다른 심리치료 전문가 제임스 힐먼^James Hillman이 다이몬의 의미를 받아들여 도토리 이론^Acorn Theory을 만들었다. 도토리 이론의 개념은 신화와 은유에 더욱 가깝다. 이 개념에서는 도토리가 그 안에 떡갈나무를 품고 있듯 모든 아이는 선천적이며 독창적인 소명을 가지고 태어나는데, 이 고유한 소명은 생물학이나 심리학적 설명 따위로는 설명할 수 없다.

'다이몬'은 동기를 부여하고 이를 보호한다. 동기를 만들어 우직한 충심으로 밀고 나간다. 합리성과의 타협을 거부하며 특히 무시당하거나 반대에 부딪히면 소유자의 일탈과 기행을 강요하기도 한다. …… 다이몬은 시간에 구애받지 않고 삶의 흐름에서 온갖 허물, 틈새, 옹이를 찾아내 즐긴다. 다이몬은 그 자체로 신적인 존재이며 신화적인 방식으로 사고하기 때문에 신화와 매우 흡사하다. …… 다이몬은 독창적인 것, 장엄한 것에 대한 느낌과 밀접하며 안절부절 못하는 마음, 조바심, 불만, 갈망과도 밀접하다. 다이몬은 자기 몫의 아름다움을 원한다. 다이몬은 자신의 소유자에게는 더더욱 눈에 띄고 싶어 하며 인정받고 싶어 한다.[7]

거의 동시대 사람인 메이나 오래전 플라톤과 소크라테스와 마찬가지로 힐먼에게 삶이란 예측 가능한 인과의 연속이 아니었다. 아이를 키우는 일에는 재료를 덜어내고 섞어내면 완성되는 식의 조리법이 따로 있지 않다. 모든 아이는 고유한 정체성과 거기에 맞는 특별한 재능을 가지고 태어나며 아이의 발달과정은 외부 못지않게 내부의 힘으로 펼쳐가는 과정이기도 하다. 물론 아이들에게는 보살핌과 보호, 안내가 필요하다. 그러나 힐먼이 조심스럽게 지적하듯이 부모와 교사, 스승은 자신을 아이의 다이몬과 혼동해서는 안 된다.[8] 그보다는 아동역사가 스티븐 민츠가 말했듯이, 아이들이 '자아발견의 오디세이'를 통해 자신이 의도하는 삶을 살 수 있게 해주어야 한다.

사그라들기 쉬운 불꽃
——

영혼, 다이몬, 내면의 야성 또는 무엇으로 불리든 모든 아이에게는 독특하면서도 지극히 소중한 불꽃이 있다. 이 불꽃은 스스로의 힘으로 타오르며 고유한 유도장치로 움직인다. 우리는 이미 가비와 폴, 엘리너의 놀라운 사례에서 뚜렷하게 확인할 수 있었다. 그러나 또한 불꽃이기에 쉽게 사그라질 수도 있다. 출생과 더불어 이 불꽃은 계속 타오르기 어려워지는 환경 때문에 사그라질 위기를 맞이할 수밖에 없다.

이 모든 상황이 다음과 같은 질문을 이끌어낸다. 나의 세 학생들이 제도교육을 받아야만 했다면 어떻게 되었을까? 이 아이들의 부모가 제도권 학교의 방침에 따르다 관리와 통제의 틀에 빠졌다면 어떻게 되었을까?

가비는 읽기 능력이 늦되다는 이유로 주의력결핍장애 진단을 받고 이에 놀란 부모는 집중력을 키우고 학업 성적을 향상시킬 수 있다는 헛된 희망을 품은 채 리탈린 혹은 더 강한 약물을 투약했을지도 모른다. 딸이 유전적으로 뇌기능에 불균형을 보인다는 말을 들었다면 가비가 제 리듬에 맞추어 춤을 추게 두지 않고 더욱 고삐를 조이려 했을 것이며, 결국 아이에게 정말 심각한 문제가 있다는 데 모두 동의했을지도 모른다. 약물 복용 탓에 가비의 꿈과 환상, 상상놀이는 화학적으로 억눌리며 자존감은 아마도 심하게 상처입었을 것이다. 또한 가비의 상냥한 품성으로 미루어보면, 자기의 창의성을 드러내지 못하고 회피해버렸을지도 모른다. 가비가 미술과 시, 연극과 재기발랄한 풍자극에서 보여준 재능은 몇 년에 걸친 보충수업과 과제에 묻혀 피어나지도 못했으리라.

가비가 청소년기에 접어들었다면 느긋하며 소녀다운 순진한 성격도 이미 상처를 입어 점차 우울증으로 번져갔을 가능성도 있으며 삶을 직면하기 위해 항우울제에 의존하며 사는 십대 소녀들의 대열에 끼었을지도 모른다. 최근 연구에서는 항우울제를 복용하는 청소년이 1997년부터 2002년 사이, 단 5년 만에 거의 두 배나 증가한 사실이 밝혀졌다.[9] 우울증 진단을 받는 청소년 중 여자아이들이 남자아이의 두 배이며, 항우울제 처방을 받는 경우도 남자아이들에 비해 더 빠르게 늘고 있다. 더욱이 십대 소녀들은 다른 어떤 인구집단보다 항우울제를 복용할 가능성이 높다. 2002년 17세에서 19세 사이 소녀들의 항우울제 복용이 가장 높아 전국적으로 6.4퍼센트라

는 충격적인 수치를 나타냈다.[10]

폴은 틀림없이 주의력결핍과잉행동장애ADHD 진단을 받았을 것이며 더 심각하게는 적대적반항장애ODD. oppositional defiant disorder 판정을 받아 얌전히 앉아 집중하게 해주는 약, 충동을 억제하는 약, 분노를 조절하는 약 등 갖가지 약물에 취해 있을지도 모른다. 심리학자들이 집에서 엄격한 행동교정 프로그램을 실시하라고 지시해, 그토록 감정 기복이 크고 에너지 넘치는 폴에게 기울인 엄마의 모든 노력을 허사로 만들었을 것이다. 그렇게 해서 두 모자는 폴의 됨됨이에 스며 있는 엄청난 긍정 에너지를 보지 못하고, 아직까지 뚜렷하게 이어지고 있는 둘 사이의 온화한 연대감 또한 심하게 손상되었을지 모를 일이다. 제도권 학교에 다녔다면 약물 복용은 물론 보충수업까지 더해져 여전히 읽기 문제로 고생하고 있으리라 생각된다. 그 결과 자기 스스로 "바보 멍청이"라 여기고 또한 이 별명이 고등학교에 가서도 낙인처럼 붙어 다녀 지금처럼 우등생의 지위는 누리지도 못했을 것이다. 폴이 가진 뛰어난 운동 실력 또한 빛을 보지 못했으리라는 사실은 불 보듯 뻔한데 이 점에 대해 내 나름대로의 이론을 덧붙여본다. 아주 뛰어난 운동선수들의 비결 중 하나는 이들의 내면의 야성이 온전히 살아남아 있다는 점에 있으며, 여기에 몇 년 동안 연습과 훈련을 거치면 자신의 모든 역량과 자신감을 끌어올릴 수 있다.

엘리너가 선택했던 6년의 세월 대신 공장 같은 교육제도에서 12년을 지내야만 했다면 엘리너가 지닌 내면의 야성이 어떻게 되었을지는 떠올리기만 해도 고통스럽다. 엘리너에게는 가비나 폴처럼 장애

꼬리표가 붙지는 않았겠지만 더 암울한 결과가 벌어졌을지도 모른다. 엘리너는 무엇이든 비교적 수월하게 배우고 분란을 일으킬 만한 일은 결코 하지 않았기 때문에 '범생이'라는 이유로 눈에 띄지 않는 학생이 되었을 것이다. 기질적으로 수줍음이 많고 예의 바르며 남을 실망시키지 않으려는 성격을 감안하면 자기 안에 숨어 있는 모험심, 관습에 따르기를 거부하는 모험심을 발견하지도 못했을 것이다.

정말 그렇게 되었다면 얼마나 안타까운 일이란 말인가.

아이의 영혼을
풍요롭게 하는 고독

사람들은 은둔생활이 나를 가난하게 만든다고 생각한다.
하지만 나는 고독에 잠겨 비단결처럼 고운 막을 자아냈다.
그리고 머지않아 더 높은 사회에 걸맞은 완전한 피조물로
나비처럼 움터 날아오를 것이다.

_헨리 데이비드 소로우, 『일기』 가운데

자연 속에서 만나는
내면의 야성
———

　　　　　　　　　　　　　지금 나는 책 서두에 언급한 벗
로잘리와 남편 폴의 집 야외에 있는 탁자에 앉아 이 글을 쓰고 있
다. 이 친구들의 집은 뉴멕시코주 북서부의 주니산맥에 2천 미터 높
이로 가파르게 솟은 산비탈 위에 얹혀 있는데, 주위는 잣나무와 폰
데로사 소나무가 겹겹이 에워싸고 있다. 막 해가 솟아올랐다. 방금
벌새 한 마리가 귓전을 윙윙거리다 오래된 삼나무 낮은 가지에 대롱
대롱 매달린 먹이통으로 날아가는 바람에 의자에서 반쯤 일어나려
던 참이다. 먼 곳 어디선가 지빠귀 소리가 어렴풋이 들려온다. 이른
아침 멀리서 우르릉거리는 폭풍우 소리가 얼른 집안으로 대피하라
고 경고하는 것 같다.

　이곳에 도착한 첫날 저녁 무렵 로잘리와 폴은 도와얄란이라 불리
는 거대한 탁자 형태의 고원지대로 나를 데려가 주었다. 콘마운틴이
라고도 하는 이곳은 인근에 사는 주니 인디언에게 가장 소중한 성
소라고 한다. 억겁의 세월 동안 진흙과 암석이 겹겹으로 쌓여 솟아
오르더니 바람과 물에 닳고 닳아 조금씩 아주 조금씩 제 모양을 빚
어낸 장관에 나는 넋을 잃고 말았다. 우리가 이 거대한 탁자를 따
라 조용히 걸어갈 때 코요테 한 무리가 구슬피 울부짖는 소리가 들
려왔다. 홀연 아무런 예고도 없이, 기울어가던 햇빛이 불그스름한
사암 위를 비추어 사방이 온통 불길에 휩싸인 듯 장관을 연출했다.
우리 셋은 발걸음을 멈추고 경탄에 사로잡혔다. 그 어떤 말로도 지

금 이 순간 우리가 목격하는 이 장관을 표현할 수 없었다. 우리는 말 한마디 없이 가만히 서 있었고 마치 다른 세상인 것만 같은 황홀경이 2~3분간 이어졌다. 우리는 자동차로 향하는 동안 각자 사색에 젖어 아무 말도 하지 않았다.

둘째 날 나는 홀로 인적 없는 흙길을 따라 몇 시간 동안 걸어 어디인지 알 수 없는 곳에 도착했다. 하늘에 드리운 구름은 수분을 머금어 두툼했고 오랫동안 기다려온 여름비가 올 거라고 말해주는 것 같았다. 비가 내리면 흙길은 진한 육즙처럼 질퍽거리겠지만 내가 갖춘 것이라고는 샌들뿐이라는 사실을 알았는지 고마운 비구름은 빗물을 꼭 담아두고만 있었다.

더 멀리 가면 갈수록 내 몸의 감각도 더욱 또렷하게 살아났다. 오후의 따뜻한 미풍이 코끝을 간질이면서 달콤한 세이지 향도 실어왔다. 길 저편 우거진 숲에 몸을 숨긴 어치가 똑똑 끊어지는 소리로 울고, 머리 위로 크고 여윈 까마귀가 고사한 소나무에서 훌쩍 날아올라 풀밭을 가로질렀다. 나는 아직 고도에 적응이 되지 않아 오르막길로 접어들면서 더욱 옅어진 공기를 빨아들이느라 심장과 허파가 바삐 움직였다.

그렇게 이 산에서 셋째 날 아침을 맞았다. 나도 점차 조용해져가고 있음을 알아차렸다. 원래 목소리가 괄괄하고 사교적인 나로서는 그것이 결코 작은 변화라 할 수 없다. 아내는 이따금씩 내가 흥분해 새로 짜낸 아이디어를 쏟아낼 때면 목소리 좀 낮추라고 다그치기 일쑤였다. 한때는 인도 남부의 아쉬람에서 일주일 정도 지낸 적이 있었는데 그곳 장로들도 나에게 목소리를 낮추라고 끊임없이 손가락을 저어야 할 정도였다. 학교에 있을 때 내 사랑하는 아이들은 늘 시끌벅적하고 기운이 넘쳤다.

나는 오랫동안 우정을 쌓고 지내왔던 소중한 사람들과 시간을 보내고 동시에 바쁘게 돌아가는 일상에서 벗어나기 위해 이곳에 왔다. 끝없이 울려대는 초인종과 전화벨 소리, 그치지 않는 자동차 소리, 멈추지 않는 이메일 요청, 부산하게 돌아가는 대도시 삶의 수많은 일거리들 말이다. 서쪽을 향해 날아가는 비행기 안에서 나는 원고 마감시한이 점점 닥쳐오고 있는데 이렇게 긴 여행이 옳은 결정일까 스스로에게 질문을 던지기도 했지만 더 이상은 아니다. 내 머릿속은 이미 더욱더 투명해졌다. 지난 몇 달간 집필 작업으로 마음속에 꼬여 있던 쾌쾌한 아이디어가 점차 풀리며 새로운 아이디어가 홀연히 샘솟고 있다. 이제 내가 전하고 싶은 메시지에 또렷한 윤곽이 잡히기 시작했다.

여기서 잠깐, 친구의 권유로 챙겨온 책 내용을 인용해야겠다. 작가인 테리 템페스트 윌리엄스Terry Tempest Williams는 유타주에 속한 포코너스* 지역에 살고 있다. 지금 내가 찾아와 있는 이곳의 맞은편 지역에 속해 있다. 『레드Red』에서 윌리엄스는 언제 깨질지 모르는 이 거대한 적벽赤壁 지역의 아름다움과 자연을 착취하고 이익만 찾으려는 탐욕스런 인간이 불러온 위기에 대한 고뇌를 다음과 같이 드러

---

* 포코너스Four Corners는 유타, 아리조나, 콜로라도, 그리고 이 책의 저자가 방문한 뉴멕시코 네 개의 주가 만나는 지역이다. _옮긴이 주

내고 있다. "세상이 점점 북적거리고 소비와 자본주의가 좀먹는 시기에 피처럼 붉게 물든 거친 시골 풍경이 인간의 심리에 얼마나 중요한지, 황량한 사막이 미국의 영혼에 얼마나 소중한지 상기시켜줌으로써, 미니멀리즘이 구현된 풍경은 더 큰 중요성을 떠안을 것이다."[1] 윌리엄스의 우려는 내면의 야성에 대한 나의 걱정과 서로 통하는 면이 있는데, 똑같은 위기 상황에 직면한 '자연'이라는 야성을 지켜내려는 외침이라는 점에서 시의적절하다.

> 나는 혼이 서린 저항이란, 우리를 둘러싼 모든 것들이 이제 그만하라고 할 때도 확신으로 똘똘 뭉쳐 굳게 맞서는 능력이라 믿으며, 가혹한 삶에 맞서는 능력은 땅과 강과 바위에 깊이 숨죽여 귀 기울일 때 나온다고 믿는다. 그곳에 지구와 함께 진화해온 겸손한 울림이 있다. 이 울림은 사막의 고요한 나날에 숨어 있는 고독에서 가장 잘 들을 수 있다.[2]

내가 윌리엄스의 글을 인용한 또 다른 이유는 그가 내면의 야성과 자연의 야성 사이에 존재하는 자연스러운 관계를 매우 장엄하게 살려내고 있기 때문이다. 윌리엄스는 이 두 야성이 상호의존적이며 이 둘 사이의 연결 고리가 다름아닌 '고독'이라는 사실을 여실히 보여주고 있다.

이곳에서 내가 즐기고 있는 고독한 생활이 나와 내면의 야성을 더 강하게 이어준다는 사실에는 의심의 여지가 없다. 또한 이따금씩 내가 이 길고 복잡한 프로젝트에 뛰어든 가슴속 깊은 이유를 일깨워 한밤중에도 다음 이야깃거리를 떠올려 불쑥 잠을 깨우는 것도 고독의 힘이다. 나는 여기서 더 많은 작업을 일궈낼 것이며 그 작업의 질도 매우 높을 것이기에 이곳에 온 것은 참으로 탁월한 선택이라 생각한다.

고독 속에서
자기를 찾은 아이들
———

이제껏 논했던 여러 이유로 아이들의 삶에서 고독 속에 지내는 시간도 빠르게 사라지고 있다. 존 개토는 『바보 만들기』에서 아이들의 일반적인 일주일치 생활을 분석했다. 학교 일과 시간에 등하교와 숙제, 음악 레슨이나 조직 스포츠 같은 방과후 활동, 식사, 텔레비전 시청, 비디오 게임, 인터넷을 하며 보내는 시간을 모두 더하면 온전히 깨어나 무언가를 상상하고 탐구하며 곰곰이 생각하는 데 보낼 수 있는 시간은 일주일에 고작 9시간뿐이다. 사회 계층에 따라 다소 변수가 있지만 결과는 변함없다. 아이들이 무슨 일을 할지 생각하고 고민할 수 있는 시간은 이게 전부다.[3] 상식적으로도 절대 부족한 시간이다.

개토의 분석이 1990년에 나왔으니 그동안 아이들의 삶 속으로 더욱 밀고 들어온 기술을 감안하면 이 수치는 절반으로 떨어졌으리라고 추측할 수 있다. 점점 더 많은 아이들이 어디든지 휴대전화를 끼고 다닌다. 곁에 아무도 없이 혼자 거리를 걸어도 늘 통화 중이기 때문에 실상은 혼자가 아니다. 통화 막간의 시간은 문자 메시지가 차지한다. 휴대용 음악 플레이어로 말하자면 집 밖을 나서면서 이어폰을 끼지 않는 청소년은 보기 드물다. 한 가지 예외가 있다면 내가 사는 동네 십대들은 정말이지 너무도 아량이 넓어서 소리가 미치는 범위에 있다면 누구와도 기꺼이 자기들 음악을 공유한다. 내가 회원으로 활동하는 YMCA 체육관에 가보면 30대 미만인 사람들 중에 헤드폰을 끼지 않은 사람은 거의 볼 수 없을 지경이다.

내 견해와 달리 음악을 듣는 일도 고독을 촉진하고 자기 내면과의 소통을 이어줄 수 있다고 주장하는 사람이 있을지도 모르겠다. 그럼에도 불구하고 나는 극구 반대하는 입장이다. 나에게 고독이란 오로지 사색하며 혼자 지내는 것을 의미하기 때문이다. 고독한 생활은 자연이 주는 영향을 제외하면 그 어떤 것도 끼어들 수 없는 경험이다. 그래서 나는 로잘리와 폴의 집에 텔레비전도 라디오도 음악 플레이어도 없다는 사실이 매우 감사할 따름이다. 여기서 들을 수 있는 음악은 새들의 소리, 나뭇가지와 잎을 스치는 바람소리, 양철 지붕에 똑똑똑 떨어지는 빗물과 폴이 이따금씩 튕기는 기타 소리가 전부다.

나는 내가 좋아하는 작가 배리 로페즈Barry Lopez가 세계 곳곳에 사는 사람들을 만나 그곳 풍경과의 관계를 기록한 인터뷰 기사에서 밝힌 입장을 지지한다. 로페즈는 오랫동안 오리건주 서부의 매켄지 강이 굽어보이는 곳에 살면서 운전할 때마다 라디오나 시디플레이어를 틀고 싶은 유혹을 참는다고 한다. 음악을 들으면 어쩔 수 없이 지금 이 순간의 경험에서 멀어져야 하기 때문이다. 로페즈는 스치며 만나게 되는 사소한 것 하나도 놓치고 싶지 않을 때 음악을 들으면 비록 귀는 즐거울지 몰라도 주의가 분산될 것이라는 사실을 짚고 있다.[4] 이러한 자기 수양의 결과 로페즈의 글에서는 매우 예리한 관찰력을 느낄 수 있는데, 이런 것이 그의 저술에 끊임없이 흘러들어 결과적으로 그에게 높은 평판을 안겨다주었다고 할 수 있다.

한편 내가 좋아하는 또 한 명의 퓰리처상 수상 작가인 애니 딜라드Anni Dillard는 『미국인의 아동기An American Childhood』에서 1950년대 피츠버그에서 자란 이야기를 들려주며 개토가 전한 세상과는 전혀 다른 그림을 그려내고 있다. 딜라드 역시 학교에 다니고 숙제도 했으며 정기적으로 피아노와 무용 교습을 받았다. 부모는 종교를 믿지 않았지만 잠깐 동안 주일학교에 다니기도 했다. 그럼에도 딜라드는 자신이 말하는 '내향적 삶' 속에서 많은 시간을 보내며 세상에 길들지 않고 온전한 아동기를 보냈다. 수없이 많은 시간을 들여 공공도서관의 먼지 수북한 책장을 여행한 끝에 빌려온 온갖 종류의 책에 빠져보고, 자기 동네 가로수 길과 풀이 우거진 공터에 함께 사는 곤충을 채집하기도 했다. 신문배달 소년은 자기가 배달하는 집 노인에게 물려받은 수백 가지 광물과 암석 표본을 딜라드에게 주었고, 딜라드는 이 표본들을 관찰하고 분류하며 시간을 보냈다. 옆집 남자아이와 사립탐정 사무소도 운영하고 동네 꼬마들끼리 하는 야구와 미식축구 게임도 즐겼으며 독학으로 그림도 익혔다.

이렇게 다양한 활동에 많은 시간을 쏟을 수 있었던 이유는 무엇일까? 물론 딜라드가 자라던 시대는 새로운 기술이 막 등장하기 시작할 무렵이어서 기술문명이 아이들의 고독한 생활에 끼치는 영향이 그만큼 덜했다는 사실도 하나의 대답이 될 수 있겠다. 그런데 더 큰 영향을 끼쳤을지도 모르는 또 하나의 대답을 딜라드의 회상에 나오는 다음 장면에서 찾아볼 수 있다. 어느 날 아침, 딜라드는 건초 썩은 물로 직접 만든 배양액을 몇 주 동안 현미경으로 관찰한 끝에 표본이 될 만한 아메바를 발견했다. 딜라드는 과학 꿈나무의 흥분으로 지하실 계단을 한 걸음에 뛰어올라 부모에게 이 사실을 전하며 내려와서 한번 들여다보시라고 했다. 딜라드의 이야기로 마무리해보자.

어머니는 따뜻한 말투로 말씀하셨다. "네가 그토록 찾아내려 애쓴 것을 찾아내 기쁘지만 우리는 그냥 여기 앉아서 커피를 마시는 일만으로도 만족한단다. 굳이 내려가보지 않아도 되겠구나." 어머니가 직접적으로 말씀하지는 않았지만 부모님 나름대로 하시려는 일이(아마도 커피?) 있고 나에게는 내 일이 있다는 사실을 바로 그 자리에서 깨달았다. 역시 말로는 하지 않으셨지만 '너는 그 일 자체에 대한 너만의 열정에서 할 일을 하는 거란다' 하는 의미도 어렴풋이 알아차렸다.

본질적으로 내 인생은 바로 내 손에 쥐여 있었다. 해가 거듭되면서 부모님은 내 그림과 시를 칭찬하셨고 책이며 미술용품, 스포츠 용구도 가져다주시고 내 고민과 관심사에도 귀 기울이셨다. 내가 시간을 어떻게 활용하는지 지켜보시기도 하고 이것저것 토론하며 좋은 정보도 일러주셨다. 하지만 내가 하는 탐정 일에 끼어들거나 책 읽는 소리를 듣거나 숙제는 어찌 하고 있는지 기말과제나 시험 준비는 잘하고 있는지 물어보시는 일이 없었다. 잡아놓은 도마뱀을 보러 오신다거나 내 피아노 소리에 귀 기울이지도, 하키 게임을 응원하러 오지도, 채집한 곤충이나 내가 쓴 시집, 우표, 암석 표본을 두고 나를 들볶는 일도 없었다. 나의 낮과 밤은 고스란히 내가 계획하며 채워넣을 수 있었다.[5]

딜라드의 경험담에서 자녀의 삶을 바라보는 부모의 태도가 세대별로 얼마나 크게 변했는지 알 수 있다. 딜라드 어머니의 무관심에 가까울 정도로 태평스러운 모습을 두고 요즘 부모들은 아이의 다이몬을 존중하는 태도로 보지 않고, 이기적이라거나 아이의 자존감에 크게 상처를 입히는 행동으로 여길 수도 있을 것이다. 진실로 아이의 다이몬을 위한다면 요즘 부모는 오히려 일을 그르치고 있는 셈이다. 딜라드의 부모는 세심하게도 자신들이 마치 아이의 다이몬인 양 행동하지 않았으며, 딜라드가 타고난 재능을 스스로 열매 맺도록 해주었다. 흥미롭게도 딜라드는 부모 중 어느 한쪽에서도 두드러지지 않았던 작가 기질을 스스로 발견해, 커서 작가가 되었다.

계속해서 딜라드는 자신이 집 전화번호를 외울 정도로 자라자 어머니가 이웃을 마음껏 돌아다니도록 허락한 이야기며 잠자리에 누워 다음 날 동네 탐험에 나설 때 길을 잃지 않으려고 마음속으로 지도를 그려본 이야기를 전해준다. 딜라드가 가장 많이 다닌 곳은 동네 구석구석을 이어주는 골목길과 사람들 발길이 뜸한 장소였으며, 이들 장소에서 온갖 숨겨진 보물을 찾곤 했다. 심지어는 어머니를 가까스로 설득해 다리 밑에 부랑자들이 산다는 이유로 아버지가 가까이 가지 말라던 공원에도 가볼 수 있었다. 눈여겨볼 만한 일은 이 책 어디에도 딜라드가 학교에 대해 언급한 부분을 거의 찾을 수 없다는 사실이다. 딜라드가 언급할 가치를 느낄 정도로 중요했던 경험은 늘 밖에 있을 때였으며 자기만의 세상에 대한 이야기였다. 그리고 그만큼 혼자였던 경험이 잦았다. 이렇게 해서 딜라드는 '자아 발견을 향한 오디세이'를 떠나 자신을 깊숙이 파고들어 자기 안에 숨겨진 보물을 완전히 차지할 수 있었다.

이제 매디슨이라는 아이의 이야기로 가서 아동기의 고독이 우리 시대에는 어떤 그림으로 그려질 수 있는지 살펴보자. 매디슨은 네 살 되던 해에 우리 학교에 들어와 이제 8학년으로 성장했다. 유별나 보일 수도 있는 이 아이는 우리집 건너편 아파트에 몇 년간 살며 학교 수업이 없을 때면 집 밖에서 노는 모습을 종종 볼 수 있었기 때문에 나도 꽤 잘 아는 편이었다.

앙상한 체구였지만 씩씩한 느낌을 주는 밝은 빛깔의 상고머리 꼬마 매디슨은 일곱 살 때 자기 방식으로 고독을 즐기기 시작했다. 매디슨은 집 옆에 있는 주차장 진입로에 서서 자기네 아파트 건물 벽에 닳아 해진 테니스공을 던지곤 했다. 동네에 사무실을 차린 변호사 두 명이 평일에는 자기네 차를 이곳에 세워두었다. 매디슨은 그냥 던지는 게 아니라 투구 연습을 하는 중이라 말하곤 했다. 메이저 리그 강속구 투수인 양 상상하며 연습하더니 오래지 않아 독특한 투구 폼으로 공을 던지기 시작했다. 매디슨의 부모는 둘 다 야구광이어서 시즌이 되면 거실에 있는 텔레비전에서는 늘 야구 경기가 벌어졌기 때문에 매디슨은 자기가 응원하는 선수의 기술을 연구할 기회가 많았다.

매디슨이 공을 던지던 그 작은 공간은 시험장이자 무대이기도 했다. 근처를 지나치다 자세히 귀 기울여보면 매디슨이 소프라노 톤으로 실황 중계하는 소리를 들을 수 있었다.

"알로마 선수, 힘차게 스윙을 해보지만 빗나가고 맙니다. 데이비드 콘이 삼진 아웃을 잡아냅니다." 또는 "중견수를 향해 직선으로 뻗어가는 공, 버니 윌리엄스가 질주해 잡아내고야 맙니다!"

매디슨은 이따금씩 점수를 기록하기도 하고 순전히 재미삼아 놀기도 했다. 그러나 상상의 야구 세계에서 매디슨은 늘 혼자였다. 동네에 같이 놀 친구가 없어서만은 아니었다. 갈라진 아스팔트에 군데군데 칠이 벗겨지고 시멘트 벽을 메꾸던 회반죽도 거의 떨어져나가 누추한 도심 주차장에 불과한 이 공간이야말로 매디슨에게는 꿈의 구장이나 다름없었다. 매디슨은 그 상태로 만족했다.

어느 날 이른 저녁, 주차장에 세워둔 자동차들이 다 빠져나가기를 기다린 끝에 매디슨은 저녁 식사 전에 한 게임 하려고 내려갔다가 실망에 가득 차 고개를 떨군 채로 들어왔다. 나는 마침 매디슨의 집에 있다가 깊이 좌절한 그를 보았다.

"바보 같은 차 한 대가 아직도 주차장에 남아 있어요."

비라도 내리면 매디슨의 게임은 중단되었다. 비가 쏟아지니 들어와야 한다고 엄마가 부르기라도 하면 지나치게 흥분하기도 했다.

"엄마, 꼭 그래야 해요? 게임이 아직 안 끝났단 말이에요."

이렇게 조르다가 곧 매디슨이 잔뜩 화가 나 한꺼번에 두 계단씩 쿵쿵거리며 계단을 오르는 소리가 우리집 거실 창문을 타고 들려왔다. 나는 매디슨이 그렇게 버릇없는 아이가 아니라는 사실을 잘 알고 있었다. 벽에 대고 공을 던지려는 매디슨의 욕구가 그렇게 큰 것은 무엇 때문일까.

어느날 저녁 무렵 주차할 곳을 찾아 내리막길을 천천히 내려오고 있는데 매디슨이 주차장에서 불쑥 튀어나오더니 내 차를 따라 달리며 외쳤다.

"크리스 샘, 잠깐만요. 할 말 있어요!"

나는 차를 멈추고 운전석 창문을 급히 내렸다. 매디슨은 숨을 헐떡이며 말했다.

"양키스가 메츠를 2대 1로 이기고 있어요. 메츠가 1대 0으로 이기고 있었는데 스트로베리가 막 2점짜리 홈런을 날려버렸다구요!"

흥분한 매디슨의 말투와 어울리게 눈빛에도 불꽃이 팍팍 튀고 있었다. 매디슨은 새로 산 메츠의 모자를 쓴 채로 같은 도시를 연고지로 하는 두 앙숙 팀의 경기에 한껏 들떠 있었다.

매디슨은 투구가 지겨워져 수비 연습을 할 때면 주차장 맨 끝으로 가서 오르막 경사가 급한 골목길까지 공을 던지고는 공이 다시 튀어 내려올 때까지 기다렸다. 차가 많이 다니는 대로까지 공을 따라가면 안 되기 때문에 공을 놓치는 경우는 드물었다. 매디슨의 수비 성공률은 거의 완벽에 가까웠다.

커서 프로야구 선수가 되고 싶어 했던 매디슨은 이 목표를 바라보고 일곱 살이 되던 해 여름에는 '티 볼' 리틀 리그에서 뛰기 시작했다. 하지만 투수가 던진 공이 아니라 막대 위에 얹어놓은 공을 치는 경기 방식이 마음에 들지 않았다. 어린아이들이라고 게임 방식을 쉽게 만들어서 자존심이 상했던 모양이다.

이 지점에서 매디슨이 자기 꿈을 이루었는지는 요점이 아니다. 이 아이의 상상 속 놀이는 야구였지만 다른 어떤 것이라도 그 대상이 될 수 있었다. 요즘 아이들은 깨어 있는 시간에 온통 과격한 텔레비전 프로그램이나 비디오 게임에 빠져드는 반면 매디슨이 고독 속에 즐기는 놀이는 순수하고 단순하기 그지없다. 이 아이가 여름 내내 자기만의 드라마에서 흥분을 느끼는 데 필요했던 것은 닳아빠진 테니스공과 담벼락뿐이었다. 이 아이는 자기의 상상을 원 없이 좇아 어디로든 따라다녔다. 가끔씩 부모의 확인만 있었을 뿐 뭐라 하는 사람 없이 혼자서 말이다.

소로우의 작은 학교
—

공포 분위기가 만연한 요즘 시대에 매디슨의 부모가 아이를 과잉보호하지 않은 사실은 다행스러운 일이다. 이 부모는 아들이 자신의 존재를 다듬어갈 수 있도록 혼자 지내고 싶어 하는 욕구를 존중해주었다. 부모의 넓은 아량 덕에 매디슨은 이미 자기 내면을 탄탄히 살찌우고 있으며 거침없고 주눅 들지 않는 자아의식을 만들어가고 있다. 언젠가 나이가 차면 남에게 기대는 일 없이 잘 지내리라고 믿는다.

매디슨의 어린 영혼이 시들지 않고 생기를 띠기까지 고독이 가져온 중요한 역할은 단순하게 뭉뚱그려 넘어갈 수 없다. 매디슨에게는 고독이야말로 상상하고 꿈꾸는 욕구를 채우는 방법이지만 너무도 많은 사람들이 나이가 들어가면서 고독과 멀어진다. 오늘날 너무도 많은 아이들이 혼자 시간을 보낼 자유 없이 내버려진 채 표류하는 것 같다. 획일적인 주택 단지가 시골과 숲으로 밀고 들어오듯이, 대량 생산된 외부 대체물이 끊임없이 공세를 퍼부으며 아이들이 스스로 꾸며낸 독특한 상상의 세계를 허물고 있다. 벽을 아름다운 직물로 꾸미고, 두툼하고 정밀한 문양이 수놓인 카펫으로 마음의 방을 풍성하게 가꿀 수 있는 아이들은 점점 줄어들고 있다. 그 대신 갖춘 것이라고는 공장에서 만든 책상과 의자, 컴퓨터 밖에 없는 쪽방이 아이들의 마음속 공간을 차지하고 있다.

그렇다면 아이들은 어떻게 자아를 독창적이고 풍요롭게 가꿀 수 있을까? 딱 부러진 비법은 없다. 하지만 필수적인 요소 한 가지를 꼽는다면 소란스러운 현대의 일상에서 한발 떨어져 혼자서 보낼 수 있는 시간이다. 혼자 시간을 보낼 때는 장소를 가리지 않아도 좋다. 자기 방이나 나무, 뒤뜰, 공원처럼 집을 둘러싼 공간이 될 수도 있고, 지금 내가 이 글을 쓰고 있는 곳처럼 깊은 산속도 좋다. 아이들이 혼자서 무엇을 하든 크게 걱정하지 않아도 될 것이다. 아이들은 애니 딜라드나 매디슨처럼, 또는 여러 시간 혼자서 그림을 그리던 가비처럼, 홀로 걷거나 일기를 쓰거나 음악을 듣거나 무엇을 하든 혼자만의 시간을 즐길 능력이 있다. 그중에 제외하고 싶은 활동이 있다면 비디오 게임과 컴퓨터 게임, 텔레비전 시청뿐이다. 다음 장에서 자세히 살펴보겠지만 이들 전자미디어는 아이들의 영혼을 흔들어버릴 수 있는 엄청난 힘이 있기 때문이다. 중요한 것은 활동의 종류나 장소보다는 어수선한 분위기를 걷어낸 차분한 시간과 공간 속에 혼자 남아 사색에 빠져보고 자기 느낌을 헤아려보며 소크라테스가 말하고자 했던 '내면의 목소리'에 귀 기울이는 일이다.

진정한 고독의 의미를 가장 잘 이해하고 즐길 줄 알았던 소로우는 이렇게 말했다. "나는 혼자 있는 걸 좋아한다. 나는 아직 고독만큼 좋은 벗을 알지 못한다. 대개의 경우, 사람은 방안에 혼자 있을 때보다 밖으로 나가 사람들과 섞일 때 더 외롭다. 사색하거나 일하는 사람은 어디에 있든지 항상 혼자다."[6]

1837년 하버드대학을 갓 졸업한 소로우는 콩코드의 집으로 돌아와 아버지의 연필공장에서 일했다. 8년 후 "삶의 깊이를 느끼며 삶의 모든 정수를 빨아들이기 위해" 그는 이제는 유명해진 그 호숫가에 직접 지은 오두막으로 거처를 옮겼다.[7] 『월든Walden』을 비롯한 몇몇 기록에서 소로우는 내면의 야성을 지키며 자연의 야성 속에 산다는 것의 의미를 일깨워주었고 마침내 대중의 마음에 큰 울림을 주었다. 『월든』은 백 회 이상 쇄를 거듭하며 수많은 언어로 번역 출

간되었다.[8]

소로우도 톨스토이처럼 자기 고향에 학교를 열었던 시절이 있었다. 소로우는 대학을 마치고 콩코드에 있는 공립학교에서 교편을 잡았다. 그러나 겨우 2주 지나 지역장학위원이 소로우의 교육방식에 대해 "규율이 느슨하다"는 이유로 비판하며 매질을 해서라도 학생들을 가르치라고 요구하자, 소로우는 항의의 표시로 즉시 사직했다. 1838년 가을 소로우는 형 존과 함께 자신들이 어린 시절 다녔던 사설학원 건물을 빌려 학교를 열었다. 소로우가 교육에 대한 입장을 자세하게 밝힌 적은 없지만 친구에게 보낸 편지에서 그의 교육철학을 짐작할 만한 단서를 찾아볼 수 있다. 이 편지에서 소로우는 자신의 교육방식은 거의 존재하지 않을 정도의 '자유'를 전제로 하지만 사람들은 이 자유의 의미를 완전히 받아들이지 못한다고 했다. 국가의 부당한 권력에 비판적이었던 소로우는 보안관이 유사시 민병대를 소집해 자치적으로 자유를 지킬 권리를 갖는 동시에 강제하는 것처럼 국가가 법으로 교육의 권리를 보장한다 해도 국가에 의해 강요된 교육일 뿐이라고 보았다. 따라서 국가가 정치적으로 보장하는 자유란 인간의 존엄성에 걸맞은 자유, 곧 자신의 의지대로 살 자유에 비하면 하찮을 뿐이라고 생각했다.[9] 소로우는 후에 자신의 일기에 제도교육 과정에 대해 이렇게 기록했다.

"도대체 교육이 하는 일이 무엇이란 말인가? 교육은 자유로이 굽이쳐 흐르는 냇물을 똑바로 뻗은 도랑으로 만들 따름이다."[10]

소로우의 학교는 종전 교육과 전혀 다른 방식으로 운영되었고 이

듬해에는 최대 인원이 입학했다. 소로우는 자신의 신념에 어긋나지 않으려 노력하며 격식 없는 이야기로 하루를 시작했다. 아이들은 자연, 아름다움, 이 땅에 맨 처음 살았던 원주민, 계절의 순환, 경이로운 우주 같은 주제에 늘 빠져들었다고 이 학교 출신인 사람이 전한다. 건물 창문은 환기를 하느라 활짝 열려 있었으며 소로우 형제는 당시의 주된 교육방식인 반복과 암기에 의존해 배우는 것보다는 일하며 배우는 게 가치 있다고 강조했다. 읍내로 나가는 현장체험학습이 잦았고 금요일이면 수업을 멈추고 학생 25명을 밖으로 데리고 나가 숲과 들판을 거닐고 강에서 배를 타거나 근처 호수에서 수영도 즐겼다. 학생 중에는 후에 『작은 아씨들』로 유명해진 루이자 메이 올컷^{Louisa May Alcott} 자매도 있었다.

애석하게도 이 작은 학교는 소로우의 형 존이 결핵에 걸리는 바람에 불과 3년 만에 문을 닫았다. 소로우 자신도 마흔넷의 나이에 같은 병으로 쓰러졌다.

자연 속에서
홀로 지낸다는 것
———

내가 소박한 산속 생활에서 하루하루 깨친 교훈이 있다면 고독과 자연은 다정한 오누이 사이나 마찬가지라는 사실이다. 요 며칠간 이곳에서 지낸 내 생활처럼 아이들이 고독을 즐기며 내면의 야성에 닿을 수 있는 방법으로 자연 속에 빠져드는 것만큼 좋은 방법이 또 있을까?

자연주의자이며 『아동기의 지리학The Geography of Childhood : Why Children Need Wild Places』의 공동저자인 개리 폴 나반Gary Paul Nabahn과 스티븐 트림블Stephen Trimble은 아동기가 급속하게 '탈'자연화하고 있다고 밝혔다. 겉모습만 보면 단순히 인구분포의 문제처럼 보일 수도 있다. 미국 인구의 2퍼센트만이 전원 지역에 살고, 75퍼센트는 도시에 산다. 1979년 시골에 살았던 미국인 4명 중 1명은 십 년이 지나 도시나 군 규모의 지역으로 이사했다. 한 세대 전만 해도 사람들 대부분은 시골에 사는 친척이 있었으나 요즘은 그런 경우가 드물다.[12]

저자들은 1992년 5, 6학년 학생들을 대상으로 전국 규모의 연구를 실시해 아이들이 자연을 어디에서 어떻게 배우는지 조사했다. 53퍼센트가 전자미디어를 통해 자연에 대한 인상을 간직하고 있으며, 31퍼센트는 학교에서 배우고 집이나 자연에서 바로 경험한다고 대답한 아이들은 9퍼센트뿐이었다.[13] 나반과 트림블은 연구 범위를 더 넓혀 여전히 자연과 접촉 지점을 갖고 사는 아이들을 조사했다. 8살에서 14살 연령대에 아리조나주 남부 사막 지대에 사는 유럽계 백인, 멕시코계, 오오덤 부족, 야키 부족, 마요 부족 아이 52명을 대상으로 한 인터뷰 결과는 충격적이었다. 집이 자연 속에 있는데도 아이들 대부분이 자연 세계의 지식 대부분을 간접경험으로 얻었다. 멕시코계 아이 77퍼센트와 백인 아이 61퍼센트, 야키 부족 60퍼센트와 오오덤 부족 아이 30퍼센트 이상이 실제 자연에서보다 텔레비전과 영화에서 동물을 더 많이 보았다고 대답했다.

충격적인 결과는 계속 이어진다. 자연에서 30분간 혼자 시간을 보낸 경험이 있는지에 대한 물음에 야키족 아이는 아무도 없다고 대답했으며 오오덤족 42퍼센트, 백인 47퍼센트, 멕시코계 39퍼센트만이 그렇다고 답변했다. 조사 대상 아이들 절반만이 돌, 깃털, 동물 뼈와 같이 자연에서 발견한 물건을 소중히 간직한다고 대답했다.[14]

나반과 트림블은 정반대의 지리 조건에 사는 아이들은 결과가 불 보듯 뻔할 것이었기 때문에 굳이 조사하지 않았다. 미국 전체 인구의 4분의 1에 육박하는 도심 저소득층은 저자들이 표현한 "경험의 소멸"을 가장 크게 겪는다. 이들은 간접적인 경험 외에는 자연을 직접 경험할 수 있는 기회가 거의 없다. 이 계층 아이들과 지내본 경험으로 판단해본다면 이 아이들이 일반 주택가나 근교 아이들에 비해 내면의 야성을 이어나갈 수 있는 유리한 조건이라고 해봐야 보호자가 무관심했거나 간혹 의도한 덕분에 자연과는 동떨어진 도심 주변을 마음껏 배회할 수 있다는 점이다.

아무튼 자연과 고독이 뗄 수 없는 관계인 것처럼 탈자연과 아동기의 길들임도 밀접한 관계 속에 진행되고 있다는 사실은 슬프지만 명백한 현실로 나타나고 있다. 특별히 오늘날 아이들이 온갖 형태로 얽매인 상황을 헤아려본다면 자연을 비롯해 그 안의 생명과 아이들이 튼튼한 이음새를 갖는 일이야말로 아이들의 자존감 회복과 의미 찾기에 매우 중요하다. 오늘의 현실은 그래서 더욱 안타까울 수밖에 없다. 나반과 트림블은 다음과 같이 확신했다.

"자연의 세계는 심판하지 않고 존재할 뿐이다. 특히 수줍음이 많고 진가를 인정받지 못한 아이들이 자존감을 회복하는 길은 집 문 바깥에 놓여 있다. …… 태양과 바람, 개구리와 나무가 마음을 달래주며 기운을 북돋아줄 수 있다."[15]

이들의 조사 결과는 충분히 낙담할 만하지만 그렇다고 절망하기에는 아직 이르다. 이들은 아이들이 진정 자연에 접할 수 있는 기회는 앞으로 점점 더 제한되리라는 사실을 인식하면서도 아이들의 입장에서 자연으로서의 야성을 바라본다. 아이들에게 자연이란 경치 좋은 배경을 바라보는 것에 그치지 않는다. 자연에는 모험과 미지의 세계, 또한 각종 곤충과 동식물을 관찰하는 행위가 포함된다. 자연을 체험하는 본질은 무엇보다도 '마음껏 노는 데' 있다.[16]

교육 경력 대부분을 주로 도심 주택가 아이들과 보낸 내 경험으로 보면 아이들이 자연과 만날 수 있도록 해주는 일은 앞으로도 중요한 일임에 틀림없다(우리 학교도 가능한 한 이런 기회를 찾아나서려고 노력한다). 동시에 '포장도로 밖으로 돌아다닐 수 있는' 가능성도 도시라는 한계를 딛고 찾아볼 수 있다. 예를 들면 알바니에 있는 우리 동네에는 운 좋게도 학교에서 조금만 걸어가면 작지만 멋진 공원이 나온다. 그네를 비롯해 전통적인 놀이터 시설을 갖추고 있어서 아이들은 이곳을 그네공원이라 부른다. 또한 낡고 녹슨 회전놀이 기구인 뺑뺑이가 있어서 아이들은 빙글빙글 돌리고 놀면서 즐거워한다. 이따금씩 힘도 세고 잘 지치지도 않는 아이들이 밀기라도 하면 엄청나게 빨리 돌아가 아찔한 순간도 있어 아이들에게는 가장 짜릿하게 놀 수 있는 기회이다. 과시하기 좋아하는 아이들이 손잡이를 잡지 않고 버티다가 튕겨 나와 모래 바닥으로 풀썩 떨어지기도 하는 모습은 영락없이 로데오 경기를 닮았다. 떨어진 아이들이 제때 자리를 벗어나지 못하면 미는 아이들에게 차일 위험도 있었지만, 공원 관리를 담당하는 공무원들이 이 시설이 부식되고 삐걱거린다는 사실을 알았을 때는 걱정이 되었다. 좀더 안전하게 수리하는 대신 플라스틱으로 만든 싱거운 놀이기구로 바꿀 가능성이 컸기 때문이다. 지난 20여 년에 걸쳐 안전과 책임 문제가 불거지면서 담당 공무원들도 도시의 공원과 놀이 시설을 정비해야 했다.

마침내 염려하던 순간이 찾아왔다. 어느 날 아침 아이들과 공원에 가서 전부 밝은 원색으로 새로 칠해진 놀이시설을 본 순간 모두 가슴이 철렁했다. 마음을 졸이며 낡은 뺑뺑이가 서 있는 곳으로 고개를 돌려보니 놀랍게도 감청색을 입힌 새로운 뺑뺑이가 들어서 있었다. 아이들이 숨을 헐떡이며 돌려도 한 세대 이상은 족히 버텨줄 만큼 튼튼해서 계속 밀어달라고 떼쓰는 아이들 모습이 벌써부터 그려졌다.

그네공원이 무엇보다도 좋은 이유는 그나마 자연에 가까운 환경을 느낄 수 있기 때문이다. 흙으로 덮인 일부만 빼면 공원 전체는 풀로 덮였고 흙이 쌓인 곳에서 아이들은 땅을 파헤쳐 벌레나 굼벵이를 찾기도 하고 보물을 묻어두기도 한다. 공원을 두르고 있는 담장을 따라 큰 나무, 키 작은 나무, 온갖 잡다한 초목도 줄지어 늘어섰다. 특히 공원 입구에 서 있는 나무는 가장 낮은 가지가 땅에서 1.5미터 남짓 떨어져 있는 데다가 마치 어서 올라오라고 손짓하듯이

지면과 나란히 뻗어 있다. 이 나무에 오르려면 아무런 도움도 받지 말아야 한다는 규칙이 있다. 이 규칙 때문에 아직 덜 자란 아이들이 위험하게 오르는 일을 막을 수 있으며 담력과 근력을 키우기에도 좋다. 아이들이 일단 두려움을 이겨내고 오르내리는 기술을 익히면 더 위에 있는 나뭇가지는 고독을 경험하기에 좋은 장소가 된다. 아이들도 이 사실을 아는 모양이다. 꼭대기까지 올라갈 수 있는 아이들은 어김없이 혼자 해내려고 하며, 그곳에 앉아 조용히 그저 앞에 펼쳐진 공간을 바라보기 때문이다. 점심 식사처럼 어쩔 수 없는 이유가 있어야 아이들은 마지못해 내려오곤 한다.

작은 공원에는 이밖에도 생생한 모험 거리가 즐비하다. 우리 아이들이 노는 모습을 지켜본 사람이라면 아이들이 놀이기구에서는 그다지 많이 놀지 않는다는 사실을 금세 알아차릴 수 있다. 자기들만 남겨져 있을 때 나무에 오르거나 수풀 사이에 자기들만의 아지트를 만들고, 가을이면 담장을 따라 열리는 매우 신 야생 포도를 따기도 한다. 부러진 나뭇가지로 칼싸움을 하고 쫓고 쫓기며 갖가지 놀거리를 만들어낸다.

아이들의 안전이 궁금한 사람도 있을 것이다. 30여 년 만에 학생 한 명이 나무에서 떨어졌는데 얄궂게도 이번 학년이 끝날 무렵이었다. 다섯 살 된 여자아이가 거의 2년 동안 탈 없이 그 나무를 오르내리다가 발을 헛디뎌 떨어져서 쇄골에 골절상을 입었다. 지금 이 글을 쓰는 무렵에는 뼈도 잘 붙고 부상을 이겨내서 스스로 대견해하고 있다.

앞서 4장에서 말했듯이 우리 학교는 자가보험을 적용하고 있다. 이 과정에서 새로 들어온 학생의 부모에게는 납득할 수 있는 신체 위험을 아이들이 감당하도록 하며 실제로 작은 부상도 더러는 일어난다는 사실을 알린다. 처음부터 이렇게 터놓고 관계를 맺기 때문에 아이들이 활동하다 다치더라도 부모의 우려가 과열되지는 않는 것 같다. 우리 학교의 관대한 안전 정책에 대해 듣고서 입학을 거부한 사례가 학교가 문을 연 후로 딱 한 번 있었지만, 몇 년 후 그 어머니도 마음을 돌려 아이를 학교에 보냈다.

아이들이 창의적으로 놀더라도, 일어남직한 일을 받아들이고 잘 대처할 수 있으면 비록 야생의 대자연에서 멀리 떨어져 있더라도 아이들이 자연을 즐기며 고독을 벗할 수 있는 기회를 무궁무진하게 제공할 수 있다. 아이들과 도보여행이나 캠핑을 하면서, 몇 시간이고 강변을 따라 걸으면서 자연과 고독을 접하도록 할 수 있으며, 여름캠프에서도 생생한 자연체험을 할 수 있다. 우리 딸들이 참가한 YMCA 시골캠프에서는 캠프 본부 맞은편 인적 드문 호숫가에 간단한 잠자리를 만들어 아이들을 묵게 하고 열두 살 또래들은 닷새에 걸쳐 도보여행과 카누여행을 성공적으로 하게 했다.

아이들의 삶을 각종 활동으로 채워넣어 관리하지 않고, 하루 내내 켜두는 텔레비전에서 떨어뜨리며, 지루함을 달래준다거나 어떤 일의 대가로 이런저런 오락거리를 만들어주는 일만 하지 않아도 간접적으로나마 아이들을 도울 수 있다. 지루함 속에서도 찾는 것이 있으며, 산만하지 않은 무활동의 여백 안에 덩그러니 남아 있더라도 마음속을 들여다보며 내면의 목소리에 귀 기울여보면 더 깊은 성찰에 이르기 마련이다. 아이들의 하루하루에 여백이 충분히 마련되어 있다면 내면의 야성이 살아나는데 도움이 될 수 있을 것이다.

이즈음에서 과학과 자연, 여행을 주제로 글을 쓰는 작가 데이비드 쿠아멘(David Quammen)이 쓴 놀라운 수필 한 편이 떠오른다. 쿠아멘은 어린 시절을 보낸 신시내티 교외의 넓은 땅 한 모퉁이에 백 년 동안 서 있던 호두나무를 회상했다. 높이 솟은 이 나무의 큰 가지 두 개가 사람 키보다 조금 높게 땅과 나란히 드리워 있었는데, 그중 한 가지에 쿠아멘의 아버지가 그네를 매달아주었다. 쿠아멘에게 이 나무는 한 번도 본 적 없는 할아버지와도 같은 존재였다. 쿠아멘은 나무 여기저기에 있는 옹이며 가지가 갈라지는 위치를 익혀두고 조금씩 오르는 높이를 높여가다가 마침내 꼭대기에 있는 까마귀 둥지에 까지 올라갔다. 쿠아멘으로부터 나머지 이야기를 들어보도록 하자.

그네가 시시해질 정도로 키가 커버린 순간 나는 높은 가지에 밧줄 두 개를 매달고 짧은 막대를 연결했다. 나무에 오두막을 짓거나 널빤지로 계단을 줄지어 박아 나무줄기를 상하게 하는 일 따위는 하지 않았다. 살아 있는 나무에 못질을 하는 것은 나에게나 나무를 몹시 아끼셨던 아버지에게나 야만스러운 짓이었다. 훼손되지 않은 나무 자체가 계단이며 그밖에 필요한 모든 구조물을 갖추고 있었다. 높은 가지 위에 허름한 판자집을 얹고 낡은 카펫에 누워 손전등을 비춰가며 만화책을 뒤적이는 낭만 따위는 내가 원하던 일이 아니었다. 내가 원했던 것은 그냥 나무였다. 공상에 빠

지고 싶거나 뾰로통해지거나 먼 풍경을 바라보고 싶을 때면 나는 까마귀 둥지로 올라갔다.[17]

사십 년이 지나서도 여전히 쿠아멘은 오래된 호두나무를 떠올리며 말한다. "호두나무는 나를 달래주고 키워주었다. 내가 짐작은 할 수 있어도 정확히 헤아릴 수 없는 방식으로 나를 시험하고 가르쳤다. 일상적인 감정의 흐름으로는 설명할 수 없는 한 생명을 향한 깊은 애정, 이를테면 아이와 동물 사이에 쉽게 만들어지는 교감 이상의 애정이 가능하다는 사실을 내게 깨우쳐주었다."[18]

쿠아멘의 이야기는 내면의 야성이 살아 있어야 하는 이유를 소박하게 예시하고 있다. 평범한 미국 중서부의 교외에서 어린 소년이 고독의 가치를 깨우친 순간 자기 안에 숨어 있던 본성을 탐구하기 시작했다. 오늘날의 아이들은 훨씬 큰 어려움에 직면해 있다. 아이들의 주의를 이리저리 흩뜨리는 요소가 헤아릴 수 없이 다양한 양상으로 나타나기 때문이다. 이 난국을 헤쳐나가려면 도움이 절대적으로 필요하다. 더 정확하게 짚어보자면 아이들은 우리의 보호가 필요하다. 그러나 이 보호가 위험으로부터의 보호를 의미하지는 않는다. 아이들이 내면의 소리에 귀 기울일 수 있으려면 온갖 산만한 일상과 분주한 삶으로부터 보호해주어야 한다.

이제 나는 아름다운 산속에서 축복과도 같은 정적과 이별을 준비하면서 우리의 아이들에게 고독이 절실하다는 생각을 다시 한 번 떠올리며, 아이들이 그 고독을 누리기 위해서는 우리의 도움 또한 간절하다는 깨우침을 얻고 다시 집으로 향한다.

7

아동기를 사로잡은 미디어

어린이는 우리가 보지 못할 시대에 보내는
살아 있는 메시지다.

_닐 포스트먼, 『아동기의 소멸』 가운데

아이들의 삶을 잠식하는 미디어

─── 이제 상반된 견해가 가장 첨예하게 대립각을 세우는 주제로 시선을 돌려보자. 바로 '기술'이다. 이어지는 내용에서 살펴보겠지만 아이들의 삶에 끊임없이 파고들어오는 전자미디어가 날로 지배력을 키우면서 내면의 야성을 노골적으로 위협하고 있으며, 드러나지 않는 위협도 이에 못지않다. 텔레비전과 영화, 뮤직 비디오, 컴퓨터 게임과 비디오 게임, 사이버 공간에서 벌어지는 수많은 형태의 의사소통과 인터넷 등은 아동기를 길들이는 데 앞장서는 첨병으로 꼽힌다.

전자미디어는 뿌리치기 힘들 만큼 매력적이며, 노력을 기울이지 않고도 즉각 희열을 맛볼 수 있기 때문에 진정한 놀이에 빠지려는 아이들의 욕구와 능력을 심각하게 망가뜨린다. 이 기술에 빠져드는 사람은 내면의 야성이 양분으로 삼는 상상력과 상호작용, 신체활동을 빼앗기면서 어쩔 수 없이 수동적으로 변한다. 수동성은 진정한 놀이와 대척점에 있는 성질이다. 예외가 있다면 비디오 게임과 컴퓨터 게임이다. 이어지는 내용에서 상세히 논할 예정이지만 비디오와 컴퓨터 게임에 필요한 적극적인 참여와 상호작용은 안타깝게도 텔레비전보다 더욱 최면 효과가 크고 해롭다.

전자미디어에는 아이들이 순수하게 몸으로 부대끼며 정서적으로 교감하지 못하게 부추기는 특성이 있다. 예를 들어 이메일, SNS 등 십대들이 선호하는 소통 수단이 양적인 의사소통은 늘려줄지 몰라도 질적인 면에서는 그만큼 대가를 치를 수밖에 없다. 이 지점에서 내가 염려하는 부분은 사이버 공간에서 이루어지는 의사소통이 빠르고 용이하지만, 약한 유대감을 조장한다는 점이다. 최근에 전국적으로 실시한 연구에서 미국 성인은 중요한 문제를 같이 나눌 친구가 평균 두 명에 불과하다는 사실이 밝혀졌다.[1] 상호 관계 욕구가 인간의 가장 중요한 기본 욕구 세 가지 중 하나라는 사실을 다시 짚어본다면 인터넷이 정말 내면의 야성에 벗이 될 수 있는지 따져봐야 한다.

정보전달과 의사소통의 매개체로서 사이버 공간이 차지하는 중요성은 아직 충분한 이해 수준에 오르지 못했으며, 내면의 야성이라는 관점에서 본다면 갖가지 엇갈린 평가가 존재한다. 한편으로는 어른이 아이 삶의 상당 부분을 좌지우지하는 시대에 어린 세대는 인터넷에서 개인적이고 독립적으로 정보를 얻고 서로에게 접근할 수있다. 그러나 프라이버시와 독립성은 환상에 불과할 수도 있다. 뉴햄프셔대학 아동범죄연구소가 전국 규모로 실시한 연구는 인터넷상에서 의도적으로 포르노에 탐닉하는 청소년도 있지만, 인터넷 사용청소년의 25퍼센트는 자기 의지에 상관없이 외설물을 접하게 된다는 사실을 밝혔다. 이 연구는 인터넷을 이용하는 아동 중 20퍼센트가 온라인상에서 성적으로 부추기는 행위를 접했으며 이중 15퍼센트의 경우 관련 회사 사람이 전화나 이메일을 통해 아동과 접촉하려 했다는 사실도 밝혔다. 아이들이 채팅방에서 자기 정보를 지나치게 흘리거나 특정 서비스 제공업자에게 회원 가입을 위해 개인정보를 밝혀야 하기 때문에 짐승 같은 어른들이 온라인상에서 아이들을 만나는 일이 어렵지 않다.[2] 텔레비전 같은 미디어와 달리 인터넷은 특정 집단의 지배력이 약한 편이지만 광고와 성적 착취가 만연하며 잠재적으로 유해한 이미지와 정보가 판치는 심각한 공간이 될 수 있다.

이 장에서는 연예·광고 산업이 아이들의 사고와 감정, 가치 형성에 끼치는 영향을 검토하고, 때로는 그 영향 때문에 돌이킬 수 없는 선택에 이르는 폐해를 살펴본다. 마지막으로 다소 긴 부분을 할애해서 텔레비전과 비디오 게임이 신경학적으로 끼치는 영향을 짚어보려 한다. 절대적인 인기를 누리는 미디어가 여기에 깊숙이 빠져 있는 아이들에게 매우 심각한 영향을 끼친다는 점은 공공연한 사실이다. 이제 우리는 아이들의 마음을 사로잡는 거대한 적과 마주할 것이다.

그 자체가 커다란 선물인 동시에 그에 맞먹는 희생을 담보로 하는 기술의 정신분열적 양상에 대해서는 많은 연구가 있었고 지금도 여전히 쏟아지고 있다. 캐나다의 사회비평가 마셜 맥루한은 인간이 기술을 누리는 대신 치러야 하는 막대한 대가에 대해 처음으로 경종을 울린 사람이다. 기술은 인간이 의식하지 못하는 사이에 인간을 개조하고 심지어 통제하는 힘까지 있어 인간이 치를 대가가 엄청날 것이라고 맥루한은 경고했다. 1960년대 이제는 상징처럼 흔히 인용되는 "미디어가 메시지다The medium is the message"라는 표현을 만든 사람이 맥루한이다. 맥루한은 이 표현에서 문화에 영향을 주고 바꾸는 것은 기술이 전하는 내용이 아니라 기술의 전개 과정이라는 점을 담았다. 예를 들면 기계가 콘플레이크를 만드는지 캐딜락을 만드는지 그 내용은 중요하지 않다. 기계화되고 대량생산을 가능하게 하는 미디어는 이제 인간의 노동과 관계를 재구성하는 메시지를 전달하며, 인간은 그 내용에 눈이 멀어 미디어가 가져오는 실제 효과는 파악하지 못한다. 인간은 캐딜락에 앉아 쉽고 안락한 여행을 하는 데 푹 빠져 캐딜락의 제조과정에서 노동자에게 가해지는 파편화되고 비인간적 행태를 깨닫지 못할 뿐 아니라 자동차 기반 사회가 야기한 환경파괴도 알지 못한다.

맥루한은 또 하나의 사례로 활자의 발명을 들었다. 활자로 인해 책의 대량생산이 가능해지면서 읽고 쓰는 능력도 보편적인 현상으로 나타났다. 활자 발명으로 인한 긍정적인 효과는 쉽게 찾아볼 수 있어서 누구나 독서를 하면서 기쁨을 찾고 유익한 경험을 하게 되었다. 눈에 보이지 않는 대가는 인쇄물이라는 미디어가 인간 의식에 끼친 영향이다. 인쇄술이 발달하면서 근대의 개인주의 사상이 싹을 틔웠으나 동시에 중세적 공동체 의식과 사회 통합은 붕괴했다. 맥루한은 비문맹 사회로 접어들면서 통일성과 획일성이 지배적인 특성으로 자리잡았고, 인쇄된 언어의 순차적 특성은 다른 형태의 지능을 대가로 좌뇌 중심의 합리적 사고발달을 가져왔다고 주장했다.[3]

맥루한이 이 개념을 연구하여 발표한 시기는 텔레비전과 후속 전자미디어가 문화를 지배하기 직전인 1950년대와 1960년대였다. 맥루한의 통찰력 있는 연구를 계승해 1970년대에 본격 시작된 전자미디어의 맹렬한 공세와 특히 아동기에 미치는 영향을 연구한 사람은 그 학생이었던 닐 포스트먼이다. 포스트먼은 미디어 효과의 뿌리와 그 범위를 이해하기 위해 어린이와 전자미디어라는 주제에 생태학적으로 접근했다. 뉴욕대학교에 미디어생태학과를 개설하고 2003년까지 학장직을 역임하면서 십 년에 걸친 연구 끝에 아동기가 절멸의 위기에 놓여 있다는 의미심장하고도 충격적인 결론을 끌어냈다.[4]

포스트먼에 따르면 아동기는 생물학적 개념이 아니라 문화의 구성물이다. 르네상스 이전 서구문화는 모두가 같은 정보 환경에서 정보를 입에서 입으로 전했기 때문에 아이들도 어른의 정보에 접근할 수 있었다. 따라서 뚜렷한 삶의 단계로서 아동기란 대체로 존재하지 않았다. 가족의 주거 범위가 좁아 구성원들이 환경을 친밀하게 공유했고 아이들도 어려서부터 어른이 겪는 모든 일을 접했다. 그러나 15세기에 인쇄기가 발명되면서 상황이 급변했다. 서적이 빠르게 보급되면서 이제 어른의 정보를 얻으려면 읽는 능력이 필요했고 어른과 아이의 지식에 격차가 생겼다. 포스트먼은 "읽고 쓸 줄 아는 사람이 아이들을 앞질렀다"고 주장했다. 이때부터 아이들은 읽기 교육을 목적으로 만든 학교에서 길고 오랜 단계를 밟아가며 읽는 기술을 익혀야만 했다.

이렇게 해서 아동기는 지적 발달을 도모하는 시기로 점차 길게 연장되는 결과를 맞이하게 되었다. 어른은 이 발달과정에 쓰일 정보의 주요 형태를 기록하고 통제했으며, 아이들이 단계를 밟아 연속적으로 학교 교육과정을 거치도록 했다. 달리 말하면 읽고 쓸 줄 아는 사람만이 성인 세계의 비밀에 접근할 수 있었으며, 글을 깨치지 못한 아이들은 이 비밀에 접근할 수 없게 되었다. 아동기는 이렇게 만들어졌다. 이제 아동기와 성인기의 격차가 점점 커지면서 아이들은 구전으로 지식을 습득하던 이전 시대와 달리 어른 수준의 언어와 지식을 공유할 수 없었고 어른 수준의 욕구나 사회생활도 누릴 수 없었다.

그러나 전신기술이 발명되어 통신이 빨라지면서 성인이 정보 흐름의 지배권을 잃기 시작하더니 텔레비전은 이 변화를 급속히 촉진시켰다. 텔레비전은 정보를 즉각적으로 전달할 뿐만 아니라 시각적 이미지를 통해 문자언어의 힘과 중요성을 크게 축소시켰기 때문이다. 그리고 오늘날에는 포스트먼이 이 이론을 만들던 당시에는 존재하지 않았던 인터넷으로 인해 아이들은 순전히 자기 방식으로 성인의 지식에 무한 접근할 수 있게 되었다.

결과적으로 오늘날 아동기와 성인기의 구분은 거꾸로 돌아가는 영화와 같다고 포스트먼은 주장했다. 텔레비전은 정보 해독 기술이 필요 없고 시청자를 나누지 않기 때문에 정보 소유의 위계를 무너뜨렸다. 모두가 같은 수준으로 프로그램에 접근할 수 있고 버튼 하나만 누르면 이전에는 어른을 대상으로 했던 정보를 아이들도 얻을 수 있다. 이 말은 중세 이후 어느 때보다 아이들도 성인 세계의 지식을 가질 수 있게 되었음을 뜻한다. 사회적으로(생물학적인 의미와 다르게) 구성되는 집단의 성격이 정보의 배타적 소유 여부에 따라 규정된다면 아동기와 성인기가 섞이는 현상은 이제 불가피하다. 누구나 변호사의 지식을 알고 있다면 더 이상 변호사가 필요 없는 것과

같은 상황이다.[5]

내가 지난 35년간 함께 지낸 아이들을 관찰하면서 파악한 변화로 보면 포스트먼의 이론이 틀리지 않음을 확인할 수 있다. 너무도 많은 아이들이 미처 준비도 되기 전에 어른처럼 생각하고 행동한다. 전자미디어를 통해 퍼져나가는 폭력과 포르노그래피는 순수한 발견과 탐구, 놀이를 위해 인간의 문화가 아이들에게 아껴둔, 그 무엇으로도 대신할 수 없는 시기를 앗아간다. 이 시기는 또한 성인이 되어 돌이킬 수 없는 선택의 순간을 맞이하기 전에 자신의 역할을 묻고 되물어야 하는 시기이다. 포스트먼의 말에 내 자신의 은유를 덧붙여 인용하자면 "성인 정보라는 비밀스런 열매에 접근할 수 있다는 것은 아이들이 아동기의 동산에서 추방되었음을 의미한다."[6]

전자미디어가
아이들에게 미치는 영향
———   이제 많은 독자도 뚜렷하게 인지할 것으로 짐작되는 전자미디어의 영향을 살펴보도록 하자. 이 부분은 비교적 상세히 다루려고 한다. 사람들 대부분은 지나친 폭력과 성적인 내용 등 유해 프로그램이 가득한 텔레비전을 과도하게 시청하는 일이 아이들에게 건전하지 않다는 사실을 알고 있다. 하지만 도대체 이 미디어들이 어느 정도로 아이들의 삶을 잠식하고 있는지 깨닫지 못할 수도 있다. 미디어 노출이 해마다 크게 증

가하며 때로는 그것이 중독 수준이라는 사실에 담긴 충격적인 의미를 사람들이 충분히 인식하고 있는지는 나로서도 장담할 수 없다. 아동기의 보호자를 자처하는 우리로서는 이 주제를 철저히 이해하고 단호하게 대처해야 한다.

오늘날 어린이들은 많은 시간을 한두 개 이상의 미디어와 상호작용하며 보낸다. 미디어를 연구하는 에머리 우다드Emory Woodard는 미국 가정의 98퍼센트는 적어도 텔레비전을 한 대 이상 갖고 있으며, 네 살에서 아홉 살 사이 자녀를 둔 가정의 평균 텔레비전 대수는 가구당 거의 세 대에 이른다고 밝혔다. 미국 아이들 거의 절반이 자기 방에 텔레비전을 하나씩 가지고 있고, 이 수치는 아이의 나이에 따라 가파르게 올라간다. 78퍼센트에 이르는 대다수 가정이 기본 수준의 케이블 방송 서비스를 받는다. 68퍼센트나 되는 3분의 2 이상의 가정이 비디오 게임 시설을 갖추고 있으며 이 수치도 꾸준히 오르고 있다. 자녀를 둔 가정 90퍼센트 이상은 적어도 한 대의 컴퓨터를 집에 두고 있으며 이중 75퍼센트는 온라인으로 접속한다. 이 수치 역시 빠르게 높아지고 있다. 핵심적인 내용은 다음과 같다. 1998년도 통계자료에 의하면 미국 아동은 하루 평균 4시간 반 이상을 '어떤 형태로든 스크린 앞에 앉아' 보낸다. 아마도 가장 충격적인 결과는 이 수치가 조사 전년도에 비해 거의 10퍼센트나 올랐다는 사실일 것이다.[7]

의사소통 연구원인 도널드 로버츠Donald Roberts가 미디어 사용 실태에 대해 실시한 조사에서 열 살에서 열아홉 살에 이르는 아동·청소년이 미디어에 노출되는 시간의 총량(이메일을 확인하면서 음악을 듣는 경우처럼 1개 이상의 미디어를 동시에 사용하는 시간 포함)을 측정한 결과, 아이들이 하루 평균 거의 8시간 동안 미디어에 노출된다고 밝혔다. 아프리카계 아이가 10시간, 중남미계 아이가 9시간, 백인 아이가 7시간 정도로 인종에 따라 차이를 보였다. 노출 시간의 비율은 가정의 소득 수준에 반비례했으며 소득과 컴퓨터 사용에는 유의미한 상관관계가 있음이 밝혀졌다.[8]

또 다른 의사소통 연구원인 프랭크 보카Frank Bocca는 미래를 내다보았다. 텔레비전 세대의 아이들은 일생 동안 7년에 해당하는 시간을 텔레비전 시청으로 보내는데, 1993년 이후 출생한 소위 인터넷 세대의 아이들은 어떻게 될까? 보카는 컴퓨터가 단일 인터페이스로서 텔레비전, 책, 잡지, 신문, 타자기, 라디오, 게임 콘솔을 합친 기능을 할 수 있기 때문에 '메타 미디어meta-medium' 지위에 이르렀다고 주장했다. 이에 따라 아이들이 오늘날 다양한 미디어에 쏟는 시간을 추산해보면 인터넷 세대 아이들은 일생 동안 평균 20년을 컴퓨터 앞에 앉아 보낼 것이라는 추측을 내놓았다. 이 연구 시점이 1990년 이후 인터넷 활용이 매년 거의 두 배씩 증가하던 초창기였던 사실을 감안하면 이 새로운 흐름이 장기적으로 끼치게 될 효과는 누구든지 짐작할 수 있다.[9] 맥루한이 조심스럽게 내놓았던 분석에 다시 한 번 주목해 특히 컴퓨터가 아이들에게 끼치는 영향에 주의를 기울이고 이 새로운 기술에 완전히 눈멀기 전에 잠재적인 위험을 파헤칠 필요가 있다. 안타깝게도 현재로서는 이 분야에 대한 연구가 거의 없다.

그렇다고 아이들이 종전의 미디어에 더 이상 관심을 쏟지 않는다는 이야기가 아니다. 더 이상 많은 시간을 쏟지 않을 뿐이다. 아이들은 학교 밖에서 하루 평균 50분 동안만 책을 읽으며, 신문과 잡지를 보는 데는 21분을 소비한다.[10] 전자미디어는 독립적인 사고활동을 요구하며 상상력을 자극하는 종전의 미디어 형태에 아이들이 쏟는 시간을 크게 줄여놓았다. 그리고 전자미디어가 야기하는 만성적인 수동성과 무기력은 더 심각한 부작용을 가져왔다. 바로 아동 비만이다. 최근 정부 보고는 심각한 과체중 아동이 눈에 띄게 늘었으며 지난 이삼십 년간 이 수치는 두 배로 증가했다고 밝혔다. 현재 아이 5명 중 1명이 비만이며 이 수치는 아동과 청소년뿐만 아니라 전 연령대에서 인종, 성별을 불문하고 모두 증가하고 있다.

비만 아동은 성인에게서만 발병하던 2형 당뇨병 같은 질환에도 취약하다. 성인이 되어서도 비만일 가능성이 높으며 심장질환, 고혈압, 뇌졸중의 위험도 그만큼 커진다. 그러나 비만 아동이 겪게 되는 가장 파괴적인 영향은 바로 사회적으로 낙인이 찍힌다는 점이다. 신체조건 때문에 놀림을 많이 받는 아이는 자존감이 낮으며 우울증을 겪을 가능성이 매우 높다.

아이들이 하루 평균 8시간 동안 빠져 지내는 전자미디어의 또 다른 속성, 그 영향력이 무척 큰 폭력과 성적 내용으로 주의를 돌려보자. 미디어가 아동의 사회성과 정서, 성 심리 발달에 끼치는 영향에 눈뜨고 그 중요성을 인식하기까지 시간이 흘러 이제 많은 연구결과가 쏟아져 나오고 있지만 긍정적인 소식은 거의 들리지 않는다.

소아과 전문의 빅터 스트라스버거Victor Strasburger와 사회과학자 에드워드 도너스타인Edward Donnerstein이 이 주제에 대해 현재까지 진행된 가장 광범위한 조사를 실시했다. 이 연구는 지난 20년간 진행된 관련 연구를 모두 폭넓게 검토한 후 나왔는데, 저자들은 연구를 소개하며 주저 없이 부모, 교육가, 의사, 정신건강 전문가, 정치가 모두 심각하게 주의를 기울여야 할 문제라고 주장한다.

이 연구에 의하면 매년 아동·청소년은 전자미디어를 통해 1만 건으로 추정되는 폭력 장면을 본다. 여기 더해 모든 장르의 뮤직비디오를 분석한 결과, MTV가 내보내는 내용의 22.4퍼센트는 노골적인 폭력 장면을 담고 있으며 그중 80퍼센트의 영상에서 매우 호감을 주는 롤 모델이 공격적인 행동을 한다. 성과 섹슈얼리티는 매우 민감하고 복잡한 주제이며 청소년과 젊은 성인의 삶의 질에서 필수 요소인데, 전자미디어는 이 분야에 긍정적인 영향을 거의 주지 못한다. 십대는 전자미디어를 통해 해마다 거의 1만 5천 건의 직간접 성적 발언과 농담을 접하며 이중 170건만이 피임, 성병, 임신에 대해 언급할 뿐이다. 텔레비전은 황금 시간대라 불리는 오후 8시에서 9시 사이의 가족 시청 시간대에 시간당 8건의 성 관련 사건을 방영했는데 이 수치는 1976년에 비하면 4배나 많다. 또한 이 시간대 방송의 거의 3분의 1이 성적인 언급을 담고 있다.[11]

또 다른 대규모 연구 분석에서 아동정신과 의사 수잔 빌라니Susan Villani는 텔레비전에 방영된 성적 행위에 대한 카이저재단의 연구를 인용하며 10개 채널의 1,300개 프로그램 분석 결과 50퍼센트(황금 시간대 프로그램은 66%)의 프로그램이 성적 내용을 담고 있으며 그중 9퍼센트만이 성행위에 따르는 책임이나 위험, 피임, 안전한 섹스에 대해 조금이라도 언급한 것으로 보고하고 있다.[12] 그러나 인터넷에서는 키보드 자판을 몇 번 두드리기만 하면 노골적인 포르노에 마음껏 접속할 수 있다는 현실 앞에서는 이런 불쾌한 사실도 하찮아 보일 뿐이다.

스트라스버거와 도너스타인은 의문을 제기한다. 미디어 노출이 실제로 아동·청소년 사이에 폭력, 약물 및 알코올 오남용, 무의미하고 안전하지 않은 성행위를 부추기는가? 아니면 연예·광고 산업의 주장대로 미디어는 단지 약물에 의존하며 폭력적이고 성적으로 자극이 가득한 사회를 반영할 뿐인가? 이들은 미디어 폭력과 현실에서 나타나는 공격적 행동 간의 연관성에 대한 연구는 무궁무진하며 둘 사이에 직접적이고도 자연스러운 관계가 뚜렷하게 드러난다고 주장한다. 이들이 사용한 자료에는 횡단 연구, 종단 연구, 자연적 연구, 정부 주도의 권위 있는 연구 등 다양하고 상세하며 신뢰도 높은 연구결과가 포함되어 있다. 이들은 자신들이 수집한 자료의 연구원들도 텔레비전과 비디오, 영화에 등장하는 폭력이 아동과 십대 청소년들의 공격적 행동을 이끌어낸다는 사실에는 의견이 일치하는 것으로 판단하고 있다.[13] 더욱 우려할 만한 사실로 빌라니는 여러 연구 결과에서 미디어 폭력이 미취학 아동에게 가장 큰 영향을 끼친다는 사실을 밝혀냈다. 미취학 아동의 공격적 행동은 어린 나이와 작은 체구를 감안할 때 심각하지 않아 보일 수 있지만 계속 이어지는 행동은 장기적인 영향을 끼칠 것이라고 연구원들은 경고한다.[14]

물론 미디어 폭력에 노출된 아이들이 모두 공격 성향을 보이지는 않지만 폭력과 공격 성향 사이에는 부인하기 힘든 연관성이 존재한다. 실제로 스트라스버거와 도너스타인이 연구보고를 끝맺으며 힘주어 말하듯이, 미디어 폭력은 "이제껏 측정한 어떤 행동변수보다도" 공격적 행동과 강한 연관성을 보인다.[15] 이들은 미디어 폭력이 폭력적 행동의 유일한 원인은 아니며 가난, 인종차별, 부적절한 양육, 가족해체 같은 요인이 더 큰 영향을 끼칠 수도 있다고 신중히 짚고 있다. 그러나 목표를 이루거나 갈등을 해결하기 위해 행사하는 폭력은 학습된 행동이다. 스트라스버거와 도너스타인은 폭력의 학습이 가족, 또래 집단, 조직폭력 집단 같은 사회적 집단 안에서 일어난다고 주장한다. 그리고 이들의 연구에서 핵심으로 꼽히는 대목이 과학 문헌의 리뷰에 다음과 같이 실려 있다. "텔레비전을 비롯한 미디어는 이 점에서 '초강력 또래super peer'와 같은 기능을 할 수 있다."

좀더 넓은 문화적 맥락에서 본다면 미디어 폭력은 반사회적 행동을 부추길 뿐 아니라 아동·청소년에게 세상은 야비하며 위험한 곳이라는 인식을 심어준다. 이미 세상을 불안전한 곳으로 판단해 자녀를 단단히 묶어두려는 부모가 많다는 사실에 비추어보면 미디어가 다음 세대의 부모에게 야기하는 영향은 미래의 아이들 내면의 야성에도 크나큰 암시를 던진다.

스트라스버거와 도너스타인은 안타깝게도 미디어 폭력과 실제 폭력과의 연관성에 대한 연구는 1,000개 이상인 반면, 미디어의 성적 내용에 꾸준히 노출된 아동과 이 아이들의 성에 대한 태도 및 행동 사이의 관계에 대해 진행된 연구는 거의 없다는 사실을 지적한다. 그러나 관련 연구가 없음에도 불구하고 아동과 청소년이 보고 듣는 이미지와 음악으로부터 공격적인 행동을 학습한다면 마찬가지로 건전하지 않은 성적 태도와 행동을 배운다는 가정도 타당하다.

스트라스버거와 도너스타인의 보고에 이어서 나온 연구 또한 이들이 밝힌 혐의를 명확하게 입증한다. 심리학자 레베카 콜린스Rebecca Collins가 이끄는 연구팀은 일정 기간 동일 집단을 대상으로 진행한 전국 규모의 연구에서 14살에서 19살에 이르는 청소년 약 1,800명의 텔레비전 시청 습관과 성경험을 조사했다. 결과는 예상했던 대로 텔레비전에서 성행위를 시청한 횟수에 비례해서 성경험을 시작할 가능성도 커지는 것으로 드러났다. 성행위 시청 횟수를 백분위로 표시한 결과 상위 10퍼센트의 청소년이 나머지 90퍼센트에 비해 성적으로 두 배나 더 적극적이라는 사실이 이 결과를 입증한다.

콜린스 연구팀은 텔레비전 시청과 실제 성행위 간의 연결 고리가 강한 이유는 텔레비전을 통해 성을 접한 경험이 잦을수록 아직 사회규범을 배워가는 시기의 청소년이 받는 영향도 크기 때문이라고 추측했다. 청소년이 시청하는 프로그램의 내용은 섹스가 실제 이상으로 일상생활에서 중심 역할을 한다는 허황된 인식을 심어줄 수 있다. 또한 화면에 등장하는 성관계는 늘 미화되면서도 진지하게 묘사되지 않아서 실제 성행위에 따르는 정서적인 부담과 신체적으로 복잡한 상황이 거의 간과되기 때문에 십대들은 이것을 직접 경험해 보고자 하는 욕구를 매우 강하게 느낀다. 성적으로 왕성한 청소년 4명 중 1명이라는 높은 비율로 나타나는 성병 전염 비율과 산업국가 중에서 가장 높은 십대 임신율이 입증하듯이 성에 대해 충분히 알지 못하고 정서적으로 준비되지 않은 채 성경험을 갖는 경우가 부지기수다.

관련 주제로는 처음이다시피 한 이 연구는 일 년 후 실시한 후속 조사를 통해 조사 대상 청소년들의 시청 습관에 나타난 행동 변화를 추적했다. 그 결과 십대 초반 청소년에게서 가장 두드러진 변화가 발견되었다. 십대 초반은 통계적으로 성병에 훨씬 취약하며 조기에 원치 않는 임신을 할 가능성이 높은 연령대이기도 하다. 한 예로 미디어 성행위에 노출이 빈번한 열네 살 응답자들은 노출 빈도가 낮은 열여섯 살 응답자들과 여러 모로 비슷한 행동방식을 보였다.[16]

미디어 광고에
조종당하는 아이들

——   텔레비전 프로그램 중 가장 큰 영향력을 행사하는 것은 광고다. 광고업자 군단이 텔레비전이라는 고지에 올라 아동과 청소년을 조준하고 있다. 아이들은 연평균 4만 건의 상업 광고를 접하는데, 그중 거의 2천 건이 맥주를 비롯한 주류 광고다. 십대들은 '그냥 싫다고 말해Just say no' 또는 '주량껏 마셔요

Know when to say when'같은 공익광고가 1회 방송될 때 25회에서 50회의 비율로 주류 광고를 시청한다. 주류와 담배 광고는 인터넷에서도 점점 늘어가는 추세여서 35개 이상의 알코올성 음료가 등장하며, 버드와이저 온라인 라디오 네트워크, 체감형 게임, 무료 증정품, 브랜드 대표 캐릭터, 채팅방 등의 형태로 존재감을 키워가고 있다. 주류와 담배 산업은 아동과 청소년을 겨냥해 '그냥 좋다고 말하도록' 부추기는 데 해마다 각각 20억 달러와 60억 달러를 지출한다. 이토록 어마어마한 액수를 쏟은 만큼 효과가 있을까? 스트라스버거와 도너스타인은 주저 없이 '그렇다'라고 대답했다. "넘쳐나는 증거로 보아 담배나 주류 광고를 더 빈번히 접한 아동·청소년이 이들 광고 상품을 이용하고 있거나 이용하려고 하는 경향이 더 크다."[17]

광고가 특히 어린 고객에게 미치는 파급력은 대단해서 학술 저널 〈소아의학Pediatrics〉은 1995년 이 주제로 특별경고성 보고문을 실었다. 보고서의 저자들은 광고 미디어의 경악할 만한 영향력을 보여주는 증거로 텔레비전 담배 광고 금지조치에도 불구하고 해마다 청소년 2백만 명이 흡연을 시작한다고 지적했다. 이 보고서는 담배회사 카멜의 악명 높은 마스코트 조 카멜*이 등장하는 대형 옥외광고와 잡지 광고를 언급했다. 카멜은 친근하고 느긋한 인상의 낙타가 입 밖으로 담배를 삐죽 물고 있는 모양의 새 로고를 만들었다. 한 연구에서는 다섯 살 아동 3분의 1과 여덟 살 이상 아동 거의 대부분이 이 로

---

* 1987년에 등장한 조 카멜은 아동과 청소년들에게 흡연을 조장한다는 미국의학협회의 우려로 1997년에 광고에서 사라졌다. _옮긴이 주

고를 알아볼 수 있을 정도였으며, 실제로 이 로고는 미키 마우스만큼이나 친숙한 것으로 알려졌다. 또 다른 연구에서는 카멜 광고 캠페인이 성인보다 아동과 청소년 사이에 더욱 효과가 높다는 사실이 밝혀졌다. 미성년자 흡연 시장에서 카멜이 차지하는 액수는 연간 매출액 4억 7,600만 달러로 미성년자 대상 총 판매액의 3분의 1을 차지한다는 사실에는 그럴 만한 이유가 있다.[18]

하버드 의대 정신의학 교수인 수잔 린Susan Linn은 『소비하는 아이: 아동기의 적대적 매수Consuming Kids: The Hostile Takeover of Childhood』에서 씁쓸한 농담조 표현으로 "예전에 아동이라고 불렸던 소비자 집단"을 노린 광고 효과를 면밀히 조사했다.[19] 린은 아동·청소년을 대상으로 벌어지는 착취 행태를 알코올과 담배 영역에만 국한하지 않고 시장 전 영역으로 넓혀 조사했다. 그 결과 아동을 겨냥한 광고 총예산이 연간 150억 달러 이상으로 1992년에 비해 2.5배 증가한 것으로 추정했다. 아동이 연간 지출 6천 억 달러 규모의 영향력을 행사한다는 사실을 미국 경제계가 가볍게 넘길 리 없다. 린은 특히 주류와 담배 산업이 아이들을 이른 시기부터 사로잡는 전략에 큰 무게를 두고 있다고 짚었다. 일례로 열일곱 살이 되기 전에 음주를 시작한 사람은 스무 살이 넘어서 시작한 사람에 비해 알코올에 의존할 가능성이 네 배나 된다는 연구 사례가 있다. 더욱이 주류산업이 챙기는 이익의 상당 부분이 알코올 중독자에게서 나오는데, 일생에 걸친 알코올 남용은 열세 살에서 열다섯 살 사이에 음주를 시작한 사람들 사이에서 가장 높다. 또한 미성년과 성인 중 음주문제를 보이는 집단의 주류 소비가 전체 주류 판매량의 거의 절반을 차지한다. 마찬가지로 담배회사도 어려서부터 흡연을 시작할수록 일상적으로 담배를 피울 가능성이 커지며 그만큼 금연에 성공할 가능성은 줄어든다는 조사 결과를 모를 리 없다. 흡연자의 90퍼센트는 담배 구입이 법적으로 허용된 스무 살이 되기 전에 흡연 습관을 들이기 때문에 만약 스무 살이 될 때까지 담배를 피우지 않는다면 이후에 담배를 시작할 가능성은 별로 없다.[20]

린은 이어서 광고와 섹슈얼리티 간의 관계로 초점을 옮겼다. 섹스는 광고주들이 언제나 가장 선호하는 수단이었으며 이제 광고주들이 호시탐탐 노리는 어린 시청자를 사로잡는 미디어상의 상품 판매에 이용되고 있다. 텔레비전 프로그램과 영화, 음악에 사용되는 광고는 폭력만큼이나 섹슈얼리티를 강조하며 그 메시지는 단지 성적 행위에만 그치지 않는다. 성적 행위만큼 중요하게 다루어지는 메시지는 남성이 되고 여성이 된다는 것의 의미, 남녀가 서로를 유혹하는 요인, 이성이 서로를 대하는 방법 등이다.[21] 미디어가 아동·청소년의 성적 태도와 행동에 끼치는 영향에 대해서는 아직 연구가 거의 없다시피 하지만 린은 자신의 입장에 대한 근거로 다음과 같은 자료를 모았다. 한 연구에서는 열두 살과 열세 살 아동 중 3분의 1이 성관계를 맺어야 한다는 부담 때문에 고민이라고 털어놓았다. 또 다른 연구는 사춘기 초기에 접어든 소녀들이 섹스와 관련된 미디어 메시지에 유독 취약하며, 최초 성관계를 갖는 나이가 어린 소녀일수록 원치 않는 관계로 느끼는 경향이 크다는 사실을 밝혔다. 더 나아가 성적으로 왕성한 성향을 보이는 사람들을 대상으로 한 전국 규모 조사에서 열네 살에서 열여섯 살에 이르는 남녀 81퍼센트가 너무 이른 나이에 가진 성경험을 후회하는 것으로 나타났다.

아동과 청소년은 성적인 존재로서 자신을 인식할 때 매우 상처받기 쉬운데, 린의 생각으로는 이런 성향에 미디어가 끼치는 영향이 큰 데에는 다음과 같은 배경이 깔려 있다. 많은 부모가 섹스에 대해 자녀와 터놓고 이야기 나누기를 꺼리며, 겨우 절반 정도의 공립학교만이 성적 욕망을 억제하는 법과 피임을 가르치고 폭넓은 성 관련 주제를 다룰 뿐이다. 이러한 환경에서 오는 지식의 부재로 인해 어린 나이에 성경험을 시작하는 아이들로서는 섹스에 대한 정보나 조언 대부분을(어느 조사에 따르면 64%에 이른다) 부모와 교사, 심지어 친구도 아닌 미디어에서 얻을 수밖에 없다.[22]

폭력, 약물과 알코올 남용, 무분별한 성생활, 안전하지 않은 섹스, 십대의 원치 않는 임신은 공중보건에 매우 중요한 주제임에 틀림없지만 이제껏 소상히 파고든 이유가 이것만은 아니다. 내 주된 관심사는 여전히 내면의 야성과의 연관성이다. 이 주제와 관련해서 내가 몰두하고 있는 두 가지 질문을 던지고자 한다. 첫 번째 질문은 '광고와 미디어는 아이들의 몸과 마음, 영혼을 통제하는 또 다른 수단인가'이며 두 번째 질문은 '알코올, 약물, 섹스를 경험할지 말아야 할지, 또 한다면 언제 할지를 결정해야 할 순간이 온다면 아동과 청소년은 스스로 선택할 수 있을까'이다. 이 질문의 답은 의심의 여지가 없다. 첫 번째 질문의 대답은 '그렇다'이며 두 번째 질문의 대답은 '아니오'다. 담배 회사가 미키 마우스에 필적할 만한 로고를 만들어 아이들의 상상력을 낚아챌 수 있다면, 장난감 회사도 토요일 아침 황금시간대에 어린이 프로그램을 제작해서(여기서 '프로그램'이라는 말에 유념하기 바란다) 30분간 쉴 틈 없이 자사 제품 판매에 활용할 수 있다. 이렇듯 텔레비전과 광고가 합쳐진 효과는 아동과 청소년의 성적 태도와 행동을 조종할 수 있을 만큼 어마어마하다. 이런 상황을 다른 방식으로 파악할 여지가 있을까?

컴퓨터 게임에
중독된 아이들
———

지금까지 비디오 게임과 컴퓨터 게임이란 주제를 위해 이 단원의 마지막 부분을 남겨두었다. 이 게임들은 가장 최근에 등장한 전자미디어로서 그 영향력이 들불처럼 번져가고 있기 때문이다. 덩치 큰 가정용 기계에서만 즐길 수 있던 몇몇 단순한 게임이 눈부신 진화를 거듭해 이제는 현실과 똑같은 시뮬레이션으로 콘솔, PC, PDA, 심지어 휴대전화로도 즐길 수 있게 되었다.[23] 동시에 비디오 게임 시장의 매출은 1985년 1억 달러에서 1994년 70억 달러로 증가했으며 현재는 더 빠르게 성장하고 있다.[24]

연구자들은 이 새로운 미디어가 아이들에게 끼치는 영향을 이제 막 따져보기 시작했다. 심리학자 니콜라스 카네기Nicholas Carnagey는 연구자들이 폭력성을 보이는 85퍼센트 이상의 게임과 심각한 수준의 게임 거의 절반을 조사한 결과 폭력적인 게임을 할 경우 태도와 정서, 행동에 폭력성이 더 커지며 그에 비해 남을 돕는 행동은 줄어든다는 사실에 점점 의견이 일치한다는 사실을 밝혔다. 비디오 게임 조사를 주도하는 크레이그 앤더슨Craig Anderson은 5천 명 이상이 참가한 조사연구에서 이들이 잇달아 폭력적인 게임을 한 후 공격 성향이 점점 강해진 사실에 크게 놀라 그 심각성을 경고했다. 폭력적인 게임이 끼치는 영향력은 간접흡연이 비흡연자에게 끼치는 영향보다 크다. 앤더슨은 너무 많은 사람들이 너무 오랜 시간 미디어 폭력을 접하기 때문에 한 사람에게 미치는 아주 조그만 영향만으로도 사회적으로는 엄청난 결과를 초래할 수 있다고 경고했다.[25]

에릭 울만Eric Uhlmann과 제인 스완슨Jane Swanson도 문제를 파헤쳐 매우 우려할 만한 결과를 찾아냈다. 비디오 게임의 열혈 팬 대부분이 자신들은 게임에서 해로운 영향을 받지 않는다고 주장하기 때문에 두 사람은 폭력적인 게임을 마친 연구대상들의 무의식 연상 테스트를 실시했다. 예상한 대로 연구대상들은 게임을 마친 후 공격적인 기분이 드는지 물어보자 그렇지 않다고 대답했다. 그러나 무의식 연상 테스트의 결과는 전혀 달라서 울만과 스완슨은 비디오 게임의 폭력성을 자주 접하면 플레이어는 "자동적으로 무심결에" 영향을 받는다고 결론지었다. 더 심각한 사실은 비디오 게임의 쌍방향성에 있다. 게임 플레이어는 적극적인 역할을 맡아야 하고 게임에 숙달할수록 게임상의 능력도 커지며 부지런히 '죽이고, 때려 부수면서' 쾌감을 느낀다. 따라서 폭력적인 게임은 수동적으로 받아들이는 텔레비전 프로그램이나 영화와는 차원이 다르게 공격적인 행동을 학습하는 데 효과가 훨씬 클 것이라는 판단이다.[26]

가장 심각한 것은, 일단 빠져들면 실제 폭력에 둔감하게 만드는 폭력적인 비디오 게임의 영향력이다. 이 가능성을 입증하기 위해 연구자들은 십대 후반 청소년 집단을 대상으로 하여 무작위로 절반을 뽑아 폭력적인 비디오 게임을 하도록 했고 나머지 절반은 폭력적이지 않은 비디오 게임을 하도록 했다. 20분간 게임을 한 후 두 집단 모두 법정 폭력, 경찰의 범죄 대치 상황, 총격전, 교도소 폭력의 네 가지 상황에서 벌어지는 실제 폭력이 담긴 동영상을 시청했다. 이중 한 장면에는 수감자 두 명이 다른 수감자를 칼로 무참히 찌르는 장면이 담겨 있었다. 울만과 스완슨은 참가자들이 게임을 하고 동영상을 보는 동안 무의식 감정반응을 측정하기 위해 전극을 연결해서 감정반응에 따른 피부의 전기반응과 심장박동을 관찰했다. 두 가지 모두 정서적 각성 정도를 알아볼 때 신뢰할 만한 지표이다.

흥미롭게도 두 집단 모두 게임을 하는 동안에는 종류에 관계 없이 심장박동과 피부전기반응에 변화가 거의 없었다. 그러나 실제 폭력이 담긴 동영상을 시청하자 전혀 다른 상황이 발생했다. 두 집단이 보이는 정서적 각성 수치에서 극적인 차이를 보인 것이다. 폭력적이지 않은 게임을 한 집단의 심장박동은 상승했다. 이 말은 화면에 보이는 장면에 감정의 동요가 일어났음을 의미한다. 이어서 가장 우려스러운 결과가 나타났다. 폭력적인 게임을 한 참가자들의 심장박동은 게임을 할 때와 마찬가지 상태였으며 피부전기반응 수치는 오히려 내려갔다. 폭력적인 게임에 빠지면 실제 생활에서 벌어지는 폭력에는 완전히 무감각해진다는 사실이 입증된 셈이다.

이 같은 효과는 단 20분간의 비디오 게임으로 나타난 결과다. 두 연구자는 폭력적인 게임이 살인에 무감각해지도록 만들기 때문에 군대에서 신병 훈련에 유용한 도구로 눈독 들이고 있다는 사실도 우려를 보태 언급했다. 이 보고서는 다음과 같이 서늘한 주장으로 끝을 맺는다.

> 아이들이 받아들이는 미디어 폭력물의 수치는 매우 높다. 처음 접할 때는 위협적인 장면도 적고 오히려 만화같이 귀여운 캐릭터에 빠져들며 피와 살점은 전혀 등장하지 않는다. 게임에는 즐겁게 빠져드는 요소가 많고 폭력에 대해 일상적인 부정적 반응과는 달리 긍정적 감정 반응을 일으킨다. 그러나 아이들이 커가면서 점점 더 위협적이며 현실과 흡사한 폭력물을 접하지만, 이 흐름은 서서히 완만하게 일어나기 때문에 눈에 띄지 않으며 늘 재미를 동반한다. 간단히 정리하자면 현대의 미디어 환경은 폭력에 대한 감각을 마비시키는 도구라고 말해도 무방하다.[27]

마지막으로 짚어볼 문제는 비디오 게임의 중독성이다. 아이들이 게임할 시기와 시간을 스스로 조절할 수 있는지 또는 비디오 게임이 주는 쾌감과 유혹이 너무 커서 아이들을 지배할 만한 수준인지 내가 조사해본 문헌에서는 이 상관관계를 확인할 수 없었다. 다만 신문기사에 등장하는 전문가들은 비디오 게임과 컴퓨터 게임이 습관이 될 수 있다는 견해를 내비칠 뿐이다. 미국 소아과학회 청소년위원회 위원장인 데이비드 카플란David W. Kaplan은 컴퓨터 기반 활동이 일부 아동·청소년의 삶에 차지하는 비중이 매우 커서 식사와 수면, 면대면 사회생활 같은 중요한 기능도 가로막고 있다고 주장했다.[28]

내 경험도 카플란의 염려와 일치한다. 우리 학교 학생들은 하루 일과를 스스로 짤 수 있는 재량이 크고, 누릴 수 있는 자유도 많은 편이기 때문에 휴대용 비디오 게임이 시장에 첫선을 보이기 시작했을 때는 게임기 사용에 제한을 두지 않았다. 이 상황에서 비디오 게임에 심각한 중독 증세를 보이는 아이들의 행동이 저절로 눈에 들어왔다. 게임에 빠진 아이들은 늘 똑같은 티가 났다. 점심식사나 스포츠, 실제 게임, 공원에 가서 노는 일처럼 평소 같으면 중요하게 여겼을 활동을 거부하기 시작했다. 이런 아이들이 그리 많지는 않지만 대개는 게임의 바람직하지 않은 효과에 가장 큰 영향을 받을 만한 아이들이었다. 처음에는 실컷 게임을 하게 놔두면 결국은 질려서 다시 점심도 먹고 나가 놀 것이라고 생각해 간섭하지 않기로 했다. 그러나 기대했던 변화가 일어나지 않자 우리는 문제가 꽤 심각하다는 사실을 깨닫고 초·중등부 학생과 교사들이 모두 모여 이 주제에 대해 논의했다.

나중에 알게 된 사실이지만 많은 학생들도 몇몇 친구들의 상태가 심각하다는 사실을 이미 눈치챈 상황이었고 결국 고학년 학생 한명이 나서서 학교 일과의 마지막 시간에만 비디오 게임을 허락하자고 제안했다. 비록 한 명이 나중에 게임을 몰래 하다 들켜서 감시를 받아야 했지만 중독 증세를 보인 학생들도 이 제안에 동의했다.

신경계를 죽이는 전자미디어

───

이제 좀처럼 눈에 띄지 않는 현상을 파헤쳐보도록 하자. 전자미디어, 특히 텔레비전과 비디오·컴퓨터 게임이 신경계에 끼치는 영향이다. 이제 소개될 연구에는 다소 낯선 용어들이 쓰이고 있지만 내면의 야성에 끼치는 영향이 불길할 정도로 막대한 반면 의외로 알려지지 않았기에 소개하려고 한다. 맥루한의 혜안이 담긴 경고를 떠올리면서 미디어의 내용이 아이들의 사고와 감정에 끼치는 영향은 여기서 일단 접고 미디어가 두뇌에 끼치는 영향을 살펴보도록 하자.

뇌 분야는 이제껏 발견한 사실보다 미지의 영역이 더 많이 남아 있어 전자미디어로 인한 신경 손상에 대한 결론 일부는 얼핏 접점이 희미해보이는 연구에서도 끌어와야만 한다. 호주의 사회과학자 메럴린 에머리Merrelyn Emery도 이와 같은 난제에 직면했다. 에머리는 1970년대 정부에 고용되어 호주를 케이블 방송망으로 엮을 경우 잠재적으로 끼칠 수 있는 심리사회적 영향, 특히 그 당시 가능성을 점치던 교육 프로그램의 영향을 조사하기로 되어 있었다. 처음 에머리가 접할 수 있는 자료는 관련 분야의 초기 연구뿐이었고 그나마 프로그램 내용이 어린 시청자의 정신과 행동에 끼치는 영향을 다루고 있었다. 그러나 수집한 자료를 꼼꼼히 뒤져보고 나서 여러 자잘한 단서를 찾아내 조각조각 붙여보니 연관성 없어 보였던 파편들이 모여 점차 하나의 형태를 드러냈다. 그 결과 도출한 결론은 텔레비전이 뇌에서 사고와 상상을 주관하는 부위를 심하게 압박하기 때문에 교육 도구로는 전혀 쓸모없다는 사실이었다. 에머리 자신은 물론 연구를 의뢰한 정부조차 경악할 만한 내용이었다. 연구 결과는 예외 없이 인지적 사고와 관련된 뇌파 활동이 텔레비전 시청 직후 급격히 떨어지는 결과를 보여주었다. 그리고 그 효과는 더 이상 텔레비전 시청을 하지 않아도 며칠 이상 지속되기도 했다.

한 연구에서는 실험 대상인 성인이 잡지를 읽고 나서 바로 텔레비전을 시청했다. 연구자들이 두 가지 활동 내내 실험대상의 신피질(뇌에서 인간의 사고와 학습활동을 담당하는 부위) 좌반구에서 일어나는 뇌파 형태를 주시한 결과는 뚜렷했다. 속파速波(초당 사이클 13cps 이상)라고도 하는 베타파 활동은 말하고 읽거나 기타 일상생활에서 일어나는 정보 처리를 나타내는데, 책을 읽을 때 56퍼센트였다가 텔레비전 시청과 함께 24퍼센트로 떨어졌다. 반면에 공상이나 수면 상태에서 나타나는 서파徐波 즉 씨타파(4~7cps)와 델타파(1~3cps)는 10퍼센트에서 46퍼센트로 거의 다섯 배나 올랐다. 이 변화는 실험대상이 텔레비전을 시청한 지 '단 30초' 만에 일어났다.

또 다른 연구는 열다섯 살 아이 24명이 각기 다른 네 프로그램을 시청할 때 발생하는 뇌파 범위를 측정해, 아이들 모두 프로그램의 내용에 상관없이 서파 활동이 속파에 비해 대략 2배 높은 수치를 기록한 사실을 밝혔다. 이외에도 보스턴 소재 아동병원의 학습장애 클리닉에서 난독증세를 보이는 소년 여덟 명의 뇌전도를 같은 학년 수준 이상의 읽기 활동 중인 소년 집단과 비교한 결과 난독증이 있는 소년들의 서파 활동이 두드러지게 높다는 사실을 확인했다. 프랭크 더피Frank Duffy는 이들에게서 나타나는 뇌 좌반구의 '공회전'은 텔레비전 시청으로 생기는 효과와 정확히 들어맞는다고 주장했다.[29]

텔레비전 시청이 난독증에서 두드러지는 기억력 손상을 유발하는지 알아보기 위한 연구도 여러 차례 있었다. 이중 한 연구에서는 샌프란시스코의 대규모 성인 집단을 대상으로 저녁 뉴스 시청 직후 전화를 걸어 시청 내용을 확인했다. 전화 응답자 절반 이상이 직전에 본 뉴스 기사를 하나도 제대로 기억하지 못했다.[30] 또 다른 연구에서는 대상자들을 세 집단으로 나누어 4학년 수준 교재 한 쪽을 방식을 달리해 자세히 읽도록 했다. A집단은 종이로 공부한 반면 B집단은 영화 스크린으로 공부했고, C집단은 텔레비전 화면으로 공부했다. 20분이 지나 대상자들이 교재 내용을 얼마나 많이 기억하는지 알아보기 위해 테스트를 실시했다. 종이로 공부한 집단은 평균 85퍼센트의 내용을 기억한 반면 영화 스크린으로 공부한 집단은 25~30퍼센트, 텔레비전 화면으로 공부한 집단은 '3~5퍼센트'를 기억하는데 불과했다.[31]

이 연구는 텔레비전이 좌뇌 활동을 두드러지게 억누르는 이유로 바로 텔레비전 자체에 내장된 기술을 지목했다. 텔레비전 화면(또는 컴퓨터 모니터)에 나타나는 이미지는 방사광을 내보내는 음극선관, 소위 브라운관에서 만들어진다. 그러나 인간은 반사광 또는 환경광으로 나머지 대부분의 시각체험을 한다. 텔레비전은 인간이 정보활동에 사용하는 유일한 방사광원이다. 인간은 같은 방사광원인 전구나 태양은 좀처럼 바라보지 않는다. 그 외 모든 시각체험은 인간의 눈에 '들어온' 물체에서 반사된 빛이 망막을 거쳐 뇌로 들어온 결과이다. 이 차이가 중요한 이유는 환경광과 방사광의 성질이 완전히 상극이기 때문이다. 환경광은 변동 폭이 넓은 반면 방사광은 균일하다. 환경광은 무수히 다양한 정보를 담을 수 있지만 음극선관에서 나온 방사광은 정보 다양성이 거의 없다. 아마도 가장 중요한 것은 환경광은 그 자체로 인간 신경계에 영향을 미치지 않지만 방사광은 신경활동에 잠재적으로 활성 효과를 일으킬 수도 있고 둔화 효과를 미칠 수도 있다는 사실이다.

마지막으로 텔레비전은 독서를 포함한 다른 시각 체험에 비해 시야를 매우 제한한다. 독서는 물론 책을 잠시 훑어보기만 해도 안구 운동이 신경계를 엄청나게 자극한다는 사실이 연구를 통해 밝혀졌다. 우드번 헤런Woodburn Heron과 공동연구자들은 텔레비전 시청이 두뇌 시각 체계의 극히 일부 활동만 끌어들이며 이미지를 구성하는 색과 음향도 자연환경보다 훨씬 단조롭고, 신체 나머지 부분은 시청 체험에 관여하지 않기 때문에 텔레비전 시청이 감각상실과 흡사한 조건을 유발할 것이라고 생각했다. 이 생각을 확인하기 위해 헤런은 성인 4명이 96시간 동안 감각상실을 겪는 동안 뇌파를 관찰한 뒤 이들이 다른 환경에서 텔레비전을 시청하는 동안 기록한 뇌파 수치와 비교하여 끔찍하고도 역설적인 결과를 끌어냈다. 텔레비전이 내보내는 신호는 감각을 자극하기에 충분한데도 불구하고 단 몇 분간만 시청해도 감각상실에 맞먹을 정도로 두뇌를 무디게 하는 효과를 가져왔다.[32] 심리학자 막달레나 버논Magdalena Vernon이 『경험을 통한 지각Perception through Experience』에서 "지각상실이 언제 끝날지 모르는 상태로 무기한 이어지면 특히 어린아이는 장기적으로 인지 능력이 손상되고 정서 안정을 위협받을 수 있다"고 주장했다. 이 내용과 헤런의 연구를 합쳐본다면 에머리가 교육 수단으로 텔레비전을 부정한 근본 원인을 이해할 수 있다.[33]

텔레비전 시청과 감각상실의 과학적 연관성을 굳이 인정하지 않더라도 상식적으로는 중요한 관계가 있다는 사실을 알 수 있을 것이다. 텔레비전 앞에 앉아 있는 아이들을 관찰해본 사람이라면 아이들이 얼마나 빨리 빠져드는지 알 수 있으니 말이다.

그렇다면 비디오 게임이 신경계에 끼치는 영향은 어느 정도일까? 최근 연구에서 일본의 두뇌 매핑mapping 전문가 류타 카와시마Ryuta Kawashima는 최신 뇌 스캔 기술을 이용해 닌텐도 게임을 하는 십대 수백 명을 대상으로 뇌 활성도를 측정했다. 카와시마는 이들의 뇌 스캔을 단순반복적으로 셈을 연습하는 다른 십대 집단의 뇌 스캔과 비교하고 자기공명영상MRI으로도 확인하는 작업을 되풀이했다. 두 절차 모두 똑같은 결과를 보였으며 카와시마도 에머리와 마찬가지로 경악할 수밖에 없었다. 카와시마는 비디오 게임이 매우 자극적이며 빠른 반응을 요구하기 때문에 게임을 한 집단의 뇌 스캔이 단순 셈을 한 집단에 비해 좋으면 좋았지 문제가 있으리라고는 예상하지 않았다. 그러나 예상과 달리 닌텐도 게임은 뇌에서 시각과 동작을 감지하는 하위 원시기능만 자극할 뿐이었으며, 단순반복적인 셈 연습은 그것만으로도 학습과 기억, 정서를 관장하는 신피질의 좌반구와 우반구에 고르게 자극을 준다는 결과가 나타났다. 이들 결과 모두 비디오 게임이 어린이의 인지적 성장뿐만 아니라 사회정서적 성장에 미치는 영향도 설명해준다. 인간의 정서적 각성은 주로 대뇌 신피질 우반구에서 일어나는데, 닌텐도 실험은 비디오 게임이 우반구의 정서적 활동을 억누른다는 사실을 여실히 보여주기 때문이다.[34]

에머리는 보고서를 마무리하면서 시청 시간을 포함해 여러 환경 요인이 복잡하게 맞물리면 텔레비전의 부정적 효과에 특별히 더 취약한 아이들도 있을 것이라고 조심스럽게 언급했다. 범위를 넓힌다면 이 주장이 비디오 게임과 다른 미디어 기술에도 똑같이 적용된다고 말해도 무방하리라 생각한다.

이 모든 연구가 우리에게 남겨준 고민거리는 무엇일까? 하이테크로 무장하고 쓰나미처럼 밀려드는 각종 게임과 오락거리는 아이들의 생각과 감정에 부정적인 영향을 끼칠 뿐 아니라 모든 사고능력에도 손상을 입힐 것이 분명하다. 이러한 추세를 되돌리려는 조치를 서두르지 않는다면 내면의 야성은 심각한 위기를 맞을 것이며, 청소년기를 지나 성인기로 발을 내딛는 젊은 세대는 앞을 밝힐 손전등도 지도도 없이 어둠 속을 더듬으며 헤매야 할 것이다.

8

어른으로 가는 길을
찾은 아이들

나는 숲에서 몸소 경험하며 배웠다.
우리가 꿈꾸는 방향으로 자신 있게 나아가며
상상하던 삶을 살려고 노력하다 보면
보통 때는 생각지도 못한 성공을 만나게 된다는 것을.

_헨리 데이비드 소로우, 『일기』 가운데

자신의 창조력을 회피한 인간보다 더 역겹고
황폐한 피조물은 이 세상에 존재하지 않는다.

_프리드리히 니체, 『반시대적 고찰』 가운데

산업혁명의 부산물, 청소년기

───   청소년기도 아동기와 마찬가지로 문화적 구성물이다. 역설적인 점은 청소년기의 역사가 아동기보다 더 짧다는 사실이다. 앞서 살펴본 바와 같이 아동기가 수세기 전에 현재의 개념으로 자리잡은 반면 청소년기는 상대적으로 시작에 불과하다. '성숙하다, 성장하다'라는 뜻의 라틴어 '아돌레스케레^{adolescere}'에서 유래한 이 말은 심리학자 스탠리 홀^{G. Stanley Hall}이 1904년에 대표적인 저서인 『청소년기^{Adolescence}』를 내면서부터 영어권에서도 널리 쓰이기 시작했다.

지나치게 단순하게 들릴 수도 있지만 청소년기는 산업혁명의 부산물이라고도 할 수 있다. 아동기라는 발달 단계 위에 또 다른 단계를 얹은 배경에는 복잡한 사회·경제적 이유가 있었다. 이 시기 공장 시스템이 점차 가내 수공업과 숙련직 분야에 종사하는 수습생의 일자리를 빼앗으면서 젊은 노동자는 단순 육체노동으로 내몰렸다. 전통적으로 길잡이 역할을 해주던 멘토와 단절되고 이들을 의미 있는 성인의 삶으로 이끌 통로는 막혀버렸으며, 집안을 이끌던 아버지들도 공장노동에 묶이면서 2천 년을 이어오던 가부장의 권위는 무너져내렸다. 성인기 진입을 목전에 두고 있던 십대들은 앞선 세대 이상으로 다양한 선택의 여유가 있었던 반면 자신들을 받아줄 '안정적인 체계와 안내자의 부재'라는 새로운 딜레마에 직면했다.[1]

한편 이미 살펴본 것처럼 산업이 발달하고 해외에서 이민자들이 밀려들어오면서 도시 인구가 폭발적으로 늘어나자 교육과 사회분야 개혁가들의 염려도 높아졌다. 이 개혁가들은 의무교육 기간 연장, 아동노동 제한, 청소년 여가활동 관리와 프로그램 개발 등의 조치를 연이어 이끌어냈고 대공황이 진정 국면에 접어들 무렵 연방정부가 의무교육 연령을 16살까지로 규정하면서 일련의 조치에 마침표를 찍었다. 전국의 십대들이 고등학교라고 불리는 창고에 차곡차곡 쌓이면서 청소년기는 이제 보편적 현상으로 자리잡았다. 20세기 중반 중산층의 기준으로 아동기는 보호가 필요한 시기이며 연령층도 더 길어져야 한다는 관점 또한 일반적이었고,[2] 고등 정규교육 과정을 밟는 일은 십대와 성년 초기의 주요 목표로 자리잡았다.

한편 과학으로서 아직 초창기에 있던 심리학은 다윈의 이론에 영향받아 진화론적 관점에서 아동기를 바라보기 시작했다. 청소년기를 생물학적 단계로 처음 인식한 사람이 스탠리 홀이었고 그의 저서는 대중의 뇌리에 청소년기라는 개념을 각인시킨 계기가 되었다. 뉴잉글랜드의 대쪽 같은 신교도였던 홀은 어머니의 강력한 권유로 일 년간 신학교 생활을 하다 분야를 바꿔 미국 최초로 심리학 박사가 되었다. 홀은 청소년기를 "사춘기가 동트는 시기이며 …… 거대한 고뇌의 폭풍기가 이어져 인간이 품을 수 있는 최악의 충동과 최고의 충동이 주인 자리를 차지하려 투쟁하며, 특별히 선 혹은 악으로 쏠리기 쉬운 시기"라고 정의했다.[3] 흥미롭게도 홀은 청소년 범죄와 비행을 다루는 저서의 주요 단원에서 세계 각국에서 모은 방대한 통계자료를 근거로 대다수 범죄자는 청소년기에 첫 유죄 판결을 받았다고 설명했다.[4] 홀은 이제는 익숙해진 표현도 덧붙였다. "청소년 범죄는 젊은이들이 사회 환경에 적응하면서 겪는 커다란 어려움을 반영한다. …… 가정을 지나 냉혹한 규정이 지배하는 산업사회의 삶이라는 새 환경에 들어서면서 자기 통제는 갈수록 어려워진다."[5]

홀이 문제시한 사실은 사춘기에 가장 깊은 곳에 잠들어 있던 충동과 열정이 깨어난다는 점이었다. 청소년기에 자제력은 "잠복한 채 계발되지 않고 있으며, 그 필요성도 더디 배운다."[6] 엎친 데 덮친 격으로 "악행과 범죄는 …… 다양한 인간에 존재하는 독창성과 차별성의 드넓은 들판을 열어젖혀 아이, 심지어 여성조차 원시인의 야만스런 습성에 강하게 끌리는 일 정도는 이상할 것이 없다. 여기 비하면 선량한 시민의 삶은 고분고분하고 따분하기 짝이 없다."[7]

홀은 다음과 같이 해결책을 제시한다.

세상살이의 성패는 자제력에 달려 있으며, 개인의 자제력을 계발하는 일은 무의식적인 목적이면서도 가족, 교회, 국가, 법, 관습, 대부분의 사회기관이 최우선 목표로 삼아야 한다는 사실은 분명해 보인다. 공동체 전반의 자제력이 향상됨에 따라 세계가 진보하고 인간의 자유가 전진한다는 사실도 마찬가지다.[8]

홀은 현대 사회의 아이들은 성장이 너무 빠르기 때문에 십대 때 어른이 특별히 계획하고 관리하는 환경에서 더 시간을 보내야 자제력을 키우게 되고, 자신은 물론 악행과 범죄의 공포에 사로잡힌 사회를 구할 수 있다고 주장했다. 홀은 여기에 덧붙여 청소년이 교육, 스포츠, 연령에 맞는 활동을 통해 에너지를 순화할 수 있도록 환경을 만들어 어른의 압력과 유혹에서 보호해야 한다고 역설했다. 홀은 노동하는 아이들은 너무 이른 시기에 세상의 부패와 스트레스에 노출된다고 믿었으며[9] 순수한 다윈주의 열정에 사로잡혀 "여하튼 종족의 미래를 염려하며 진보를 바라는 선지적 영혼이 있다면 이 진보는 청소년기의 발달을 연장해야 얻을 수 있으며 이야말로 종족의 번영을 싹틔우는 일"[10]이라고 결론 맺었다.

홀의 사상과 저술 내용을 비교적 자세히 소개한 까닭은 현재까지 학계에서 영향력이 가장 큰 〈미국심리학저널American Journal of Psychology〉을 창간하고 저명한 대학 총장을 역임한 홀이 아동심리학에 남긴 영향이 호러스 맨이 현대 미국 교육에 끼친 영향만큼 지대하기 때문이다. 다른 것은 제쳐두고라도 홀의 관점은 장차 미국 청소년에 대한 정책 수립에 과학적 발판 구실을 했다. 청소년기의 기원은 복잡한 문제이지만, 여기서는 사춘기 즈음에 시작해 종점이 명확하지 않은 몇 년의 시간이 흐른 뒤 끝나는 인생의 한 단계이며, 젊은이들에게 성인기로 들어서는 마지막 준비기로 남겨진 시간이라는 정도로 이해하면 충분하다.*

---

* 한국에서 '청소년'이라 하면 흔히 만 13~18세 아이들을 일컫는데, 이 연령 규정은 법규마다 다르다. 청소년기본법에서는 만 9세에서 24세까지로 규정하고 있는 반면, 청소년보호법에서는 만 19세 미만으로 규정하고 있다. 옮긴이 주

아이들의 성장을 가로막는
제도화

——   한 세기가 지나는 동안
청소년기를 다룬 각종 연구와 담론이 쏟아졌으며 아동기가 단계별
로 모든 아이들에게 보편적으로 적용되듯 청소년기도 이제 인생 초
기에 당연히 거치는 단계중 하나로 균일하게 취급된다. 어린아이들
은 5살이 되면 유치원에 들어가고 7살에 초등학교에 입학하며 이어
서 중학교(지역마다 조금씩 차이가 있다)를 거쳐 19살이나 20살이 되면
고등학교를 졸업한다. 이 시점에서 뿌리 깊은 인종차별과 빈부격차
의 영향에서 벗어나려 청소년은 노동현장으로 직행하거나 높은 지
위를 차지하려는 희망에서 교육을 연장해나간다. 여기서 묻고 싶은
것이 하나 있다. 사회가 출생에서 어른으로 나아가는 인생길을 순
탄하게 닦아놓았다고 가정한다면, 오늘날 이토록 많은 청소년들이
자동조종에 이끌려 공항을 맴도는 비행기의 승객처럼 된 이유는 무
엇일까? 공항 상공을 맴돌다 마침내 연료가 바닥나는 지경에 이르
도록 빙빙 도는 삶에서 벗어날 방법을 깨닫지 못하는 이유는 무엇
일까?

지난 시대를 잠깐 되살펴보자. 어느 시대나 아이들은 역사적 맥
락에 따라 정치·사회·경제적 제약과 씨름해야 한다. 오늘날 아이들
은 심각한 가정 불안, 어른 세계와의 단절, 학업 부담, 연령별로 까
다롭게 짜인 활동 등의 문제를 겪다가 이들 문제가 동시에 일어나,
당면한 주제인 성인기로 가는 항공편이 지연되는 사태에 이른다.[11]

시대를 거슬러 생각해보려는 요지는 우리가 배운 내용과 달리 세상사가 늘 이렇지는 않았다는 사실을 되짚어보는 데 있다. 일생에서 어떤 변화는 그 속도가 매우 느려 쉽게 알아채지 못한다. 이 상황을 찬물에 담긴 채 약한 불에서 천천히 익어가는 바다가재에 비유할 수 있다. 냄비 온도는 아주 천천히 올라가 바다가재는 자기가 익어가는 줄도 모른 채 도망가려 하지 않는다. 결코 일어날 리 없는 변화를 기다리며 제자리걸음으로 몇 년을 허비한 고등학교 교실을 떠올려본다면 이 상황에 수긍하는 사람도 많을 것이다.

이제 아동기가 면밀하게 관리받기 전, 십대 시기를 청소년기라고 부르기 전 시대로 거슬러 올라가보자. 스티븐 민츠는 『허클베리 핀의 뗏목』에서 1819년에 태어난 허먼 멜빌Herman Melville의 삶과 오늘날 청소년의 삶을 대비시킨다. 중산층 출신인 멜빌은 열세 살이었을 때 아버지가 파산해 실성하고 급기야 사망에 이르자 학교를 포기하고 친척의 은행에서 일했다. 이어서 상점의 잔심부름, 농장일, 교사 일을 전전하다 위대한 문학작품 『백경』의 영감을 준 고래잡이배 선원 일도 했다. 모두 스무 살이 되기 전의 일이다.[12]

청소년기라는 개념이 만들어지기 전 멜빌의 이야기는 예외라기보다 일반적인 일이었다. 사춘기를 넘긴 사람들은 대개 본인의 선택으로든 피치 못할 사정으로든 급작스럽게 성인기로 접어들었다. 양초업자의 아들로 태어난 벤저민 프랭클린Benjamin Franklin은 17살에 형이 식민지 시절 최초의 신문을 창간하는 데 일조했다. 해군제독 데이비드 패러것Admiral David Farragut은 열네 살의 나이로 1812년 영미전쟁에서 전함을 지휘했으며, 알렉산더 대왕은 열여덟 살에 마케도니아 군을 이끌어 스물두 살에 원정길에 올랐다. 생물학적 조건과 관습 때문에 어머니라는 역할에 묶이지만 않았다면 비슷한 상황에 등장하는 여성도 많았을 것이다. 좀더 가까운 곳에서 사례를 찾으면 13살이던 나의 할아버지를 비롯해 많은 조상들이 어린 나이에 더 나은 삶을 찾아 홀로 대서양을 건너 미국으로 왔다. 조금 더 가까운 1920년대에 미국 십대 6명 중 겨우 1명만 고등학교를 졸업했고 나머지는 8학년을 마치고 나면 이런저런 성인의 역할을 떠안았다.

홀이 자신의 책에 의도치 않게 드러낸 모순은 50여 쪽에 걸쳐 소개한, 젊은 나이에 위업을 이룬 유명인의 사례 속에 있다. 정작 이들은 홀이 그토록 지지한 의무교육이나 진학 교육, 성인 주도 활동에 얽매이는 일 없이 십대 시절을 보냈기 때문에 위업을 이룰 수 있었다. 홀은 칼뱅주의를 맹신해 내면의 야성을 경계한 결과 청소년기를 길들여 일률적으로 적용하는 데서 오는 부정적 측면을 미처 예견하지 못했다.

홀은 청소년기에 예측가능성과 기계적 발달과정을 강조하면 성인기로 가는 여행이 순조롭기는커녕 고생스러울 것이라는 데는 생각이 미치지 못했다. 예측가능성과 기계적 과정을 내세우려면 대가가 따른다는 사실, 즉 내면의 야성, 엘랑비탈, 다이몬 등 다양한 명칭으로 부를 수 있는 '예측 불가능'의 천부적 욕구가 희생될 수도 있다는 사실을 간과했다. 5장에서 소개한 힐먼의 주장대로 다이몬은 "시간에 구애받지 않고 삶의 흐름에서 온갖 허물, 틈새, 옹이를 찾아내 즐기며" 메이의 말처럼 "인간을 덮친 운명의 손아귀" 같은 느낌으로 존재하기 때문이다.

그렇다고 현재의 상황에 나쁜 의도가 깔려 있다는 말은 아니다. 사회구성원인 우리가 청소년을 위해 길을 마련해주려 하는 일은 그저 당연한 일이다. 아기들이 걸음마를 익히다 넘어져 무릎이 까지기를 원치 않듯이 청소년들이 스스로 길을 찾아나가려 할 때 자아에 멍이 들지 않기를 바라는 마음일 뿐이다. 그러다 우리는 어느 순간 성인으로 가는 과도기를 규칙적인 단계로 규정하고, 아이들이 어른으로 성공하기 위해 도움이 되는 일이라면 물불을 가리지 않고 덤벼들었다. 훌은 비록 외면했지만 이제는 우리 자신에게 물어보아야 한다. 대체 무엇을 대가로 벌이는 일인가? 청소년도 자신의 직관에 따라 올바른 목표를 찾아나설 수 있다는 믿음을 주지 않고, 그 목표를 이루기 위해 자기 나름으로 벌이는 실험을 허용하지 않는다면, 이 아이들은 다이몬의 안내를 받는 대신 또래 압력, 부모와 사회로부터 쏟아지는 기대, 최신 유행으로 점철된 허망한 길에 이끌리기 십상일 것이다.

아동심리학자이자 부모교육가인 에다 레샨^{Eda LeShan}도 아이들을 감싸고 발달과정의 모든 양상을 손보려는 움직임이 정점을 찍던 1960년대에 똑같은 물음을 던지며 『손상된 아동기^{The Conspiracy against Childhood}』에서 다음과 같이 주장했다.

성장을 바라보는 가장 중요한 관점은 자라면서 실수와 실패의 경험이 필수적이며 필연적이라는 사실을 인정하는 것이다. 실패를 각오하지 않고는 참된 성장이란 없다. 인간은 수없이 '실패하기 마련'이다. 그렇기 때문에 실패의 가능성을 제외하고 대안을 찾기란 불가능하다. 모든 발견과 발명, 예술은 용감하게 실패의 가능성을 받아들인 결과라는 엄연한 사실에도 불구하고 우리는 실패란 용납할 수 없으며 기어이 피해야만 하는 상황으로 아이들을 몰아세우고 있는 것 같다.[13]

레샨은 내가 이 책에서 시도한 것처럼 사회가 아이들과 아동기를 바라보는 관점의 변화를 되짚은 끝에 20세기야말로 이상적인 아이를 만들기 위해 아이가 자라는 방식을 기획하고 조종할 청사진을 탐색해온 과정이라 요약했다.

사람들은 지난 반세기 동안 아이를 더 잘 키울 수 있는 방법을 모색해왔지만, 아이가 저마다 지닌 '자기 됨됨이'의 심오하고 값진 자질은 얕잡아보는 경향이 있다. '더 좋거나 완벽한' 육아 방식을 찾을 수도 있다고 생각했기 때문에, 저마다 특이하며 도무지 한치 앞도 내다볼 수 없는 아이들이 계획대로 따라주기는커녕 고집스럽게 공식에서 벗어나려 하면 소스라치게 놀라기도 했다.[14]

레샨의 이야기를 다소 길게 인용한 이유는 아이들 내면의 야성을 위협하는 환경이 만들어지던 시기에 당대에서는 거의 유일하게 사회의 주의를 촉구한 인물이기 때문이다. 그러나 1960년대 이전에도 어른이 사사건건 통제하고 길잡이 이상의 간섭을 하면서 아이들의 실존에 닥친 문제를 감지한 인물이 있었다. 1911년 청소년기라는 개념이 등장해 막 세상의 이목을 끌던 시기에 사회비평가 랜돌프 본 Randolph Bourne이 외친 소리에 귀 기울여보자.

인간은 인생법전을 주머니에 넣고 다니며 줄줄이 외운 행동수칙에 따라 살지 않는다. 그보다는 살아가면서 심혈을 기울여 실험하며 깨치기 마련이다. 반박의 여지가 없어 보이는 법조차도 스스로 검증하고 인간의 경험과 소질에 들어맞는지 철저히 확인해야 한다. 인간도 동물인지라 결국 인간이 철창 문을 여는 요령을 익히는 원숭이와 다른 점은 정도에 있을 뿐이다. 원숭이가 철창에서 나오려면 다소 까다로운 빗장을 찾아 열어야 한다. 어떤 방식으로 찾겠는가? 원숭이는 오랫동안 목적도 방법도 없이 철창 안을 어물거리면서도 엄청난 에너지를 쏟는다. 그러다 우연히 빗장을 들어올리고 문을 활짝 열어젖힌다.

어린 시절 인간이 배우는 과정도 거의 다르지 않다. 인간은 막연한 기대 속에 성장하려 하고 자신을 가둔 우리에서 나오려 하며 자신의 능력을 어렴풋이 깨달아 맘껏 펼치고 싶어 한다. 인간은 한동안 어쩔 줄 모르고 머뭇거리다 우연을 계기로 숨어 있는 능력에 손이 닿아 잠들어 있던 기운이 눈뜨고 자신의 지향점을 찾는 순간을 맞이한다. 이제 인간은 자유를 만끽하고 성공을 향해 나아가기만 하면 된다.[15]

젊은이의 관점에서 나온 본의 주장이(『젊음과 인생』을 쓸 당시 본은

25살이었다) 두 세대나 떨어진 간극에도 불구하고 부모의 입장에 있던 르샨의 견해를 보완해준다는 사실이 매우 놀랍다. 우연, 머뭇거림, 어렴풋이 깨닫는 능력을 말하는 본의 사고에서는 다이몬의 목소리가 뚜렷이 들린다. 한편 르샨에게서는 아이의 다이몬을 자신의 욕구인 양 착각하지 않는 어머니의 지혜를 헤아릴 수 있다. 서로의 존재를 전혀 알 리 없는 두 사람은 청소년이 저마다 내면의 야성에 진정으로 반응할 수만 있다면 어른이 모든 것을 앞당겨 펼쳐놓을 필요가 "전혀 없다"는 의견에 완전히 일치하는 셈이다. 홀은 청소년기를 제도 속에 틀지움으로써 예기치 못한 결과가 파생되리라고는 예상하지 못했다. 성인기로 가는 통로를 획일적으로 기획하면 사회가 젊은 세대에게 품는 기대 역시 획일적으로 변한다는 사실을 홀은 미처 예견하지 못한 것이다. 반면 홀과 동시대인이었던 본은 이 문제를 예견했다. 척추장애가 있으면 육감을 타고난다는 속설을 입증이라도 하듯 척추장애가 있던 본에게는 제도화가 내면의 야성에 끼치는 강한 구속력을 꿰뚫는 혜안이 있었다. 본은 다음과 같이 경고했다. "우리가 살펴본 것처럼 사회는 그 구성원을 자기가 원하는 모습으로 조각해 원하는 자리에 배치하는 거대한 음모의 장이다."[16] "이러한 자기배반이야말로 청소년에게 가하는 최악의 실수이며 용서 못할 죄악이다."[17]

다이몬의 소임은 바로 이 배반을 막아내는 일이며 이 일은 내면의 야성이 살아 있을 때라야 가능하다. 그러나 앞으로 살펴볼 내용처럼 성인기에 도달하는 일은 점점 어려워지고 있다. 이 시대 문화가 청소년기라는 과도기를 사회적으로 조정하면 할수록 다이몬이 맡을 수 있는 역할은 사라지기 때문이다. 이 말이 청소년이 어른으로부터 도움받을 필요가 없다는 의미가 아니라는 이야기를 다시금 강조한다. 청소년도 어른의 도움이 필요하다. 그러나 이 도움은 신중을 기해 시기적절하게 이루어져야 하며 강요해서는 안 될 일이다. 청소년이 어른에게서 가장 바라는 것은 자기 됨됨이를 그대로 인정받는 일이지, 기대에 부합하는 이미지에 따라 비교당하는 일이 아니다. 이 비교야말로 광고산업이 번지르르한 옷, 자동차, 컴퓨터, 각종 체험의 껍데기로 포장한 신분의 상징을 팔면서 무자비하게 착취하는 방식이다.

늦춰지는 성인기, 위기의 20대
———
많은 청소년들이 성인의 삶으로 들어가기까지 힘겹게 몸부림쳐야 하는 이유가 무엇인지 이해하려면 다양한 측면의 역설을 파헤쳐야 한다. 사회학적으로 현대 사회에서 어엿한 성인으로 인정받으려면 출가, 졸업, 취업, 결혼, 자녀라는 다섯 가지 생애 '지표'를 성취해야 한다. 한편 성인기의 관문으로 진입하는 길은 점점 규격화되는데 비해, 문밖에 놓인 길의 상태는 정반대 방향으로 접어들고 있다. 이 책의 도입부에서 언급한 펜실베이니아대학 '성인기 이행' 연구를 이끄는 리처드 세터스텐Richard Settersten

과 프랭크 퍼스텐버그^{Frank Furstenberg}는 1900년부터 2000년까지 광범위한 인구통계 자료를 조사해, 전통적인 성인기 지표에 도달하는 시기와 순서는 갈수록 예측이 힘들어지며 점점 "연장되고 다양해지면서 혼란스러워지고 있다"[19]고 주장했다. 실제로 젊은이들이 성인기 지표에 도달하는 연령은 지난 세대를 거치면서 극적으로 치솟아, 성인기를 규정하는 방법의 정확성에 의문을 제기하는 사회학자들도 나타났다.[20]

성인 지표를 좌우하는 낡고 가부장적인 관습은 현대 사회에는 더이상 들어맞지 않기 때문에 오늘날 청소년들은 앞선 세대처럼 전통적인 사회구조의 진부한 틀에 묶이지 않는다는 사실을 염두에 두어야 한다. 요즘 청소년은 그 어느 때보다도 자유롭게 성인 세계로 들어설 수 있는 가능성을 모색할 수 있다. 물론 우리 문화 속에 팽배한 인종과 성 차별을 모두 없애려면 가야할 길이 여전히 까마득하다. 더욱이 문명이 시작된 이래 이른 나이에 잦은 출산으로 인해 경제적 안정과 교육의 기회가 차단될 수밖에 없었던 가혹한 현실을 감안하면 내 주장에는 심한 일반화와 단순화의 오류가 있기도 하다. 그럼에도 오늘날 청소년 대부분은 과거에 비해 선택의 여지가 훨씬 넓다. 사회학자 제임스 코테가 『멈춰버린 성인기^{Arrested Adulthood}』에서 주장하듯이 "전통적 지표의 의미가 퇴색하면서 케케묵은 장벽과 금기도 사라져 역사 이래 그 어느 때보다 지금 이 순간 자기계발의 가능성은 커졌다고 생각한다."[21]

코테는 성인기에 대한 구태의연한 외부 정의를 폐기하고 내부 정의를 채택하자고 제안하며 오늘날 "문화적으로 해체된" 사회에서 길을 잃고 헤매지 않으려면 청소년은 스스로 방향을 설정하고 결정할 수 있는 존재여야 한다고 주장한다. 코테는 과거에 성인기를 가늠하는 척도였던 노동자, 배우자, 부모 등과 같은 사회적 역할을 떠맡기보다 칼 융Carl Jung이 "개성화individuation"라 부른 심리적 개념이 성인기의 척도가 되고 있다고 보았다.

젊은이들도 이 의견에 전적으로 동의하는 것으로 보인다. 최근 23세에서 30세에 이르는 미국인 140명을 대상으로 한 연구에서 성인이라 여길 만한 지표가 무엇이라 생각하느냐는 물음에 자신에 대한 책임감 인식, 재정적 독립, 독자적인 의사결정이 상위 3개의 지표로 꼽혔고 부모로서의 지위는 6위, 결혼은 11위에 올랐다.[22]

그러나 이 모든 역설에는 '만약에'라는 대전제가 따른다. 젊은이들이 '만약' 세상에 대한 지식만큼 자신을 알고 있으며, '만약' 확고한 의지와 포기할 줄 모르는 끈기가 있고 유쾌하고 창의적이라면 현대의 성인에게 열려 있는 폭넓은 가능성을 누릴 수 있다. 하지만 앞서 살펴보았듯이 현존하는 제도는 수동적으로 순응하도록 유도하며 이중적이고 우유부단한 태도를 갖게 만들며 이들을 정반대 방향으로 이끌고 있다.

코테는 사회의 제약이 느슨해진 점을 활용하며 자신의 잠재력을 충분히 꽃피우려 노력하는 청소년도 있지만 대다수는 "전통과 문화에 기반한 사회제도 자리에 들어선 이익 추구의 거대구조에 순순히 지배당하고 있다"고 판단했다. 미래학자이자 경제학자인 제레미 리

프킨[Jeremy Rifkin]이 문화 전체가 상품화되고 있다고 했듯이[23] 코테도 대중문화를 상업적으로 이용하는 사람들이 문화적 해체가 지속되는 상황을 노리고 끼어들어 빈틈을 메꾸고 있다고 판단한다.[24] 문제는 이미 심각한 지경에 이르러서 많은 젊은이들이 성인 세계에서 자신의 입지를 찾지 못하는 사이 이 사회는 부지불식간에 아동기에 또 다른 성장기를 덧붙이고 있다고 코테는 지적했다. 아직 미숙하고 목적도 설정하지 못한 이 단계는 성인의 삶에서 드러나는 과시적 요소와 매너리즘에 가려진다. 코테는 이 단계를 "청년기[youthhood]"라 불렀다. 많은 사람들은 실상 '멋진 신세계'에서처럼 삶의 의지가 꺾인 채 자포자기의 삶을 살며, 자신들에게 요구하는 것도 거의 없이 여전히 마음껏 소비하고 향락에 탐닉할 수 있기 때문에 수렁에 빠진 상황에서도 이 시기에 만족하며 머물러 있을 것이라는 데서 코테는 우려를 나타냈다.[25] 청소년과 성인의 항우울제 사용이 급작스럽게 늘어난 현실은 이러한 우려에 대한 신빙성을 더하고 있다.

그러나 코테의 분석은 그 절박함을 지지할 만한 구체적인 근거가 부족하고, '성인기 이행' 연구 역시 방대한 자료를 해석하는 데 대체로 중립적인 입장을 보인다는 점에서 아쉬움이 남는다. 이 연구의 저자들은 전통적인 성인 지표에 도달하는 연령이 갑자기 뚜렷한 추이를 보이며 높아진 이유는 장기간에 걸쳐 고등교육을 받으려는 학생 수가 늘어나고 산아제한과 동거 생활을 바라보는 사회의 태도가 관대해지는 등의 경향으로 단순하게 풀이할 수 있다고 보았다.

그러나 내 생각은 좀 다르다. 젊은이들은 철저하게 길들여진 아동기를 보내야 했기 때문에 막다른 골목에 몰려 있다. 스스로 행동하고 선택할 실습도 충분히 거치지 않은 채 청소년기와 성인기 사이 경계가 점점 모호해지는 접점에 도착했고, 이들이 해야 할 일이나 결정을 어른이 나서서 도맡아 해왔기 때문에 스스로 방향을 설정하며 자신감을 키울 기회가 없었다. 외부의 보상에 따라 행동하도록 프로그래밍되었기 때문에 창의성은 철저히 짓밟히고, 진취적이며 참신한 경험에 대한 천부의 열망도 짓밟혔다. 그런데도 우리는 스위치 하나만 올리면 이들이 눈 깜짝할 사이에 자율적인 어른으로 변신해 전례 없이 혼란스런 세상에서 동요 없이 정돈된 삶을 살 것이라 기대한다. 그러나 상황이 기대처럼 순조롭게 돌아갈 리 없다. 어른으로서 요구되는 자신감, 성숙도, 자기 인식이 아무런 근거 없이 만들어질 리 없기 때문이다. 이런 성질은 타고나는 것이 아니며, 젊은이들이 기회가 되는 대로 시간을 충분히 두고 길러야 할 자질이다.

『20대의 위기: 시험대에 오른 20대의 특별한 삶Quarterlife Crisis: The Unique Challenges of Life in Your Twenties』의 공동저자인 알렉산드라 로빈스Alexandra Robbins와 애비 윌너Abby Wilner도 오늘날 성년에 이르는 시기가 늦춰지는 현상이 단지 인구 통계상의 변화에 불과하다는 생각에 의문을 던졌다. 이들은 자신들이 찾은 근본적 현실을 뒷받침해줄 면밀한 사회학적·심리학적 연구가 불충분하다는 사실을 지적하면서 오늘날 갓 성인기에 접어든 대다수는 코테가 언급한 바와 같은 심리학적 성격의 성인기, 즉 개성화에 도달하기 위해 치열하게 몸부림치고 있다고 주장했다. 두 사람 모두 자신들의 과도기를 언급할 당시 전문직에 종사하는 20대로서(로빈스는 저널리스트이며 윌너는 웹사이트 관리자이다) 자신들의 경험과 20대 또래 백 명 이상을 대상으로 한 인터뷰에 근거해 다음과 같이 결론지었다.

> 자기를 제외한 나머지 세상이 시끌벅적하게 움직이는 동안 찾아온 정체감과 권태감에서 오는 것이 중년의 위기라면, 20대 위기는 엄청난 불안감, 끊임없는 변화, 너무나 많은 선택에서 오는 갈등, 공포스러울 정도의 무기력감에 대한 반작용이라 할 수 있다. 공허한 인생의 단조로움이 중년에 접어들어 자신의 삶에 골똘히 몰두하도록 만드는 것처럼 불확실한 삶은 20대를 혼돈의 세계로 밀쳐낸다. 아동기에서 성인기로, 학교 너머 큰 세상으로 나가는 과도기는 준비되지 않은 20대에게는 가슴 철렁한 충격으로 다가온다. 그 결과 엄습하는 무기력감과 무능감, 우유부단과 불안이야말로 20대에 흔히 겪는 경험이다.[26]

로빈스와 윌너는 20대 위기가 중년 위기보다 훨씬 더 감당하기 어려울 수 있다고 주장한다. 중년 위기는 사회적으로도 널리 인식돼서 각종 서적, 영화, 지지단체와 같은 형태로 이 변화를 극복하는 데 도움이 될 만한 여건이 만들어져 있다. 하지만 이제 20대로 진입하는 사람들은 "새로 떠안은 책임과 자유, 선택이 가져온 격렬한 변화가 20여 년간 학교의 그늘에 숨어 있다가 갓 사회로 진출한 사람들이 감당하기에 너무도 벅찰 수 있다"[27]는 사실을 미처 깨닫지 못하기 때문이다. 20대 위기를 겪는 사람들 다수는 이 과도기를 힘들게 겪는 사람이 자기뿐이라고 생각하기 때문에 다른 사람들에게 자신의 문제를 터놓기를 꺼리며 고립감에 휩싸이고 절망감에 빠져든다. 그 결과 정신적·정서적 장애를 겪는 비율이 높고 불안, 절망을 비롯한 여러 문제에 심지어 약물 중독에 빠지는 경우도 생긴다.[28]

성인 세계로 안내하는 지도는 이제 너무도 낡았고 좋은 안내자와 멘토를 연결해줄 수단은 거의 끊겨서 성인기를 찾아 헤매는 젊은이들은 오로지 서로의 도움이 절실하다. 이들은 소통의 연대를 만들어 오늘날 급격히 변하는 세계에 어울리는 새로운 가치와 목표를 정해 공유해야 한다. 불행하게도 서로의 존재가 가장 절실한 시기에 이들은 서로에게서 점점 멀어지고 있다.

소외의 근본 원인은 아동기부터 누적되어온 고립된 생활 방식에서 찾아볼 수 있다. 어른, 기술, 온갖 연예 오락 사업이 아이들의 놀이에 끼어들어 아이들은 서로를 이을 만한 지점을 점점 찾지 못하고 있다. 이런 관점에서 내가 가족과 친구를 만나러 고향인 워싱턴으로 돌아가보면 내 어린 시절과 지금 아이들 사이에 어마어마한 변화가 생겼음을 확인할 수 있다. 내가 고향에 있는 동안 즐기는 것은 옛 동네를 천천히 걸으면서 추억을 떠올리는 일이다. 나는 문 밖에서 노는 아이들이 거의 없다는 사실에 어김없이 놀라곤 한다. 현관에 널린 장난감이며 스포츠 용구, 마당에 있는 자전거는 분명 아이들이 있다는 흔적일 것이다. 그럼에도 나는 아이와 마주친 적이 거의 없다. 아이들은 모두 집안에 앉아 텔레비전을 보거나 비디오 게임, 인터넷을 하든가 숙제, 악기 연습에 매달리고 있을 것이다.

아이들이 자라면서 의사소통의 성격도 달라진다. 다른 모든 영역에서처럼 의사소통의 많은 부분은 이제 전자미디어가 채우고 소통의 깊이가 점점 얕아지며 친밀도는 더욱 낮아졌다. 상업주의 경제는 젊은이들 사이에 같은 문화를 공유하면서 느끼는 일체감을 문화의 핵심으로 자리잡도록 했고 데이비드 리스먼이 "군중속의 고독"[29]이라 부른 소외감을 아이들에게 심어놓는다. 아이들은 서로의 마음을 어루만지기보다는 좋은 상품을 나누고 잘 짜인 프로그램을 공유하면서 연결될 뿐, 인간관계는 얇디얇고 거리는 그만큼 멀다.

고립감은 12년 이상의 시간을 교실에서 지내며 경쟁심을 부추기고, 과제에 몰두하며 협동과 상호작용은 등한시한 결과이기도 하다. 한때 우정을 키우고 진솔한 만남을 가졌던 학교에서의 시간과 공간은 오늘날 거의 사라지고 엄격한 기준에 따른 학업 수행의 압력이 계속 커지면서 교사들도 더 이상 학생의 욕구와 가능성에 주의를 기울일 여유가 없다.

이 모든 고립의 상황을 추려보면 로빈스와 윌너가 얘기하는 현상에 근접할 수 있다. 다시 말해 젊은 세대는 서로의 도움이 절실하면서도 서로에게 어떻게 닿을 수 있는지 도통 알지 못한다. 유대감이라는 주제는 건강한 심리적 발달을 통해 개성화라는 목표를 이루어야 한다는 융의 모델을 다시금 환기시킨다. 그러나 개성화라는 목적을 성취하기 위해서는 내재된 역설을 극복해야 한다. 자아의 정서적 상태를 이해하고 자기 내면으로 들어가 무의식 세계를 들여다볼 줄 알아야 할 뿐 아니라 타인과의 친밀한 관계 속에서 익숙해지며 삶의 목적의식을 가다듬는 개성화는 타인의 존재라는 맥락에서만 도달할 수 있다는 역설을 안고 있다. 융은 "개인은 혼자 동떨어진 상태로 존재할 수 없으며 존재의 본질상 관계를 전제로 하기 때문에, 개성화의 과정에는 고립이 아닌 더 깊고 넓은 집단적 관계형성이 따라야 한다"고 보았다.[30] 디시와 라이언의 자기결정성 이론을 돌아보더라도 젊은이들이 찾을 수 있는 해답은 개인적으로 자율성을 키우는 동시에 타인과의 관계를 돈독히 하는 데 있다. 그러나 개성화는 타고나지 않는다는 데 문제가 있다. 개성화는 본이 분명한 어조로 말한 대로 모든 사람을 같은 잣대로 평준화하려는 문화적 경향에 매우 취약하다. 융은 개성화는 "집단적 기준이 규정한 길을 따른다고 성취할 수 없다. 인간이 집단적 기준을 따를수록 개인의 부도덕도 커진다"고 주장했다. 여기에 덧붙여 인간의 개성을 심각하게 훼손하는 행위는 심리적 성장도 가로막는 짓이며 개성의 발현이 억제된 개인으로 구성된 사회집단은 "건전하고 생명력 있는 체제가 될 수 없다"[31]고 주장했다. 로빈스와 월너가 거의 한 세기 지난 지금 다시금 경고하는 상황이다.

규격화와
정체성의 혼란
—

20대 위기는 본질적으로 심리학자 에릭 에릭슨Erik Erikson이 정의한 '정체성 위기identity crisis'의 한 가지 형태라고 할 수 있다. 정체성 혼란의 상태는 이제 청소년기의 대표적 특 징으로 간주되고 있지만, 실제로는 현대 문화에서 등장한 인위적인 개념이지 누구나 태어난 이상 당연히 겪게 되는 과정은 아니다. 살 펴본 것처럼 십대의 삶은 미국뿐 아니라 다른 문화권에서도 19세기 와 비교해 전혀 다른 양상을 띤다.

1950년에 데이비드 리스먼은 사회적 성격 유형을 세 가지로 분류 했다. 이제는 고전이 된 이 연구에서는 호르몬의 왕성한 분비, 순종 과 반항을 오가는 갈등, 또래 압력에 취약한 상태 등 오늘날 미국 의 십대에게서 전형적으로 볼 수 있는 특징이 어디에서 유래하는지 추적할 만한 단서를 찾아볼 수 있다. 리스먼은 개인이 사회와 상호 작용한 결과 시대적으로 세 가지 중요한 성격 유형이 형성되어왔다 고 주장했다.

모든 초기 문화에서는 전통, 의식, 종교에 전적으로 지배받는 "전 통지향형 성격traditional-directed character"이 나타난다. 이들 권위는 구성원 외부에서 유래하여 구성원의 행동을 지배하고 사회의 기준과 가치 를 다음 세대에 자동적으로 원만히 전달하는 역할을 한다. 이 틀에 맞지 않는 사람에게는 무당이나 주술사와 같은 특별한 역할이 주어 졌다.

이후 전통이 구성원을 장악하는 힘이 점차 느슨해지는 사이 가족 의 영향력이 그 틈을 메우면서 "내부지향형 성격inner-directed character"의 사회가 나타났다. 이제 부모는 절대 권위의 존재가 되었고 아이들은 규칙을 엄격히 따르며 부모의 기대에 부응해야 했다. 젊은 세대는 부모를 비롯해 실세격인 어른의 가치를 반사적으로 내면화하고 사회가 요구하는 기준을 일말의 의심 없이 따라야 하는 것으로 받아들였다. 내부지향형 사람들은 용어가 암시하듯이 어려서부터 연장자들이 이식한 내부 규율에 따라 삶의 방향을 설정하기 때문에 사회의 통제 방식에 이의를 제기하지 않는다.

그러나 대부분의 산업사회에서는 부모의 권위가 점차 약해지면서 "타자지향형 성격other-directed character"이 두드러진다. 타자지향형 사람들은 처신의 근거와 지침을 외부에서 찾는 경향이 있기 때문에 또래와 매스 미디어에서 받아들이는 신호에 특별히 민감하다. 따라서 조종하기 쉽고 참된 행복과 개인적 성취는 사실상 불가능하다. 이 유형의 사람은 타인으로부터 인정받는 일을 선善으로 혼동하며 자신의 목표를 설정하고 기준을 정하는 데 어려움을 겪는다.

타자지향형 '부모'는 자녀에게서 인정받으려 하고 그 자녀 또한 부모에게서 인정받으려 하기 때문에 상황은 더욱 나빠진다. 이들에게는 내부지향형 부모가 누리던 육아의 자신감이 없고 자기 확신도 부족해 급기야는 동시대 타인과 참고서적, 대중매체를 지침으로 삼는다. 여기에 더해 수시로 쏟아지는 최신 양육법에 매달리지만 결국 양육법이 전수하는 기술적 내용만으로는 감당할 수 없는 부모의 불안을 아이는 고스란히 받을 수밖에 없다.[32]

현대 문화에서 개인은 예전처럼 전통이나 가족에 강하게 묶여 있지 않고 자신의 존재를 자유롭게 규정할 수 있는 수준으로 발전했지만 바로 이 자유야말로 말처럼 쉽게 얻어지지 않는다는 모순이 존재한다. 오늘날 대부분의 청소년은 거의 타자지향적 성격이어서 자기 내부에서 울려오는 다이몬의 부름을 거의 듣지 못한다.

그러나 리스먼은 우리를 출구 없는 미로에 방치하지 않았다. 리스먼은 타자지향형 사회에 적응하는 방식으로 적응(순응), 아노미(일탈), 자율성을 제시한다. 사람들 대부분이 분별없이 순응하거나 반항하는 방식으로 성장에 따르는 요구에 대처하는 반면 젊은이들이 신중하게 적절한 롤 모델을 정하고 다양한 경험을 쌓아 개성을 가다듬을 수 있다면 자율적인 존재로 성장할 수 있는 가능성은 아직 남아 있다. 순응할지의 여부와 그 시기를 자유로이 선택하면서도 사회가 요구하는 행동 기준에 적응할 수도 있다.[33] 다만, 이 경우에는 주체적으로 선택하고 그 결과에 책임질 수 있는 대비가 충분히 이루어져야 한다는 전제 조건을 덧붙이고 싶다.

리스먼은 자율적인 인간이 되려면 출생 환경의 제약을 극복하고 자기 방식으로 일과 놀이, 인간관계를 모색해서 아직 드러나지 않은 자아를 탐구해야 한다고 보았다. 그러려면 일과 놀이의 의미를 재정립해 그 의미와 목적을 찾아 창의적이고 정서적인 에너지를 쏟을 수 있는 대안을 찾아야 한다. 이 모든 일이 가능하기 위해서는 자신의 감정과 잠재성, 한계성에 대한 고도의 자각이 필요하며 오늘날 타자지향의 문화(이 문화의 요구사항은 언제나 타당해 보인다)에 드리운 "복잡한 이해관계의 그늘"에서 벗어나야 한다.[34]

리스먼이 주장하는 내용의 핵심은 주류문화의 반자율적 영향을 극복할 수 있는 자율적 인간만이 참된 자유를 누릴 수 있으며 그렇지 않는 사람들은 결국 어떻게 해서든 사회에 순응할 것이라는 사실이다. 자유를 쟁취하려는 투쟁에서 승리하기 위해서는 그 역경이 아무리 클지라도 자신의 정체성을 확립하려는 노력을 부단히 기울여야 한다.

에릭슨도 홀과 마찬가지로 현대 사회에서는 아동기에서 성인기로 가는 과도기가 필요하다 보고 이 기간을 "심리사회적 유예기psychosocial moratorium"라 불렀다. 에릭슨은 모든 문화는 사실상 통과의례, 수습기간, 고등교육 같은 다양한 형태의 유예기간을 제도적으로 마련해두고 있다고 했다. 그러나 소위 청소년 비행은 자제력을 상실한 데 원인이 있다는 홀의 견해와 달리 비행 외에는 아무런 탈출구도 찾을 수 없는 상황에서 나름의 통과의례를 만들려는 아이들의 시도라고 보았다.[35] 작가 마이클 미드Michael Meade도 마찬가지로 십대의 모험과 반사회적 행동이 '자생적인 성인식self-initiation'의 일부라고 보았다.[36]

에릭슨은 젊은이들에게 성인기로 진입하기 전에 일종의 타임아웃을 주는 목적은 아동기 내내 조각조각 모아온 다양한 정체성을 하나로 맞춰 전체적이고 일관된 자아상을 만들 기회를 주는 데 있다고 보았다. 정체성을 확립하는 과정은 단계적이어서, 아이는 여러 단계의 성장과정에서 한 단계를 마치고 다음 과제로 이행할 때마다 작은 위기에 직면한다. 에릭슨이 사용한 '위기'라는 용어는 이 시기를 긴급 상황이나 재난과 같은 의미가 아니라 아이의 능력이 커지면서 그만큼 커지는 취약성을 대비하는 전환기, 즉 과도기로서의 의미를 담고 있다. 걸음마를 배우는 아기가 익숙해져 걷는 속도가 빨라지는 만큼 다칠 위험도 커지는 것과 같은 이치다.

에릭슨의 복잡한 모델을 깊이 파헤치지 않더라도 청소년이 겪는 정체성 위기는 어린 시기에 맞이한 위기를 얼마나 잘 헤쳐나가느냐에 따라 결과가 달라진다는 사실을 헤아릴 수 있다. 다시 말해 어린 시절에 자신은 물론 세상에 대한 신뢰와 자신감을 쌓지 못하거나, 자기주장을 뚜렷이 드러내 자율적인 의지를 행사하지 못하거나, 학창 시절 참된 놀이와 성취감의 경험이 없거나, 또는 자라면서 적절한 롤 모델과 멘토를 만나 긍정적인 유대를 만들지 못한다면 정체성에 뚫린 구멍은 청소년기에 이를수록 더 큰 장애가 될 것이다.[37]

병적인 수준의 정체성 문제를 겪는 젊은이들을 상담한 에릭슨의 경험에서 보면 오늘날 우리가 '정상적'이라고 간주하는 십대의 전형적인 문제 행동이 실은 전혀 정상이라 할 수 없다. 내 식으로 표현하자면 오히려 아동기를 지나는 동안 '내면의 야성에 심각한 상처를 입었다는' 신호로 보아야 한다.

청소년기를 가혹한 규격으로 규정하고 여기에 걸맞은 역할을 강요함으로써 청소년들은 자기 역할을 수행할 수 없다는 사실에 갈팡질팡하다가 어떤 식으로든 도피한다. 그 결과 학업을 중도 포기하거나 일을 그만두고 밤새도록 환락에 탐닉하고 또는 기괴한 풍조에 빠지는 청소년이 늘고 있다. 오랜 벗과 조력자, 법집행 관계자들의 입장에서는 '비행'에 빠진 청소년은 각종 진단과 판결을 거부하는 것으로 보인다. 그러나 이 청소년들에게는 역동적인 청소년기 특성을 무시한 채 안성맞춤인 진단이나 사회적 심판이라는 구실로 자신을 분류하는 조치를 거부하는 일이 가장 큰 욕구이자 때로는 유일한 구원이 되기도 한다.[38]

에릭슨은 이와 같이 홀을 비롯한 많은 사람들이 청소년기를 규격화한 작업에 단호히 반대하는 입장에 섰다. 에릭슨은 이 규격화야말로 젊은이들이 겪는 정체성 혼란의 뿌리라고 보았다. 그러나 에릭슨은 급변하는 기술사회에서 성인기로 무난히 이행하기 위해서는 안정적인 정체성과 준비기가 선행되어야 한다는 사실을 다시 한 번 확인했다.

홀은 결국 '청소년기 발달의 연장'이라는 소망을 이루었다. 미국사회는 청소년들이 어른의 삶에 뛰어들기 전에 유례없이 긴 유예기를 준다. 기존의 유예기에 공식적으로 또 다른 유예기를 덧붙이고 있다고 해도 과언이 아니어서, 심리학자 제프리 아넷Jeffery Arnett은 "성인 진입기emerging adulthood"라는 명칭으로 유예기가 연장되는 현상을 설명했다. 아넷은 같은 제목의 저서에서 종래의 청소년기가 끝나는 십대 후반에서 완전한 성인기로 들어가기 전인 20대 중반의 기간을 성숙한 어른으로 가는 경주에서 정비를 위해 잠시 정차하는 시기로 파악해야 한다고 주장한다. 오늘날 '정체성 탐구'에 온전히 바칠 수 있는 단계가 바로 성인 진입기이며 청소년기에서 성인기로 이행하는 과도기적 느낌과 불안이 존재하는 시기이자 다양한 가능성을 잉태한 시기이다.[39]

한편, 성인 진입기를 대학에서 보내려고 하는 청소년이 급증하고 있다. 코테는 대학 시기를 가리켜 "제도적으로 정체성 확립을 유예하는 기간"이라 했으며, 대학은 이제 젊은이들이 학위라는 기반 위에 정체성을 구매할 수 있는 장소가 되었다.[40] 안타깝게도 여기에는 의도하지 않은 함정이 도사리고 있다. 대학을 성인기로 가는 발판으로 삼는 청소년이 점점 많아질수록 대학에서 얻는 학위의 가치는 떨어진다는 사실이다. 대학은 이제 여러 모로 고등학교 시기의 연장에 불과하며 아동이 어른으로서 한층 성숙해가는 참된 고등교육기관으로서의 의미는 퇴색하고 있다.

동시에 감당하기 힘들 정도로 치솟은 학비 때문에 학자금 대출로 삶을 저당잡힌 학생들이 빚을 갚기 위해 졸업과 함께 좋은 보수의 직장을 좇게 되면 그만큼 치열한 취업 경쟁에 뛰어들 수밖에 없다. 많은 졸업생들은 다이몬이 이끄는 대로 진로 탐색을 하지 못하고 부채의 부담에 눌려 졸업과 동시에 처음 맞이하는 직장을 그대로 받아들이게 된다. 기초 교육만 받으면 경제적 독립을 위해 거쳐가는 경로 역할을 했던 초보 수준의 직장은 더 이상 찾아보기 어려우며, 과거 같으면 한 직장에서 잘 버티기만 해도 점차 밟고 올라설 수 있던 직업의 사다리는 더 이상 존재하지 않는다. 그 대신 보수는 적고 가치와 의미가 바라던 바와 맞지 않는 직업을 찾기 일쑤다. 과거와 달리 이들이 감당할 수 있는 책임과 능력은 저평가되기 때문에 중요한 직책을 맡을 자격도 안 된다고 여겨진다. 그 결과 오늘의 젊은이들은 불안정한 직장과 생활 여건 때문에 독립적으로 살기에 충분한 돈을 모을 수도, 어엿한 성인으로 기능하는 데 필요한 생활

방식을 누릴 수도 없다.[41]

코테는 여기에 더해 '잊혀진 절반'을 상기시킨다. 대학을 졸업하지 않고 수입은 지난 20여 년 사이 20~30퍼센트 떨어진 이들이 미국 청년의 절반에 육박한다. 이 수치로 알 수 있는 사실은 사회경제적 지위가 낮다고 해서 반드시 성인기에 진입할 수 없는 것은 아니지만 낮은 지위의 사람들에게 선택의 여지는 더욱 줄어들고 성인기에 안착하기까지의 과정이 더욱 어려운 것만은 확실해보인다는 점이다.[42]

어른으로 가는 길을
찾은 아이들
—
청소년기가 처한 미로와 같은 상황에서 빠져나오려면 자율성과 관계지향이라는 흔치 않은 능력이 필요하다. 혼란스러운 상황을 벗어나 첨단기술의 세상이 요구하는 지속적 성장과 변화를 삶에 담아내려면 다양한 정보를 접하고 무한한 가능성을 염두에 둔 채 여러 가지 대안을 꼼꼼히 추려낼 수 있어야 한다. 그렇게 해야만 랜돌프 본이 호소한 대로 부모의 기대와 또래 압력, 미디어와 같이 자신들을 "왜곡하고 관습의 틀에 묶으며 경직시키는" 영향력에서 벗어날 수 있다. 하지만 청소년들은 이 난국을 어떻게 탈출해야 할지, 자신은 어떤 존재이며 자신이 도달하고자 하는 목표가 무엇인지 모른다. 설사 이 미로의 출구를 가까스로 찾아낸다 하더라도 가장 수월한 길을 찾아 헤매다 환경과 충동에 굴복하고 우유부단하게 미루며 회피하는 삶에 들어서기도 한다.

이름은 밝히지 않았지만 3장에서도 짧게나마 소개했던 나의 학생 아이작의 이야기를 떠올려보자. 아이작은 태풍에 휩쓸린 푸에르토리코에 가서 구호활동을 하려고 거의 1만 달러를 모금한 학급의 학생이었다. 솔선수범하여 지역 모든 미디어에 프로젝트를 홍보한 학생이 당시 15살이던 아이작이었다. 아이작의 전화 홍보 덕에 우리 아이들은 몇몇 텔레비전에 출연하고 출간물로도 사연이 전해져 익명의 후원자들로부터 상당한 액수의 기금을 모을 수 있었다.

아이작은 프리스쿨 졸업 후 공립 고등학교 지원을 고려해보기도 했다. 수업 활동에서 크게 어려우리라고 예상되는 점은 없었지만 결국 학교 공부는 자기 적성과 맞지 않는다는 점을 깨닫고 홈스쿨링을 결심했다. 부모 모두 전임으로 일했기 때문에 아이작은 혼자 힘으로 홈스쿨링을 했다. 스스로 다방면에 걸친 관심사를 찾아다니다 17살이 되던 해에는 몇몇 청년들을 도와 뉴질랜드에서 열리는 국제민주교육한마당IDEC에 참가할 기금을 모았다. 아이작은 혼자 힘으로 세계일주 항공권을 마련해 회의가 끝난 후 귀국하기 전 여러 달에 걸쳐 세계여행을 했다. 18살에는 국가에서 설립한 대안교육지원 기관에서 인턴십 활동을 했다. 같은 해 이 단체는 아이작이 전년도에 참가했던 국제민주교육한마당의 차기 개최 단체로 선정되었고, 아이작은 홈스쿨링을 하면서 전문가 수준으로 갈고 닦은 웹디자인 기술을 활용해 주도적으로 회의 준비를 이끌었다. 마침내 일주일에 걸친 국제회의는 전 세계 22개국에서 온 6백 명이 넘는 참가자를 하나로 모으는 데 성공했다. 아이작이 성공으로 이끈 이 행사는 11년을 맞은 이 단체의 역사에서 가장 성공적인 행사로 인정받았다.

이듬해 아이작은 이 단체의 상근간사로 뽑혀 롱아일랜드에 있는 본부에서 일했다. 단체의 총 책임자는 60대의 고참 교사로서 아이작에게는 최고의 멘토가 되어주었으며 아이작도 빠르게 신뢰를 쌓고 능력을 인정받아 중요한 역할을 맡았다. 아이작은 웹사이트 관리와 온라인 판매, 세계 각지에서 들어온 정보 요청 대응 등의 역할을 맡았으며 특히 장차 이 단체의 주요 수입원이 되는 연례 전국민주교육한마당 조직에도 참여했다. 조직 책임자로 일한 지 3년째 되던 해에는 행사를 매우 성공적으로 유치해서 수익을 2만 5천 달러 이상 올려 단체가 안고 있던 만성 적자를 메꿀 수 있었다.

단체 일을 성실히 하는 중에도 아이작은 자기가 선택한 대학에서 입학 허가를 받고 도전해보았지만 정식 학업은 자기 영혼에 자극을 주지 못한다는 사실을 다시 한 번 확인했다. 이제 21살의 어엿한 청년이 된 아이작은 알바니 지역의 대안 고등학교 설립에 참여했으며 세 명으로 꾸려진 전임 교사진에 속해 있다.(이 학교는 그해 말 대표가 사직하면서 문 닫을 위기를 맞기도 했으나 아이작의 노력으로 새로운 대표를 찾았고, 2014년 현재 설립 8년차를 맞아 여전히 활발한 교육활동을 하고 있다.)

아동기를 한 번 더 연장해 성인 진입기와 같은 개념으로 구체화하면서 나타나는 문제는 성장을 미루는 일을 정상적인 양 받아들이게 하며 우리 주변의 가비와 폴, 엘리너와 아이작 같은 사례를 예외로 치부한다는 사실이다. 또한 아이들이 여전히 내면의 야성을 온전히 보존하며 사춘기를 보낼 수 있다는 사실을 간과한다. 내면의 야성이 살아 있는 한 아이들은 청소년 시절을 온전하고도 흥미진진하게 활용해 자신들이 나아가고자 하는 성인의 삶으로 꿋꿋하게 향할 수 있다.*

가비와 폴, 엘리너와 아이작은 어떤 특권 계층 출신이 아니라는 점에 주목할 필요가 있다. 이 아이들이 자신에게 주어진 청소년기라는 '유예기간'을 충분히 활용하여 자아를 탐구하고 넓히며 깊이를 더할 수 있었던 원인은 결코 유복한 가정환경에 있지 않다. 이 아이들이 소로우가 말한 "자기가 상상한 대로의 삶"을 향해 흐트러짐 없이 나아갈 수 있었던 이유는 일찌감치 내면의 밑그림을 완성해 스스로 방향을 설정하고 자아를 발견할 수 있는 역량을 키웠기 때문이다.

이 아이들의 사례에 특별한 비결은 없다. 다만, 부모는 아이가 자기 선택에 책임질 수 있다고 믿어주고, 아이가 내면의 안내를 따라 실수하며 배우는 일이 중요하다는 사실을 알았을 뿐이다. 덧붙이자면 이 아이들이 태어날 때 그 어머니들은 출산 과정의 주도권을 의

---

* 엘리너는 대학으로 돌아와 분자생물학에 관심을 갖게 되었고 이내 이 분야에 자신의 손재주와 예술적 재능을 접목하여 전공 교수의 저서에 삽화 작업으로 참여하기도 했고, 현재는 생물학과 예술이 접목된 독창적인 분야에서 박사과정을 마무리하고 있다. 폴은 뉴욕에서 나이트클럽을 운영하고 있고, 가비는 알바니에서 자기 사업체를 성공적으로 운영하고 있다. _필자 주

료체계에 넘기지 않았다. 부모 모두 아이가 태어나는 순간부터 아이와의 유대관계를 방해하는 그 어떤 일도 허락하지 않았다.

마찬가지로 취학연령이 되자 아이의 개성을 거의 배려하지 않는 획일적인 제도교육에 아이들을 무턱대고 맡기지도 않았다. 오히려 아이가 자기 모습 그대로 자랄 권리를 존중하는 학교, 자기 힘으로 학습 방향을 정하고 자기 문제를 스스로 풀어보도록 격려해주는 학교, 상상력과 창의성을 키워주는 학교, 깊은 관심과 애정으로 아이를 보살피며 기꺼이 멘토와 모델이 되어줄 교사진으로 꾸려진 교육 환경을 찾았다. 집에서는 장난감, 전자오락, 상업화된 놀이거리를 대책 없이 허락하거나 지나치게 방임하지 않았고, 아이의 삶에 각종 과외활동을 꾸역꾸역 채워넣지도 않았다. 가비와 폴, 엘리너와 아이작이 음악 레슨을 받거나 조직 스포츠 활동을 한다면 순전히 자발적인 선택일 뿐이었으며 부모가 이래라저래라 하는 일은 결코 없었다. 한 가지 덧붙인다면 이 아이들은 자기 몫의 집안일도 늘 기꺼이 나누어 가졌다는 사실이다.

중학생이 되자 네 명 모두 인턴십과 실습 활동에 참여해 어른 세계의 여러 면모를 미리 겪어보았다. 고등학생이 되자 이들의 부모는 아이가 자기 교육환경을 스스로 꾸려나갈 수 있을 만큼 성장했다고 판단했다. 앞서 살펴본 것처럼 가비와 폴은 공립학교를 선택해 거대하고 경직된 학교의 구조를 극복하며 꼼꼼히 교육내용을 추려내 자기의 관심과 목표에 도움을 줄 사람과 정보를 찾아냈다. 엘리너는 공립학교의 큰 규모와 차가운 분위기를 거부하고 뛰어난 예술 프로그램과 공동체 의식이 강하게 살아 있는 기숙형 학교로 옮겼다. 아이작은 부모의 전폭적인 지지 속에 자기만의 교육 프로그램을 만들수 있었다.

자율적인 존재로 거듭난 이 아이들은 이미 안정적으로 정체성을찾고 개성화의 길로 들어섰기 때문에 성장과정에 도사리고 있는 유혹에 굴복하지도, 어른으로서 직면해야 하는 도전을 회피하지도 않을 것이다. 상업 문화가 주는 쾌락과 최소한의 사회적 기대를 채우는 것에 만족하면서 근근이 생계를 이어가기보다는, 도전하고 극복할 것이다. 물론 이 아이들도 실패의 쓴맛을 경험하고 상처입기도할 것이다. 그러나 장애물을 만나더라도 자신이 가진 모든 역량을끌어모으고 외부에서 찾을 수 있는 모든 도움을 찾아 헤쳐 나갈 것이다.

어쩌면 길을 잃은 청소년들에게는 자기 탐색의 유예기간이 필요할 수도 있다. 특히 내면의 야성이 심하게 훼손된 채 20대에 들어서도 자신의 욕구를 모르고 나갈 길을 찾지 못하는 사람들에게는 해답이 될 수도 있을 것이다. 그러나 이들 청소년이 발달과정상의 문제를 보인다고 꼬리표를 붙이는 일만은 피해야 한다. 이런저런 진단을 내려 분류하고 비정상으로 보기보다는 예방에 집중하여 훨씬 현명하게 대처할 수 있는 사례가 바로 이 아이들이다. 가비와 폴, 엘리너와 아이작이 보여준 사례처럼 내면의 야성이 생생히 살아 있는아이들은 25살이 되어도 정체성 위기로 흔들리지 않을 것이며 사회관습이 만들어낸 온갖 기대와 부채 앞에 좌절하는 일도, 타고난 개성으로 운명을 개척해 나가라고 조언하는 내면의 목소리에 귀를 닫는 일도 없을 것이다.

아이들을 위한다고 말하는 우리 모두에게 아이들이 길들지 않고 온전히 아동기를 지낼 권리를 지키자고, 다이몬의 부름에 당당하게 답하며 억누를 수 없는 개성이 꽃피는 삶을 살도록 하자고 간절히 호소하는 이유가 바로 여기에 있다.

9

아이들 내면의
야성 구하기

우리의 구원은 남과 여, 아이를 막론하고 서로에 대한
믿음과 사랑, 자연의 야성을 되살리는 일에 달려 있다.

_첼리스 글렌디닝, 『내 이름은 첼리스』 가운데

'길들임'의 공식
통찰하기

―――

　　　　　　　　　지금까지 역사, 육아, 생물학, 문학, 심리학, 교육, 사회학, 철학 등 다양한 영역을 파헤치며 내 경험을 곁들여 나와 함께했던 학생들의 이야기를 풀어놓았다. 맨 처음 이 책의 전체적인 짜임새를 상의할 때 편집자는 큰 관심을 보이며 오늘날 아이들이 겪고 있는 어려운 상황에 대해 나처럼 깊은 우려를 나타냈다. 그런데 막상 다루고자 하는 범위가 너무 넓고, 교육 분야를 제외하면 전문적인 연구 경력이 없다시피 한 내가 그처럼 광범위한 분야에 걸쳐 그런 어려운 작업을 해낼 수 있을지 염려했다.

　　나는 오히려 이 점이 중요하다고 주장하며 전문가가 아니기 때문에 더 적임자라고 설득했다. 전문가들은 각자의 영역에서 이미 나름의 연구 성과를 쌓았고 나 역시 그 점에 깊이 감사한다. 기계적 의료기술이 아기에게 미치는 영향, 지나치게 허용적이거나 반대로 지나치게 통제하는 육아방식의 영향, 공장식 교육의 영향, 정체성 혼란이 청소년기에 미치는 영향, 미디어 중독의 영향 등 각각의 분야마다 내게 깊은 통찰을 주기에 충분했다. 반면에 아동기가 어떤 식으로든 좋지 않은 방향으로 변하고 있다는 사실을 모두 알고 있지만 조각처럼 떨어진 각각의 분야를 이어 붙여 전체적인 윤곽을 그려본 시도는 이제껏 없었다. 게다가 나는 온갖 개성의 아이들과 35년 동안 생활하면서 아동기에 일어난 변화를 직접 목격해 왔다. 이 변화가 아이들에게 끼치는 영향을 내 두 눈으로 생생하게 보았고 그 원인도 뚜렷이 알고 있었다.

어쨌든 편집자가 나의 독특한 관점을 알아본 덕에 이 책이 세상에 나올 수 있었다. 이 책의 의도는 흩어진 퍼즐을 맞추어 아동기에 벌어진 전 방위적 변화, 그 기원과 전개 과정, 그리고 가장 중요하게는 다치기 쉬운 아이들의 자아에 영향을 끼친 요소들에 대해 가능한 한 철저히 파헤치는 데 있다는 점을 다시 한 번 밝히고 싶다. 이런 과정을 냉정히 짚어보지 않고 상황을 호전시키려고 해보았자 기껏해야 효험 있다는 소문에 솔깃해 이런저런 유행을 어정쩡하게 따라 해보는 정도에 그칠 뿐이며 근본적으로는 눈 가리고 아웅하는 것과 다름없다.

오늘날 아이들의 내면에 있는 야성은 길들여질 위험한 상황에 놓여 있지만, 그렇다고 야성의 소멸을 수수방관해야 할 이유는 없다. 사실 주변을 돌아보면 조심스럽게 낙관할 만한 상황도 자주 보게 된다. 예를 들면 점점 불룩해지는 아이들의 책가방과 과도한 일상에 우려를 나타내는 보도가 매일매일 미디어에 오른다. 도입부에 언급했듯이 여러 주에서 부모와 정치인들이 힘을 모아 교육당국의 잘못된 정책에 이의를 제기하고 있다. 아이들이 장시간 화면 앞에 앉아 시간을 보내는 일이 결코 유익할 리 없다는 사실에 눈을 뜨고, 취미생활이나 야외활동을 격려하는 부모도 늘고 있다. 다행히도 공립 도서관 체계는 여전히 잘 돌아가며 지역별로 공원과 자연 체험 시설이 잘 구비되어 있고 그중 상당수는 무료로 운영된다. 전국적으로 건전한 자연 체험 캠프망이 갖추어지고 있으며 그중 대부분은 비용을 감당할 수 없는 가정을 대상으로 복지 혜택도 제공한다.

아동기가 국가적 길들이기의 벼랑에서 산사태를 맞아 나락으로 떨어지는 상황이지만 통제받지 않고 놀며 배우고, 일하며 모험할 수 있는 기회 또한 얼마든지 찾을 수 있으며, 이런 기회를 찾을 수 없는 상황이라 할지라도 새로이 만들어낼 수 있는 융통성은 늘 열려 있다. 길들지 않은 경험의 장점이 바로 여기에 있다. 해외여행과 같은 경우만 아니라면 대개는 자생적이며 복잡한 기술에 얽매이지 않기 때문이다. 젊은 아이작은 여러 나라에 걸쳐 다져놓은 다양한 관계망을 활용한 덕에 비행기 삯을 제외하면 거의 돈을 들이지 않고 세계를 여행했다. 집을 떠나 있는 동안 저녁식사 걱정을 할 필요가 없었고 숙박업소는 찾아보지도 않았다.

이 내면의 야성을 둘러싼 인과관계를 간단하게 정리해보면, '두려움'이라는 감정이 아이를 통제하려는 욕구를 불러온다. 그리고 통제의 결과는 다시 '아이 길들이기'로 이어진다. 아동기를 위협으로부터 보호하고 이미 발생한 피해를 수습하려면 어떻게 해서든 이 공식을 짊어내야 한다. 이 논리를 따라가보면 산사태를 촉발한 원인은 두려움에서 시작하며, 두려움은 주로 위험을 '지각'하면서 발생한다. '지각'이라는 단어를 특별히 강조한 이유는 이것이 중요한 변수 역할을 하기 때문이다. 여기에 두려움의 공식과 상응하여, 두려움은 감정이며 감정은 이성적이지 않다는 공식을 하나 더 유추할 수 있다. 위험의 지각은 실제 위험 그 자체만큼이나 치명적이다.

나는 몇 년 전 학생들과 함께 '하이로프'라는 고공 통과 코스 체험을 한 적이 있다. 키 큰 나무들 사이에 6미터에서 12미터 높이로 케이블 등 여러 가지 시설물이 설치되어 있었다. 우리가 '놀았던' 코스 중 덜 위험한 코스는 9미터 간격의 나무를 폭이 좁은 강철 케이블로 연결한 코스였다. 처음 올려다보면 밧줄 난간이 허리 높이로 케이블 양쪽에 뻗어 있고 모두 지상에 있는 노련한 가이드와 연결된 안전장구를 착용하기 때문에 출발점에서 맞은편 나무까지 걸어가는 일이 비교적 수월해보였다.

그러나 코스 설계자는 몇 가지 흥미진진한 요소를 추가해 밧줄 난간이 조금씩 낮아지다가 중간 지점에 이르면 너무 낮아져 선 채로는 잡을 수 없을 정도였다가 두 줄이 교차하며 맞은편을 향해 갈수록 다시 조금씩 올라가는 방식으로 코스를 만들었다. 코스 중간 지점 약 1미터는 아무것도 잡을 수 없기 때문에 앞으로 계속 나아가려면 자기 균형감을 강하게 믿고(어쩌면 수호천사에 대한 믿음도) 따라야만 했다. 물론 우리는 이 모험 코스 시작 전에 철저한 안전교육을 받았다. 코스 지도자는 안전 밧줄과 개인 안전장구를 연결하는 카라비너가 비행기를 여섯 대나 들어올릴 만큼 튼튼하다는 사실을 알려주며 자신을 다그쳐서 무리하게 덤비지 말라는 주의도 주었다. 힘에 부치면 코스 중간에 내려달라고 요청하는 일도 전혀 부끄러운 일이 아니라고 거듭 강조했다.

따지고 보면 도로 횡단이 고공 코스 통과보다 더 위험하다. 안전장구와 밧줄, 안전수칙 덕에 실제 위험한 상황은 거의 일어나지 않는다. 그러나 잡을 게 아무것도 없는 상태로 높이 솟은 소나무 사이 외줄 위를 걸어갈 때 지각하는 위험은 상상을 초월한다. 카라비너가 비행기를 몇 대나 들어올릴 수 있는지 착용한 안전장구가 몇 개인지는 머릿속에 들어오지도 않는다. 한발 한발 내딛기 위해서는 가지고 있는 담력을 모두 끌어모아야만 한다.

1장에서 묘사한 두려움의 문화도 마찬가지다. 특히 오늘날 어린 아이를 키우는 대다수 부모에게서는 상황을 실제 이상으로 위험하게 지각하는 현상이 매우 두드러진다. 핼러윈 캔디 괴담에서 보았듯이 공포를 지각한 부모는 겁에 질려 통제 모드로 돌변하고 아이들을 가까이 잡아두려 한다. 똑같은 지각이 육아에 관한 모든 결정에 침투해서 부모는 자녀가 병에 걸리거나 다치지는 않을까, 납치되거나 학대받지는 않을까, 학업에서 뒤처지거나 비행청소년이 되지 않을까, 그러다가 결국 실패한 어른이 되지는 않을까 하는 두려움에 사로잡혀 하루하루를 보낸다.

일찌감치 언급했듯이 통제는 인간이 세상에 태어나는 순간부터 작동한다. 아이를 낳는 데는 위험이 따르며 위태로운 상황이 올 수도 있다는 인식이 널리 퍼지면서 모든 출산 과정을 기계기술이 지배한 결과, 새 생명과 산모 사이의 유대는 자궁으로부터 나오는 순간 심각하게 단절되었다. 역설적이게도 미국은 첨단 안전기술과 그 시행과정에서는 세계를 선도하는 위치에 있지만 유아와 산모 사망률은 그칠 줄 모르고 높아져서, 제3세계 국가 다수와 어깨를 나란히 한다. 결국 공포의 지각이 그 발단인 것이다. 출산에는 온갖 위험이 도사리고 있으며 세밀하게 관리 통제되는 병원 출산이 훨씬 안전하다는 믿음이 팽배해서 임산부 절대 다수는 아무런 의심 없이 표준 절차에 따른 의료기술의 개입을 받아들인다.(1940년 미국인의 병원 출산 비율은 출생인구의 56%였는데 1999년에는 99%로 크게 올랐다.[1])

그러나 여기에 투입되는 약물과 의료 절차는 발달과정에 있는 태아의 본능적 욕구에 해를 끼치기도 한다. 산모에게 투여되는 정맥주사와 마취제, 진통과 분만 중에 태아의 상태를 측정하기 위해 신체조직에 영향을 끼치는 침습적 모니터링, 출산 후 약물 치료는 물론 아기와 산모를 떼어놓는 의료 절차, 이 모든 과정이 '정상적'이라고 여겨지는 출산의 과정이다. 국립보건통계센터 보고[2]에 따르면 2004년 미국 내 제왕절개 수술은 전체 출산의 29퍼센트인 120만 건으로 1997년 이후 38퍼센트나 증가했다는 사실을 기억해야 한다.* 제왕절개 수술은 대수술이다. 이렇게 태어난 아기는 병원의 침습적 의료개입에 가장 크게 노출되기 마련이다.

그나마 다행인 점이라면 지각은 인간의 마음속에서 일어나며, 다른 누구도 아닌 자신이 통제한다는 사실이다. 이 말은 언제든 마음만 먹으면 지각을 바꿀 수도 있다는 의미다. 따라서 두려움을 부추기는 상황에 대한 억측을 자제하고 곰곰이 생각해봐야 한다. 하지만 인간은 습관의 동물이어서 시간이 흐르고 나이가 들수록 굳어지는 사고방식을 바꾸기가 쉽지 않다. 나이가 들면 고집만 는다거나 융통성이 없어진다는 말은 사람의 이런 경향을 말해준다. 일단 굳

---

* 한국의 제왕절개 수술율은 2013년 34퍼센트의 높은 수준을 기록했다.(한국보건사회연구원 김혜련 연구보고서 〈모자 보건 실태〉, 2013.9.13.) _옮긴이 주

어버린 의식에 두려움이 뒤섞이면 생각을 바꾸기란 거의 힘들다.

　삼중뇌 이론이 일러주는 사실을 잠시 떠올려보자. 두려움이라는 감정이 원초적인 파충류뇌의 작용을 지배하면 이성적 사고는 멈추어버린다. 이때 두려움이나 스트레스에 본능적으로 맞서거나 피하는 '싸움 혹은 도피' 반응이 일어난다. 우리가 불안정한 국제 정세, 테러, 환경 위기, 아동보건과 복지, 각종 사건사고 등 두려움를 유발하는 뉴스를 일상적으로 접한다는 사실을 감안하면 충분히 공감할 수 있는 대목이다.

　이론상으로는 즉각적인 인식 전환이 가능할지 모르지만, 그렇게 하려면 세상이 위험투성이라는 이미지가 계속 쌓여 단단하게 강화된 현상을 극복해야 한다. 인간이 진정 자신의 사고과정을 통제할 수 있으려면, 이성적 사고가 일어나는 대뇌 신피질이 두뇌 활동을 통제해야 한다. 이 말은 인간이 환경으로부터 불안을 느끼는 대신 환경을 충분히 지배하고 있다고 느껴야 한다는 뜻이다. 따라서 지각한 현실을 곧바로 수용하기보다는 일종의 정신적 청소년기라 할 만한 판단의 유예기, 즉 중립 공간을 확보해두고 아동과 아동기를 이해하는 새로운 방법을 모색해야 한다.

　물론 모든 부모가 아이의 내면에 있는 야성을 보호할 수는 없을 것이다. 이 나라에는 여전히 인종과 계급 갈등이 뿌리 깊이 박혀 있으며, 많은 부모들은 아이들이 뛰어놀기에 안전한 지역에 살 여건이 안 되고, 학교의 교육방침이 개인의 욕구와 맞지 않을 때 선택할 수 있는 대안도 별로 없다. 조너선 코졸Jonathan Kozol이 『국가의 수치The Shame of the Nation』에서 폭로하듯이 민권운동기와 그 직후 도시 학교에서 이룬 개혁은 상당 부분 퇴행해서 인종과 사회경제적 지위에 따른 학생 분리 현상이 다시금 학교에서 일어나고 있다. 코졸은 실제로 분리 현상이 상당히 맹렬한 기세로 번진 결과 국가 교육체계는 이제 인종차별 양성기관이라 해도 과언이 아니라고 비판한다. 이 제도 안에서 소수 인종이 밀집된 학교의 환경은 형편없이 열악하고 교수방법은 기계적이며 수준 이하에 머무르고 있다.[3]

그러나 다행히도 제도에 길들여지지 않은 활동은 대체로 기본적이고 단순해서 많은 것을 요구하지 않으며, 큰 비용이 들거나 접근하기 어려운 수단에 의존하지도 않는다. 특정한 환경에 구애받지 않고 아동기의 정수라 할 참신한 경험과 자립, 모험과 경이, 순수함, 신체활동, 고독의 경험을 되찾는 일이 전적으로 가능하다는 말이다. 의지할 수단이 아무것도 없을 때 다음 발걸음을 내딛는다는 것은 실로 신념과 용기가 필요한 행위다. 일단 도전해보고 나서 모든 일이 여전히 순조롭다는 사실을 확인하고 나면, 점차 자신감을 되찾아 복구 과정을 더욱 쉽게 이루어낼 수 있을 것이다.

자연스러운 출산과
육아 문화
——
이제 아동기를 되짚어 내면의 야성을 지키고 풍요롭게 하기 위해 할 수 있는 일들을 살펴보자.

지난 40여 년에 걸친 자연분만운동 덕에 임산부는 이제 병원을 대신할 전국적 출산 시스템을 이용할 수 있다. 조산원에 대한 법은 주마다 차이가 있지만 지역별로 노련한 조산원 조직이 있어 집이나 독립적인 분만센터에서 분만을 할 수 있다. 산모에게 임신 중 혹은 분만 도중 심각한 합병증이 발생해 병원의 의료 장비와 치료가 필요한 상황이라면 조산원은 병원으로 장소를 옮겨 출산을 도울 수 있지만, 일단 입원하더라도 조산원은 아기에 대한 병원의 의료 개입을 최소로 하고 출생 후에도 이어져야 하는 산모와 아기 사이의 유대를 지키기 위해 최선을 다한다.

　조산원은 이따금씩 있는 예외 상황 외에는 임신과 출산을 본능적이며 정상적인 과정으로 보도록 훈련받았지만, 산부인과 의사는 수련과정에서의 교육과 의료과실로 인한 소송의 두려움 때문에 위기관리자 역할을 하도록 훈련받아 늘 최악의 상황을 전제로 의료행위를 한다. 그렇기 때문에 조산원은 산모와 인격적으로 교류하고 출산 과정이 자연스러운 흐름에 따라 진행되도록 돕는다. 반면 상당수 산부인과 의사는 환자와의 인격적 교류가 약한 경향이 있으며 출산의 모든 과정을 통제하려고 한다. 이제는 조산원 외에도 출산 경험이 있는 임산부 도우미들의 네트워크가 전국적으로 퍼져 있어서 임산부와 가족들에게 출산 전부터 후까지 폭넓은 서비스를 제공하고 있다. 이들은 산모를 안심시키고 편안하게 해주어 의료 개입에 대한 요구를 줄이는 데 크게 기여한다.

　물론 의료시설에 기대지 않고 능동 분만을 통해 부모로서의 권한을 자각하고 아기와 부모 간에 유대관계를 확보했다 하더라도 아직은 긍정적인 출발 단계에 불과하다. 하지만 수많은 가정과 함께한 교직 경험에서 볼 때 출산 과정에서 의료 개입에 의지하지 않은 부모는 양육에서도 불안에 사로잡혀 허용적 태도나 권위주의적 태도의 극단에 빠질 가능성이 매우 적다.

아무튼 이제 20여 년에 걸친 육아라는 모험이 앞에 놓여 있다. 부모 입장에서 보더라도 지속적으로 아이의 내면의 야성을 보살피는 일은 대단히 어려운 일임에 틀림없다. 문화 자체가 길들여진 슬픈 현실을 감안하면 부모는 자신의 내면의 야성에도 세심한 주의를 기울여야 한다. 에다 레샨이 말했듯이 "아동기를 해하려는 음모는 결국 우리 자신에 대한 음모나 마찬가지여서 무엇보다도 어른이자 부모, 교사이면서도 인격체인 우리 자신의 자아를 찾지 못한 채로는 아이들이 내면의 야성을 발견하고 보살필 수 없기 때문이다."[4]

그렇기 때문에 나는 학교 책임자로서 힘들어하는 아이들을 보듬고 응원하다 보면 그 '부모'는 어떻게 지내는지 물어보고 아이들을 위한 최선의 길은 무엇보다도 부모 스스로 잘 지내는 데 있다고 조언하곤 한다. 부모의 삶에 기쁨이나 의미가 빠져 있거나 부모가 스트레스에 지나치게 눌리고 배우자나 아이와의 관계가 원만하지 않다면 무슨 소용인가? 그래서 상황을 호전시킬 수 있는 길을 찾지 못한다면 그 영향은 결국 아이들에게 고스란히 전해질 것이다. 부모는 아이들이 가장 먼저 찾게 되는 모델이어서 아이들은 부모를 본보기 삼아 자기 삶을 만들기 마련이다. 따라서 부모 역시 스스로 내면의 야성을 보살펴 발현할 수 있는 삶이 절실히 필요하다.

그러나 여러 상황에 막혀 부모가 자율적이며 창의적인 삶의 모델을 보여줄 수 없다면, 부모가 자녀에게 깃든 내면의 야성을 보살피며 키우는 방법을 알지 못한다면 어떻게 해야 할까? 이 질문은 나뿐 아니라 많은 독자에게도 해당되리라 생각한다. 가족 유형이 끼치는 영향력도 무시할 수 없다. 같은 방식을 답습하거나 여의치 않으면 정반대 방식을 선택해보면서 부단한 노력을 쏟아부어도 좋은 결과를 맺기 어렵기 때문에 가족 유형을 무시한 채 아이의 삶을 고민하기는 쉽지 않다. 육아에서 가장 큰 과제가 바로 여기에 있다고 해도 과언이 아니며 이 문제를 기꺼이 떠안고 해결하려 한다면 값진 배움의 경험이 될 것이다.

결국 부모가 배움과 인간의 성장 가능성에 충분히 열려 있고 잘 알고 있다면 순응을 강요하며 대량 소비에 의지해 돌아가는 이 사회의 온갖 유혹과 통제로부터 가정을 지키는 일이 가능하다. 독립심과 자기 운명을 스스로 개척할 권리를 빼앗지 않고도 아이들을 안전하게 성공적으로 키우는 일 또한 가능하다.

우선 부모의 입장에서 아이들이 지닌 내면의 야성을 키우기 위한 가장 기본적이면서 현실적으로 실효성이 큰 방법은 텔레비전이라는 바보상자를 꺼버리고 책을 읽어주는 일이다. 특히 어린 자녀에게는 이야기를 들려주면 더욱 좋다. 단순한 동화도 좋고 직접 지은 이야기도 좋다. 노래를 불러주거나 동요를 가르쳐주거나 또는 조상의 삶이 살아 숨쉬는 가족의 역사를 들려줘도 좋다. 우리 큰딸은 대여섯 살쯤 되던 나이에 예수의 생애에 푹 빠져서 잠자리에 들기 전 예수의 이야기를 들려달라고 조르기도 했다.

우리 아이들이 어렸을 때는 나와 아내 둘 다 열심히 바쁘게 살던 시절이라 책을 읽어주고 이야기도 들려줄 수 있는 유일한 시간은 아이들이 잠자리에 들기 전일 때도 있었다. 그래서 우리 가족은 다른 일은 제쳐놓더라도 이 시간만큼은 소중히 지키며 결코 소홀히 넘어가지 않았다. 좋아하는 책을 너댓 번 반복해 읽고 그 시간에 떠오른 느낌이나 생각을 나누도록 시간을 아껴두는 일이 중요하다.

'책 읽어주기'의 이점은 누구나 다 알지만 한 번 더 자세히 이야기하고자 한다. 읽어주기는 무엇보다도 부모와 자식 간에 사랑으로 맺은 유대를 유지하기에 아주 좋은 방법이다. 두 번째로는 독서에 대한 관심을 불어넣기에 가장 좋은 방법이어서 실제로 우리 두 딸이 읽는 법을 깨친 방법이기도 하다. 우리 아이들은 각각 네 살과 다섯 살이 되었을 때 좋아하는 책들을 말 그대로 외우기 시작했다. 그러다가 지문에 실린 내용을 실제로 인식하고는 얼마 되지 않아 혼자 힘으로 읽기 시작했다. 아내와 나는 잠자리 독서 시간이 읽기 수업으로 변질되지 않도록 주의했는데, 안 그러면 책 읽기의 흥이 깨질 것이 뻔했기 때문이다. 우리 아이들은 점차 자기 방식대로 글을 깨치기 시작했다. 세 번째로 책 읽어주기는 텔레비전과 여타 전자미디어를 대신할 최고의 수단이다. 아이들이 텔레비전이나 영화를 볼 때 이미지는 모두 거저 들어오기 때문에, 시청량이 너무 많으면 두

뇌에서 이미지 제작을 담당하는 부위가 기능을 멈춘다. 반면 삽화가 그리 많지 않은 책을 읽어주면 아이들의 상상력은 계속 자극을 받게 된다.

부모와 아이들간의 읽기 활동에서 내용이 대단히 중요하다. 아이들이 듣고 흥미를 느낄 만한 내용이 효과적이라는 사실은 새삼 강조할 필요도 없지만, 동시에 아이들은 부모를 사랑하는 만큼 기쁘게 해주고 싶어 하기 때문에 부모가 들려주는 이야기는 거의 모두 즐기려 한다는 사실을 기억할 필요가 있다. 오랫동안 아이들에게 이야기를 들려준 아빠이자 교사의 경험으로 본다면 고전동화와 신화는 읽어주기에 좋은 내용이라고 확신한다. 동화와 신화가 아이들에게 좋은 이유는 문명과 문화가 쌓아온 전통을 담고 있으며 내면의 야성에도 풍부한 자양분이 되기 때문이다. 또한 동화와 신화의 저자들은 아이들이 종종 혼란스럽고 두렵게 여기는 세상을 이해할 수 있도록 신중하게 이야기를 만들었다.

롤로 메이Rollo May는 신화가 개인의 정체성을 어렴풋이 의식하게 해주고, 공동체에 대한 느낌을 심어주며, 창조의 불가사의를 주제로 삼는다는 점을 들면서 이를 신화의 세 가지 중요한 기능이라고 했다.[5] 신화는 의식과 무의식, 과거와 현재, 개인과 사회를 하나로 묶어주며 메이가 『신화를 향한 외침The Cry for Myth』에서 주장하듯이 "인간이 경험하며 축적해온 정수이자 인생의 의미와 중요성을 나타낸다."[6] 20세기 고전주의자 길버트 하이에트Gilbert Highet는 더 이상적인 표현으로 신화의 의미를 강조했다.

신화는 가장 심오한 문제, 인간이 그대로 존재하는 한 변치 않는 문제를 다룬다. 여기에는 사랑과 전쟁, 죄악과 폭정, 용기와 운명이 담겨 있다. 따라서 모든 신화는 어떤 식으로든 때로는 잔인하며 때로는 공명정대한 신의 권능과 인간의 관계를 담고 있다.[7]

한 세기 전 프리드리히 니체도 신화의 긍정적인 역할을 열렬히 지지하며 다음과 같이 주장했다. "신화가 없다면 모든 문화는 건강하고 창조적인 자연의 힘을 상실한다. 신화만이 상상력과 광명의 꿈에 깃든 모든 힘을 정처 없는 방랑에서 구원할 수 있다."[8]

산업혁명의 절정기에 살았던 니체는 당대의 과학기술이 내면의 야성에 끼치기 시작한 영향력에 경각심을 불러일으켰다. 훗날 1950년대와 1960년대에 메이도 같은 지점을 염려하여 심리학 연구의 중심 주제로 삼았으며, 당시 미국사회가 인간이 삶의 목표를 찾을 수 있도록 방향을 제시하고 단서가 되어줄 만한 신화의 심오한 세계와 완전히 단절되었다고 일깨웠다. 메이는 데이비드 리스먼을 비롯한 여러 학자들과 마찬가지로 전통이 붕괴한 사회에서 개인은 자신의 가치체계를 하나로 모아 완성해야 하며, 신화야말로 세월이 흘러도 변치 않고 신뢰할 수 있는 유용한 정보의 보고라고 주장했다.[9]

심리학자 브루노 베텔하임Bruno Bettelheim은 자폐아 치료와 연구를 하는 과정에서 실존적 혼란과 단절로 치닫는 현대 사회의 풍조를 뼈저리게 인식했다. 그러다 동화에 숨어 있는 치유도구로서의 가치를 발견해 동화에 대한 명저를 남긴 사람도 베텔하임이었다.

살다 보면 어렵고 혼란스러울 때가 많지만 아이는 이 복잡한 세상을 이해하고 헤쳐나가야만 한다. 그러자면 아이 스스로 동요하는 감정을 견뎌내며, 일관되고 또렷한 마음의 상태를 가져야 한다. 아이에게는 내면의 집을 잘 정리할 수 있는 방법과 그것을 밑그림 삼아 자기 삶에 질서를 찾을 수 있는 방법이 필요하다. 요즘 세상에서는 그다지 중요하게 생각하지 않지만, 드러나지 않으면서도 절묘한 방식으로 도덕적 행동의 이로움을 깨치게 할 도덕교육도 필요하다. 그러나 이 도덕교육은 추상적인 윤리 개념에 기대지 않고 옳고 그름이 뚜렷해서 의미를 자연스럽게 깨칠 수 있는 방식이어야 한다. 동화 속에서 이런 의미를 깨달을 수 있다.[10]

베텔하임은 동화가 분리 불안, 형제자매 간 대립, 사람 사이의 갈등, 홀로 서기, 자기 성격의 장단점에 대한 이해 등 아이를 사로잡는 보편적인 인간사를 다루고 있기 때문에 동화야말로 내면의 야성을 키우는 양분이자 치유의 원천이라 여겼다. 베텔하임은 동화가 아이 내면의 삶을 풍성하게 만드는 까닭을 이해할수록 "동화야말로 다른 어떤 책보다 아이의 심리와 정서에 맞닿은 지점에서 출발하기 때문"이라는 사실을 깨닫게 되었다.[11] 베텔하임은 고전동화가 아이들의 마법 같은 사고방식으로 가득하며 무의식적 소망과 욕구, 환상을 받아들이게 한다는 점에서 고전동화를 되살리는 데 앞장섰다. 또한 아이들이 이 과정을 제대로 거치지 않는다면 무의식의 세계를 억누르다가 점차 성격마저 경직되어 모든 것을 통제하고 억누르려 하거나, 거꾸로 자기가 압도당해 걷잡을 수 없는 상황에 사로잡히게 될

것이라고 했다.[12]

동화 속에는 삶이 인간에게 막무가내로 던져놓는 역경에 맞설 해답이 들어 있다. 동화는 환상을 매개로 하며, 등장인물들의 전형적인 성격을 통해 아이가 자기 마음속 갈등을 밖으로 드러내도록 해준다. 예를 들면 아이들은 착한 요정에게 자기 소원을 말할 수 있고 사악한 마녀를 통해 파괴적인 충동을 내비칠 수도 있으며, 굶주린 늑대에게는 공포를, 경쟁자의 눈을 쪼는 동물에게는 질투를 투영할 수도 있다. 동화 속 동물은 인간의 본능과 동물적 본성을 말해준다. 인간성의 명암을 오가는 팽팽한 긴장감은 모든 아이의 내면에 웅크린 채 서로 반목하는 욕구를 반영하며, 아이들이 이 욕구를 평화롭게 달래는 데 도움이 된다.[13]

베스트셀러 작가 짐 트렐리즈Jim Trelease는 책 읽어주기 활동을 적극 지지하고 널리 알리는 데 앞장서고 있다. 트렐리즈는 저널리스트로 입지를 굳힌 후 매주 자원교사로 지역 학교를 방문해 학생들과 예술, 언론 분야의 진로에 대해 이야기를 나누었다. 트렐리즈는 자원교사 일을 시작한 지 얼마 되지 않아 읽기에 흥미가 없는 대다수의 학생들 틈에서도 교사가 꾸준히 책을 읽어준 반의 학생들은 거의 어김없이 읽기를 좋아한다는 사실을 깨달았다. 트렐리즈는 이때의 경험과 자기 자녀에게 직접 책을 읽어준 경험을 바탕으로 『하루 15분, 책 읽어주기의 힘The Read-Aloud Handbook』을 써서 17주 동안 〈뉴욕 타임스〉 베스트셀러 목록에 올렸으며 현재까지도 판수를 갱신하고 있다.[14] 이 책은 부모와 교사에게 더할 나위 없이 좋은 독서교육 지침서이다. 책의 전반부에서는 아이들에게 책 읽어주기의 이점을 상세히 설명하고 후반부로 가면 1천 권이 넘는 영어권 아동도서를 선별하여 주석과 함께 참고문헌 목록으로 작성해 수록했다. 트렐리즈의 주장대로 책 읽어주기의 효과가 널리 인정받고 이 책의 영향력도 커지면서 미국 교육부의 독서위원회도 1985년에 책 읽어주기가 독서능력 향상에 독보적인 활동이라는 사실을 인정했다.

부모와 교사가 아이들에게 책을 꾸준히 읽어주고 부모도 집에서 책을 읽으며 본보기 역할을 한다면 아이들도 스스로 독서를 즐길 수 있으리라 확신한다. 그렇게 된다면 독서는 아이의 자율성을 키우는 중요한 원천이 되어 내면의 야성도 자라게 해줄 것이다. 데이비드 리스먼이 잘라 말했듯이 "좋은 책과 함께 '혼자' 시간을 보낸다는 것은 새로운 방식으로 '혼자' 시간을 보내는 것이나 다름없다."[15]

부모가 아이 내면의 야성을 지켜줄 수 있는 또 다른 방법은 가능한 한 자주 아이들을 자연으로 데려나가는 일이다. 심리학자 첼리스 글렌디닝은 초기 농경인들이 울타리를 두르며 자연과 자신을 나누기 시작한 이래 현대 사회로 접어들면서 인간 스스로 자연으로부터 철저히 소외된 결과 인간성의 본질에서 생기가 사라져간다고 생각한다. 회복을 향한 첫걸음은 자신의 경계를 허물고 나가, 드넓은 하늘 아래 자연의 색감을 눈에 담고 바람의 숨결을 느끼며 풀내음을 맡는 데서 시작할 수 있다. 숲과 산을 찾아갈 수 있다면 더 좋겠지만, 갈 수 있는 곳이 공원뿐이라면 거기서 시작해도 좋다. 중요한 점은 자연을 되도록 많이 접하면 인간이 본래 가지고 있던 자연과

의 일체감이 스스로 살아나기 시작한다는 점이다.[16]

내면의 야성과 자연으로 나타나는 외부의 야성은 밀접하게 연결되어 있어서, 자연과 가장 단순한 형태의 교감만 이루어져도 아이들은 겹겹이 덮고 있던 길들임의 이불을 걷어내고 과감히 밖으로 나설 수 있다. 아이들을 데리고 알바니에서 40킬로미터 떨어진 숲에 가보면, 아이들은 몇 분 만에 도시생활의 꺼풀을 벗어내고 활기를 되찾는다. 두 눈은 놀라움으로 가득 차고 몸의 긴장이 풀어지면서 움직임도 부드러워진다. 감정조절이 어렵던 아이들은 차분한 마음으로 숲의 환경에 몰두한다. 이따금씩 단풍시럽을 만들거나 나무와 풀로 은신처를 만들고, 나무 공부 같은 숲 체험을 염두에 두고 오기도 하지만 시냇물을 찾아다니거나 나무에 오르고, 캠프파이어와 갖은 놀이를 하며 숲에 흠뻑 빠져들도록 놔두기만 해도 좋다. 그렇게 숲에서의 하루를 마치고 학교로 돌아오는 차 안에서 아이들은 모두 눈에 띄게 변해 있다.

지난 여름 끝 무렵 어느 아침, 같은 동네에 사는 열 살 에이든이 숨을 헐떡이며 달려와 바로 전날 밤 끝난 한 달간의 전국 횡단 여행담을 들려주던 모습이 떠오른다. 에이든의 아버지는 우리 학교 동료 교사로 캠핑용 차량을 구입했다. 이 가족은 차를 몰아 서쪽으로 가면서 지구 지름과 맞먹는 거리를 누비며 미국의 장대한 자연이 살아 있는 수많은 국립공원에서 시간을 보냈다. 에이든은 집채 만한 회색곰이며 엘크, 코요테 무리 등과 마주친 경험을 한시라도 빨리 내게 들려주고 싶어 안달이 나서 숨 넘어갈 듯 말을 쏟아내는 바람에 몇 번이고 진정시킨 다음에야 이야기를 이해할 수 있었다. 그중에서도 옐로우스톤 국립공원을 지나던 중 느닷없이 터져 나온 간헐천 이야기에 가장 신이 나 있었다.

에이든의 가족은 넉넉하지 않은 수입으로 그럭저럭 사는 형편이지만 평생 잊을 수 없는 모험에 기꺼이 투자했다. 에이든의 가족은 또 한 차례 여행을 위해 일정을 짜고 있으며 캠핑용 차를 되팔려던 계획도 보류했다. 아이들을 자연과 이어주려고 노력하는 부모 덕에 에이든과 여동생은 미래학자이자 저널리스트인 리처드 루브^{Richard Louv}가 말한 "자연결핍장애^{nature deficit disorder}"로 고생할 일은 없을 것이다. 루브는 주의력결핍장애라는 용어를 재치 있게 바꾸었지만 단순히 재미삼아 만든 표현은 아니다. 루브는 거의 8백만에 이르는 미국 아이들이 정신질환을 앓고 있는 배경에는 절대 다수 아이들이 자연과 접촉 없이 하루하루를 보내야 하는 기술 중심의 도시문화가 있다고 진단했다.[17]

앞서 인간성 회복의 첫 단계로 '자연과의 접촉'을 제시했던 글렌디닝은 성인을 대상으로 한 연구에서 회복의 두 번째 단계로 자신의 내면을 여행하고 여러 문화권의 토착 부족처럼 비일상적 의식상태에 이르는 방법을 제안했다.[18] 다행히도 아이들은 환상이나 상상, 모험, 놀이, 시와 음악, 심지어 단순한 공상에 이르기까지 자기 영혼을 들여다볼 수 있는 다양한 활동을 접할 수 있기 때문에, 현대 문화에서 이런 활동들의 통로가 철저히 막히지만 않는다면 어른보다 쉽게 내면을 탐구할 수 있다.

전자미디어와
이별하기

——— 이제 마지막으로 여러 개의 머리를
가진 히드라와 같이 처치 곤란한 전자미디어 문제가 남아 있다. 이
것은 부모뿐만 아니라 아이들을 염려하는 사람 모두가 관심을 기울
여야 하는 문제다. 나는 이제껏 아이들의 자유와 자기 결정을 스스
럼없이 지지하는 입장을 밝혀왔지만, 전자미디어에 대해서만큼은 부
모와 사회 모두 적극 개입하고 엄격한 제한을 두어야 한다고 믿는
다. 목을 베어낸 자리에 다시 두 개의 목이 새로 돋는 히드라와 마
찬가지로 전자미디어는 강한 자극에 쉽게 휩쓸리는 아이 내면의 야
성을 게걸스럽게 먹어치우는 암적인 존재이다. 이 일은 아이들의 영
혼이 달린 싸움이나 마찬가지이며 아이들만의 힘으로는 감당할 수
없다. 7장에서 입증하려 했듯이 텔레비전과 비디오 게임, 인터넷 모
두 중독성과 유혹이 매우 강하며 점점 폭력적이고 외설적인 내용으
로 채워지면서 어린이와 청소년들의 몸과 마음을 망쳐놓고 있다.

앞서 논의한 것처럼 빅터 스트라스버거와 에드워드 도너스타인이
전자미디어의 영향력에 대해 연구한 결과를 보면 오늘날 전자미디어
는 공중보건에 해악으로 작용한다. 두 사람은 전자미디어와 관련된
모든 사람들에게 다양한 권고를 제시하며 보고서를 마무리한다. 부
모의 역할에서 지적할 수 있는 문제는 대다수 부모가 일관되고 규
칙적으로 아이들이 접하는 미디어를 감시하는 데 태만하다는 사실
이다. 부모는 아이들이 미디어에 쏟는 시간을 과소평가하고, 문제의

소지가 다분한 프로그램도 심각하게 받아들이지 않는다.

이 문제와 관련해서 두 사람이 부모들에게 내놓는 충고는 다음과 같다. 첫째, 아이들의 미디어 사용 시간이 하루 평균 한두 시간을 넘지 않도록 제한하라. 둘째, 미디어 내용을 감시하되 아이들과 함께 텔레비전을 시청하며 프로그램의 내용에 대해 토론하라.

두 사람은 한 발 더 나아가 정신건강 전문가들에게 전자미디어라는 새로운 문화 현상이 어린 환자들에게 끼치는 영향력을 파악하고, 부모 교육은 물론 건전한 미디어를 개발해 미디어 노출 시간을 줄일 수 있게 앞장서 달라고 촉구하고 있다. 또한 아이와 청소년을 담당하는 소아과 의사는 특히 공격적인 행동이나 학습장애를 보이는 환자를 진료할 때 이들의 미디어 이용에서 흔히 일어나는 사례를 자료로 만들 것을 요구하고 있다.

학교도 마땅히 떠안아야 할 역할이 있다. 미국은 세계 최초로 텔레비전을 상용화한 나라이면서도, 학교에서 체계적이고 포괄적인 미디어 교육을 실시하지 않는 몇 안 되는 나라 중 하나라고 두 사람은 지적한다. 호주는 유치원에서부터 고등학교를 마칠 때까지 모든 학생들이 미디어 교육을 받도록 규정하고 있으며, 캐나다 온타리오 주에서도 중고등 학생을 대상으로 같은 조치를 하고 있다. 영국, 스코틀랜드, 남아프리카 공화국도 미국보다 훨씬 형식을 갖추어 미디어 교육을 실시하며 학생들에게 전자미디어의 폐해를 알리고 있다.

미국은 텔레비전과 관련해서 단호한 공공정책이 없다는 점에서도 유별나다. 더욱이 연예산업은 미디어 폭력에 대해 정부가 그나마 최소로 규제한 법망의 빈틈을 교묘히 빠져나가는 재주가 탁월하기 때문에 스트라스버거와 도너스타인은 의회와 연방통신위원회가 법을 강화하고 효과적으로 규제할 것을 요청하고 있다. 마찬가지로 법망 회피의 양대 산맥인 주류와 담배 산업에 대해서도 식품의약국이 훨씬 강력하게 규제해달라고 촉구하는 한편, 부모와 정신건강 전문가는 입법가들에게 보다 적극적으로 영향력을 행사해서 아이들의 장래를 위협하는 이들 산업에 조치를 취할 것을 요구하고 있다.

스트라스버거와 도너스타인의 말을 빌려 마무리하도록 하겠다.

이 시점에서 가장 필요한 것은 사실상의 쇄신이다. 어리석기 그지없는 상업주의를 버리고 어린 세대의 독특한 심리와 욕구를 존중하는 온정으로의 태도를 바꾸는 것이다. 대중은 십대의 성행위, 약물 남용, 폭력적 행동에 대해서는 주저 없이 비난하지만 사실 십대는 자신을 둘러싼 미디어로부터 많은 행동을 배우고 있다는 사실을 알아야 한다. …… 어린이와 십대는 연예산업이 만든 프로그램을 싫어도 어쩔 수 없이 접해야 하는 수용자이면서 사회를 이끌어갈 다음 세대의 어른이기도 하다. 그렇기 때문에 지금 접하는 내용보다 훨씬 좋은 내용을 접해야 마땅하다.[19]

변화를 위한 부모들의 실천

교육의 전선에 뛰어든 부모로서는 아이들이 경험하는 활동에 이상은 없는지 주시하고, 아이들이 타고난 호기심과 알고자 하는 열망을 잃지 않도록 가능한 모든 방법을 찾아 행동하는 일이 실제로 가능하다. 부모가 똘똘 뭉치면 암울한 상황도 결국 변할 것이라는 사실을 기억하고 조바심 내며 교육체계를 단번에 바꾸려 재촉하지 않아도 된다. 작은 출발이 큰 변화를 가져올 것이라는 믿음이 있다면 가능한 일이다. 변호사인 새라 베넷Sara Bennett이 남편과 함께 뉴욕 브루클린의 사립학교에 다니는 자녀의 과도한 숙제를 문제 삼아 행동한 일도 바로 이런 믿음에서 시작했다.

『숙제 반대 소송The Case against Homework』에서 베넷과 낸시 캘리쉬Nancy Kalish는 매일 방과후에 아이들이 집으로 가져오는 숙제의 부담이 가족 전체의 삶에 큰 스트레스로 작용하자 베넷 부부가 숙제의 교육적 가치를 파헤친 이야기를 담고 있다. 베넷 부부는 특히 고등학교 이전에는 숙제가 학습에 도움이 되지 않는다는 구체적 증거로 단단히 무장하고 학교에 숙제를 줄여달라고 요구하기 시작했다. 처음에 학교에서는 엄격하기로 소문난 자신들의 명성은 많은 숙제에서 비롯된 것이며, 또한 다른 부모들은 많은 숙제를 바라고 있다고 주장하면서 이들 부부의 요구를 거들떠보지도 않았다. 베넷 부부가 의지를 꺾지 않고 계속 문제를 제기한 끝에 학부모회는 이 주제를 월례모임에 안건으로 상정했다.

베넷 부부는 다른 부모에게 회의 참석을 홍보하는 과정에서 이 주제로 고민하는 학부모가 자신들만이 아니라는 사실을 확인했다. 부모들은 입추의 여지없이 가득 찬 회의장에서 많은 숙제 때문에 배우고자 하는 아이들의 열정이 짓밟히고 바깥 활동을 포기하게 하며 아이들과의 실랑이로 번지고 있는 현실을 앞다투어 성토했다. 부모들의 움직임 속에서 베넷 부부의 8학년짜리 아들은 중등 학생회 회장을 맡으면서 또래들을 설득해 청원한 끝에 며칠 후 학생 토론회를 열어 숙제 문제를 토론했다. 결과만 놓고 보면 베넷 부부는 자신들이 이루고자 한 목표를 전부 이루지는 못했지만 학교 당국은 방학 숙제를 없애고 주말과 평일에 내주는 숙제 양도 현실적으로 줄여나가는 데 동의했다.[20]

교사의 입장에서는 교실이 생산성을 높이기 위한 일괄조립식 교육 현장으로 변하지 않도록 막아낼 수 있는 가능성이 아직도 남아 있다. 이렇게 하려면 제도적 개선보다는 교사 개인의 용기에 점점 의존해야 하는 현실이긴 하지만, 교사는 통제의 끈을 풀고 기계적으로 움직이는 교실에서 학생의 선택권을 존중하고 민주적인 절차를 적극 도입할 수 있다. 웬디 그롤닉이 "콘센트 모델"이라 불렀듯이 교사가 학생들의 플러그를 꽂고 대부분 무의미한 정보를 충전하는 현재 교육방식을 극복하고 진정한 멘토와 롤모델의 역할을 할 수 있다.[21] 나는 이런 일이 대규모 도시학교에서도 실제로 일어날 수 있다는 사실을 직접 확인하기도 했다. 나의 큰딸 릴리가 다닌 알바니 고등학교는 전교생이 3천 명이나 되는 도시학교로, 릴리는 이 학교에 있는 두 명의 역사교사에게 영향을 받아 역사교사가 되기로 마음먹었다. 이상적인 교육이 일어나기에는 학급 규모도 크고 장애물도 많았지만 이 두 명의 수석교사는 자신들이 가르치는 역사를 의미가 충만하고 살아 있는 과목으로 바꾸었고, 평소 역사에 관심이 많았던 릴리도 흥미가 반감되기 일쑤인 역사수업에 흥미를 계속 붙일 수 있었다. 권위적이지 않은 이들의 수업방식은 단순한 학급운영의 기술을 넘어 과목 자체에 대한 애정을 불어넣어주기에 충분했고 릴리 역시 두 교사의 수업 방식에서 큰 영감을 받았다.

작은딸 새라 역시 알바니고등학교에서 비슷한 경험을 했다. 아이들과 교육에 관심이 있던 새라는 2학년 때 진로탐색 프로그램을 신청해 오전에는 대학 방식의 세미나를 들으며 교육이론을 공부하고 오후에는 여러 학교의 교실에서 보조교사 역할을 했다. 그러다가 한 초등학교의 특수교사에게서 영향을 크게 받고 각별한 보살핌이 필요한 아이들을 가르치는 데서 기쁨을 찾았다. 이 글을 쓰는 지금 새라는 대학을 다니면서 이 분야에 필요한 자격과정을 마무리하고 있다.

매사추세츠주 암허스트의 조쉬 호닉Josh Hornick과 켄 댄포드Ken Danford는 이상적인 교육을 꿈꾸는 자신들의 바람이 철저히 가로막힐 수밖에 없는 상황에서 과감한 선택을 했다. 중학교 교사이던 두 사람은 모둠학습과 통합교과 방식을 적용하며 기존의 수업방식을 개선하려 했지만 학교 측의 반대로 무산되자 결국 학교를 그만두고 '북극성'이라는 혁신적인 학습센터를 설립해 아이들이 지닌 내면의 야성이 발현될 수 있도록 다양한 프로그램을 운영하고 있다. 두 사람은 학생들의 관심 분야를 반영한 정규수업도 개설하는 동시에 센터 회원들의 멘토가 되어주고 더 나아가 이들과 지역사회 다양한 분야의 어른을 멘토로 맺어서 주류 교육이 하지 못하는 모델링 작업에 힘을 쏟고 있다.

코넬대학 가족생활계발센터의 공동 책임자인 스티븐 해밀턴Stephen Hamilton은 학교가 청소년을 어른의 삶과 지역사회에 이어주기보다 도리어 학교 안에 가두고 고립시켜서 오늘날 청년들을 성인기에 안착시키지 못하는 가장 큰 원인을 자초했다고 주장한다.[22] 해밀턴은 내 딸이 운 좋게 경험할 수 있었던 인턴십과 도제식 프로그램이 교육 현장에 체계적으로 갖추어지지 않아 사회 진입을 앞둔 청소년, 특히 대학에 진학하지 않는 청소년이 의미를 찾거나 경제적 독립을 이룰 수 있는 직업을 구할 기회가 심각하게 차단되고 있다고 말한다. 경제구조가 근본적으로 변하는 상황에서 대학을 졸업하지 않은 학생들은 성격이 분명치 않거나 남들이 기피하는 분야의 일을 해야 하는 상황이 갈수록 심화되고 있다. 사회는 이들에게 교육을 강요하지만 교육을 받아 자격을 갖추어도 이들이 차지할 수 있는 직업은 턱없이 부족하다.[23]

해밀턴은 독일 통일 전 서독의 교육제도를 일 년간 연구한 경험을 바탕으로 도제식 실습 시스템을 복구하는 데서 문제의 해결책을 찾았다. 당시 대학 진학을 택하지 않은 서독의 고등학교 학생들은 의무교육 기간의 마지막 3년 동안 자신의 관심 직종을 찾아 실습 프로그램에 참여했다.[24] 해밀턴은 미국과 독일의 청소년이 성인으로서의 정체성을 찾아가는 과정에서 운명이 확연하게 엇갈린다는 사실을 알아차렸다. 청소년기를 마치고도 성인기로 들어가지 못하는 갈

등의 시기에 발이 묶이는, 오늘날 미국사회에서 흔히 볼 수 있는 현실을 독일에서는 찾아보기 어려웠다. 실습생 제도가 잘 갖추어져 있고 멘토와 밀접한 관계를 맺을 수 있는 교육 여건 덕분에 청소년은 성인의 책임과 역할에 겁먹지 않고 성인으로서 누리는 가능성을 확인하며 진로를 찾아나설 수 있기 때문이었다.[25]

  그러나 서독의 교육제도에는 초등학교 아이들을 학업성취도에 따라 엄격히 분류하여 높은 성취도를 얻은 학생에게만 대학 진학의 길을 열어줌으로써 사회 계층 분화를 강화한다는 취약점이 있었다. 해밀턴은 과거의 미국 및 당시의 서독 제도와는 두 가지 면에서 근본적으로 차별화된 실습생 시스템이 필요하다고 주장했다. 하나는 수습 시기를 중학교 연령대로 낮추어 십대 초기에도 다양한 실습 경험을 통해 진로 탐색을 할 수 있어야 하며, 또 하나는 시스템이 유연해서 단순한 직업 훈련을 뛰어넘는 목적이 있어야 한다는 점이다. 해밀턴은 아이들이 어른의 세계에 접할 수 있는 기회가 폭넓게 주어져야 한다고 주장하며, 지역사회 참여 프로젝트나 다양한 인턴십 활동처럼 특정 진로에 국한되지 않고 다방면에 걸쳐 아이들이 어른의 길로 가는 내면의 지도를 읽으며 성장할 수 있는 시스템을 구상했다.[26] 2장에서 소개한 메트스쿨은 해밀턴이 구상한 시스템을 여실히 보여주는 본보기라 할 수 있다.

  해밀턴의 주장에 덧붙여 대학에 진학하지 않은 청소년을 포함해 모든 청소년이 일찌감치 성인 세계를 자주 접하면서 얻는 이점을 십분 활용해야 한다는 점을 강조하고자 한다. 학교가 중심이 되는 인턴십 제도는 자리잡지 않았지만 현장에서 터득할 수 있는 생생한 배움의 기회는 찾아보면 여전히 많다. 예를 들면 모든 주정부는 노동부 산하에 직업실습 및 훈련부서를 두고 전국적으로 3만 7천여 가지의 실습 프로그램을 운영하고 있다.[27] 대부분의 공공도서관은 국내와 해외에서 참여할 수 있는 인턴십과 실습 프로그램의 목록과 내용을 상세히 수록한 안내서를 폭넓게 갖추고 있다. 그중 『퍼거슨의 도제식 프로그램 가이드Fuguson's Guide to Apprenticeship』, 『전국 인턴십 자료집National Directory of Internship』, 『피터슨의 인턴십 바이블Peterson's Internship Bible』은 참고할 만한 자료다. 물론 관심만 있다면 인터넷으로도 수많은 자료를 찾을 수 있다.

현대 사회의 문제로 인해 교사와 어른은 멘토이자 안내자의 역할을 하지 못하는 지경에 이르렀으며, 이 역할에서 점점 멀어져가는 부모 역시 갈수록 늘고 있다. 지금까지 다룬 여러 문제를 보더라도 청소년과 부모의 사이는 점점 벌어지고 있다. 청소년 입장에서는 부모에게 받는 안내와 인정이 더욱 필요해지는 시기에, 가족 사이의 대화가 집안일이나 숙제, 식습관, 개인 위생 등 더 어린 나이에 풀었어야 할 갈등 수준을 여전히 벗어나지 못하는 경우가 많다. 성 문제, 교우관계, 약물과 알코올, 미래의 꿈과 포부같이 중요한 주제는 가족 내에서 진지하게 논의하지 못하고 묻힌 채 아이들은 관련 정보와 도움을 구하기 위해 미디어와 또래에 기댄다. 가족문제 전문가로서 35년 경력을 청소년 문제에 기울여온 예후다 파인Yehuda Fine은 가족 간 소외 문제에 관심을 갖고 지난 몇 년간 전국을 동분서주하며 낮에는 고등학생들과, 밤에는 부모와 함께 워크숍을 진행해왔다. 파인은 이렇게 해서 모은 자료를 『부모가 알아야 할 십대의 물음 75 가지The Real Deal: For Parents Only—the Top 75 Questions Teens Want Answered Today』에 실었다.

파인은 크게 벌어진 십대와 부모 사이에 다리를 놓으면서 순탄치 않은 세상에서 아이를 키우는 부모에게 무한한 연민을 보낸다. 미국 아이들의 25퍼센트는 한부모 가정에서 자라며, 미국인 가족이 대화에 쓰는 시간은 하루 평균 8분 남짓이다. 파인은 청소년이 부모와 나누기 꺼리는 민감한 주제를 워크숍에서 귀 기울여 듣고 다음과 같은 당혹스러운 사실을 부모들에게 전해준다.

· 당신의 자녀 모두에게 약물이나 알코올 문제가 있는 친구가 적어도 한 명은 있다.
· 당신의 자녀 모두에게 우울 증세를 보이는 친구가 적어도 한 명은 있다.
· 당신의 자녀 모두에게 섹스가 잦은 친구가 적어도 한 명은 있다.
· 당신의 자녀 90퍼센트 이상에게 자살을 고민해본 친구가 적어도 한 명은 있다.
· 당신의 자녀 중 75퍼센트는 언젠가 결혼하고 싶어 하나 그중 20퍼센트만이 행복한 결혼생활을 할 거라고 생각한다.
· 당신의 자녀 중 50퍼센트 이상은 자신도 이혼할지 모른다고 생각한다.
· 가장 당혹스러운 사실, 당신의 자녀 중 85퍼센트는 이 모든 문제를 두고 부모와 허심탄회하게 이야기하고 싶어 하지만 결국 15퍼센트만이 위기 상황에서 부모에게 도움을 청할 수 있다고 생각한다.[28]

파인이 부모에게 전해주는 조언은 아이들을 지지하고 내면의 야성을 북돋아주는 일이야말로 가장 기본적이면서도 의외로 어렵지 않다는 나의 주장과 전적으로 일치한다. 그저 아이들과 자주 이야기하되 섹스, 알코올, 우울증, 폭력에 대한 화제까지, 그 범위에 제한을 두지 말라고 권고한다. 아이들은 부모가 장황하게 교훈을 늘어놓지만 않는다면 부모의 생각을 기꺼이 듣고 싶어 한다. 부모가 어떤 정보라도 아이들과 나누려 하지 않는다면 아이들이 기댈 곳은 친구나 미디어밖에 없게 되고 마약 중개인에 의지하는 일도 벌어질 수 있다.

파인은 아이들도 가족 일에 끼고 싶어 하기 때문에 집안에 중요한 일이 있으면 아이들과 같이 나누고, 무엇보다 부모에게도 잘못이 있으면 인정하고 사과하기를 주저하지 말라는 당부도 잊지 않는다. 부모가 저지르는 가장 큰 실수는 아이에게 완벽하게 보이려는 것이다. 실수를 하지 않는 완벽한 부모인 양 행세하면 아이들이 정작 도움이 필요할 때 부모에게 다가갈 수 없다는 메시지를 주는 것이나 다름없다. 아이들은 완벽한 부모의 기준에 자신이 부합할 수 없다는 자격지심을 갖게 되기 때문이다. 그렇게 되면 부모는 아이들이 역경에 맞서고 실수로부터 깨우치는 법을 가르칠 기회도 날려버린다. 실패를 인정하지 않는 가정에서 자라는 아이들은 부모의 보호가 필요한 순간 부모에게 도움을 요청할 수 없어 결국 가장 취약한 상황으로 내몰린다.

현대화의 맹공에서 아동기를 구하려면 아이들이 자율적인 존재로 마음껏 살아갈 수 있는 세상, 마음껏 탐구하고 실험하며 스스로의 경험으로부터 배울 수 있는 세상을 만들어야 한다. 동시에 부모를 비롯한 어른과 진솔하고 지속적인 관계 속에 보살핌을 받으며 성장에 필요한 지원을 아낌없이 받을 수 있는 세상이어야 한다. 마찬가지로 아이들은 또래와도 진솔하고 지속적인 관계를 이어가야 한다. 고독은 내면의 야성에 양분을 주지만, 고립과 소외는 그 에너지를 고갈시키기 때문이다.

오늘날의 아이들 앞에는 이 세상에서 자신의 독특한 존재를 탐구하고 표현할 기회가 전에 없이 풍부하게 펼쳐져 있으나 내면의 야성이 황폐한 채로는 그 기회를 누릴 수 없다. 다시 한 번 강조하지만 아이들이 도전해야 할 과제는 스스로 나아갈 길을 찾고 저마다 내면의 소리가 이끄는 안내를 받아들이는 데 있다. 그러나 아이들에겐 삶의 의미를 스스로 찾을 수 있도록 세심한 도움도 필요하다. 어쩌면 다른 무엇보다 아동기의 둘레를 맴돌며 끊임없이 덮쳐오는 통제의 덩굴에서 보호해줄 어른의 도움이 간절하다.

내면의 야성은 적당한 토양과 아낌없이 내리쬐는 햇빛, 알맞은 빗물과 충분한 공간 같은 기본 조건만 갖추어진다면 무럭무럭 자라는 초원의 들꽃 같아서 온실의 화초처럼 끊임없이 주의를 기울일 필요가 없다. 들꽃에게 필요한 것이 있다면 트랙터와 제초기, 탐욕스러운 부동산 개발업자로부터 보호받는 일뿐이다. 들꽃과 마찬가지로 내면의 야성은 놀라운 생명력을 지녔다. 적당한 양분과 과하지 않은 보호만 받는다면 불리한 환경에 저항하는 내성으로 모진 겨울도 이겨낼 수 있다. 필요하다면 환경이 적절하게 변할 때까지 웅크렸다가 잃어버린 시간을 보상이라도 하듯이 활짝 꽃을 피운다. 이것이 지난 35년간 내가 매일매일 목격해온 아동기의 기적이다.

마지막으로 여러분에게 남기고 싶은 말이 있다. 아동기는 성장과 탐구의 씨앗을 품은 비옥한 토양과 같다. 수많은 시련과 난관이 닥쳐도 결코 길들일 수 없는 시기이며, 아이들 내면의 야성이 불어넣은 결연한 혼으로 조화로운 참 자아를 찾기 위해 마련된 시간이다. 아동기를 회복하는 일은 우리에게 달려 있으며 전적으로 가능하다. 아동기의 소멸을 막기에 아직 늦지 않았다. 그러나 지금 당장 행동하는 결단이 필요하다.

참고 문헌
옮긴이의 말

【참고 문헌】

들어가는 말

1. Natalie Angier, "A Strange Malady Called Boyhood," New York Times, July 24, 1994.
2. Ralph Nader, Children First: A Parent's Guide to Fighting Corporate Predators (Washington, DC: Corporate Accountability Research Group, 1996), ix.
3. Joseph Chilton Pearce, Evolution's End: Claiming the Potential of Our Intelligence (New York: HarperCollins, 1992), 110-11.
4. 같은 책, 115-17.
5. www.childbirth.org/section/CSFAQ.html.
6. Berry Brazelton, Infants and Mothers (New York: Dell, 1989), 3.
7. Neil Postman, The Disappearance of Childhood (New York: Delacorte Press, 1982), 136.
8. Richard Settersten Jr., Frank Furstenberg Jr., and Rubin Rumbaut, eds., On the Frontier of Adulthood: Theory, Research, and Public Policy (Chicago: University of Chicago Press, 2005).
9. James Côté, Arrested Adulthood (New York: New York University Press, 2000), 180.
10. Stephen Mintz, Huck's Raft: A History of American Childhood (Cambridge, MA: Harvard University Press, 2004), 380.
11. Côté, Arrested Adulthood, 3.
12. Maxine Schnall, Limits: A Search for New Values (New York: Clarkson N. Potter Publishers, 1981), 23.
13. National Home Education Research Institute, www.nheri.org.
14. Mintz, Huck's Raft, 383.

1장

1. Peter Stearns, Anxious Parents: A History of Modern American Childrearing (New York: New York University Press, 2003), 18-20.
2. Robert Bly, Sibling Society (New York: Addison-Wesley, 1996), 33.
3. Christopher Lasch, The Culture of Narcissism (New York: Norton, 1978), 164.
4. Stearns, Anxious Parents, 37.
5. 같은 책, 40.
6. Stephen Mintz, Huck's Raft: A History of American Childhood (Cambridge, MA: Harvard University Press, 2004), 1.
7. Lloyd deMause et al., The History of Childhood (New York: Psychohistory Press, 1974), 77.
8. J. H. Plumb, "The Great Change in Children," Horizon 12 (Winter 1971): 7.
9. Barry Glassner, The Culture of Fear (New York: Basic Books, 1999), 93.
10. Joel Best and Gerald Horiuchi, "The Razor Blade in the Apple: The Social

길들여지는 아이들

Construction of Urban Legends," Social Problems 32:488—99.

11. New York Times, October 28, 1970, p. 56.

12. Joel Best, Threatened Children: Rhetoric and Concern about Child—Victims (Chicago: University of Chicago Press, 1990), 132.

13. Paul Shepard, Nature and Madness (San Francisco: Sierra Club Books, 1982), 35.

14. David Elkind, The Hurried Child (Boston: Addison—Wesley, 1981), xi.

15. Foster Cline, Parenting with Love and Logic (Colorado Springs: Pinon Press, 1990), 23.

16. Mintz, Huck's Raft, 347.

17. Wendy Grolnick, The Psychology of Parental Control: How Well—Meant Parenting Backfires (Mahwah, NJ: Lawrence E. Erlbaum Associates, 2003), 111.

18. 같은 책, 111.

19. Elkind, The Hurried Child, 28.

20. Grolnick, The Psychology of Parental Control, 82.

21. 같은 책, 15.

22. Diana Baumrind, "Parental Disciplinary Patterns and Social Competence in Children," Youth and Society 9, no. 3 (1978): 239—76.

23. Grolnick, The Psychology of Parental Control, 9.

24. Edward Deci and Richard Ryan, Intrinsic Motivation and Self—Determination in Human Behavior (New York: Plenum, 1985), 122.

25. 같은 책, 33.

26. 같은 책, 11.

27. Grolnick, The Psychology of Parental Control, 57.

28. James Garbarino, "The Impact of Anticipated Reward upon Cross—age Tutoring," Journal of Personality and Social Psychology 32 (1975): 421—28.

29. Eva Pomerantz and Missa Eaton, "Developmental Differences in Children's Conception of Parental Control," Merrill—Palmer Quarterly 46, no. 1:140.

30. Grolnick, The Psychology of Parental Control, 40.

31. 같은 책, 47.

32. Deci and Ryan, Intrinsic Motivation and Self—Determination, 130.

33. 같은 책,138.

34. Elkind, The Hurried Child, xi.

35. William Sears and Martha Sears, The Attachment Parenting Book: A Commonsense Guide to Understanding and Nurturing Your Baby (New York: Little, Brown, 2001).

36. John Bowlby, "Developmental Psychiatry Comes of Age," American Journal of Psychiatry 135, no. 1 (January 1988): 1—9.

37. Deci and Ryan, Intrinsic Motivation and Self—Determination, 43.

2장

1. Peter Stearns, Anxious Parents: A History of Modern American Childrearing (New York: New York University Press, 2003), 83.

2. National Commission on Excellence in Education, A Nation at Risk (Cambridge, MA: USA Research, 1984).
3. "What's Behind Naughtiness?" Parents, June 1935, 26.
4. Ellen Key, The Century of the Child (New York: Putnam, 1909).
5. Albert Einstein, university diary.
6. Edward Thorndike, Animal Intelligence (New York: Hafner, 1911), 16.
7. 같은 책, 284.
8. Stephen Mintz, Huck's Raft: A History of American Childhood (Cambridge, MA: Harvard University Press, 2004), 11.
9. Bernard Wishy, The Child and the Republic: The Dawn of American Child Nurture Philadelphia: University of Pennsylvania Press, 1968), 11.
10. Paul Shepard, Nature and Madness (San Francisco: Sierra Club Books, 1982), 87.
11. Lloyd deMause et al., The History of Childhood (New York: Psychohistory Press, 1974), 364.
12. Mintz, Huck's Raft, 10–12.
13. Ron Miller, What Are Schools For?(Brandon, VT: Holistic Education Press, 1997), 19.
14. Michael Katz, The Irony of Early School Reform (Cambridge, MA: Harvard University Press, 1968), 41.
15. Horace Mann, Massachusetts Teacher 2 (May 1849): 139.
16. Neil McCluskey, Public Schools and Moral Education: The Influence of Mann, Harris, and Dewey (New York: Columbia University Press, 1958), 38.
17. Johann Fichte, Addresses to the German Nation (New York: Harper and Row, 1968), 13–18.
18. Ron Miller, "A Brief History of Alternative Education," in Almanac of Education Choices (New York: Macmillan Publishing, 1998), 7.
19. John Gatto, The Underground History of American Education (New York: Oxford Village Press, 2001), 144.
20. Katz, The Irony of Early School Reform, 121.
21. Howard Zinn, A People's History of the United States (New York: HarperCollins, 2001), 263.
22. 같은 책.
23. Gatto, The Underground History of American Education, 38.
24. Katz, The Irony of Early School Reform, 3.
25. 같은 책, 214.
26. Gatto, The Underground History of American Education, 43.
27. Paul MacLean, The Triune Brain in Evolution (New York: Plenum Press, 1990), 9.
28. 같은 책, 15–18.
29. Leslie Hart, Human Brain and Human Learning (New York: Brain Age Publishers, 1983), 108.
30. Elkind, The Hurried Child, 55.
31. Hart, Human Brain and Human Learning, 110.

길들여지는 아이들

32. Elkind, The Hurried Child, 158.

33. Hart, Human Brain and Human Learning, 110-11.

34. Humberto R. Maturana and Francisco J. Varela, The Tree of Knowledge: The Biological Roots of Human Understanding, trans. Robert Paolucci (Boston: Shambhala Publications, 1987), 22.

35. 같은 책, 245.

36. 같은 책, 26.

37. Humberto Maturana, Autopoiesis and Cognition (Boston: D. Reidel Publishing, 1980), 79.

38. Fritjof Capra, The Web of Life (New York: Doubleday, 1996), 97.

39. 같은 책, 28.

40. John Briggs and F. David Peat, Seven Life Lessons of Chaos (New York: HarperCollins, 1999), 57.

41. 같은 책, 57.

42. Erich Jantsch, The Self-Organizing Universe: Scientific and Human Implications of the Emerging Paradigm of Evolution (Elmsford, NY: Pergamon Press, 1980), 7.

43. Joseph Chilton Pearce and Michael Mendizza, Magical Parent, Magical Child (Nevada City, CA: Touch the Future Press, 2001), 27.

44. Joseph Chilton Pearce, Evolution's End (San Francisco: HarperCollins,1992), 20.

45. Edward Deci and Richard Ryan, Intrinsic Motivation and Self-Determination in Human Behavior (New York: Plenum, 1985), 266.

46. See my How to Grow a School: Starting and Sustaining Schools That Work (New York: Oxford Village Press, 2006) for accounts of eighteen different schools that foster self-determination.

47. Leo Tolstoy, Diary (New York: Doubleday, 1927), 157.

48. Mercogliano, How to Grow a School, 28.

49. Ernest Crosby, Tolstoy as a Schoolmaster (London: Simple Life Press, 1904), 8.

50. William Symonds, "Meet the Met: A School Success Story," Business Week, June 16, 2006.

51. David Colfax and Micki Colfax, Homeschooling for Excellence (New York: Warner Books, 1988), 4-5.

52. 같은 책, 97.

3장

1. Maria Montessori, The Absorbent Mind (Madras: Kalakshetra Publications,1967), 85.

2. 같은 책, 93.

3. A. S. Neill, Summerhill: A Radical Approach to Child Rearing (New York: Hart Publishing, 1960), 59.

4. 같은 책, 59-60.

5. Peter Stearns, Anxious Parents: A History of Modern American Child Rearing (New

York: New York University Press, 2003), 127.

6. 같은 책, 133-34.
7. 같은 책, 128.
8. 같은 책.
9. 같은 책, 245.
10. William Wilson, The City Beautiful Movement (Baltimore: Johns Hopkins University Press, 1989), 82.
11. Jane Addams, The Spirit of Youth and the City Streets (New York: Macmillan, 1918), 14-15.
12. 같은 책, 107.
13. Wilson, The City Beautiful Movement, 82.
14. 같은 책, 91.
15. Dom Cavallo, "Social Reform and the Movement to Organize Children's Play during the Progressive Era," History of Childhood Quarterly 3, no. 4 (1976): 509-22.
16. Richard Kraus, Recreation and Leisure in Modern Society (Santa Monica, CA: Goodyear, 1978), 182.
17. Stearns, Anxious Parents, 2.
18. 같은 책, 97.
19. Brian Sutton-Smith, Toys as Culture (New York: Gardner Press, 1986), 246.
20. Stearns, Anxious Parents, 206.
21. Committee on the Health and Safety Implications of Child Labor, National Research Council and Institute of Medicine, Protecting Youth at Work: Health, Safety and Development of Working Children and Adolescents in the United States (Washington, DC: National Academies Press, 1998), 3.
22. 같은 책.
23. 같은 책, 2.
24. Stephen Hamilton, The Future of Youth and Work (New York: Free Press, 1990), 3.
25. Cindy Rodriguez, "Teens with Wads of Cash Flex Spending Muscle," Boston Globe, February 20, 2002.
26. 같은 책, xvii.
27. 같은 책, xi.
28. 같은 책, 297.
29. 같은 책, 149.
30. 같은 책, 158.

4장

1. Edward Deci and Richard Ryan, Intrinsic Motivation and Self-Determination in Human Behavior (New York: Plenum, 1985), 122.
2. Richard Evans, Jean Piaget: The Man and His Ideas (New York: Dutton, 1973), 101-28.

3. Margaret Boden, Jean Piaget (New York: Viking Press, 1979), 9–12.
4. Jean Piaget, Play, Dreams and Imitation in Childhood (New York: Norton, 1951), 90.
5. 같은 책, 156.
6. Brian Sutton-Smith, "Piaget on Play: A Critique," Psychological Review 73, no. 1 (1966): 104–10.
7. Piaget, Play, Dreams and Imitation in Childhood, 149.
8. 같은 책.
9. 같은 책, 154.
10. 같은 책, 148.
11. 같은 책, 171.
12. Dorothy Singer and Jerome Singer, The House of Make-Believe: Children's Play and the Developing Imagination (Cambridge, MA: Harvard University Press, 1990), 199–200.
13. 같은 책, 200–201.
14. Wendy Grolnick, The Psychology of Parental Control: How Well-Meant Parenting Backfires (Mahwah, NJ: Lawrence E. Erlbaum Associates, 2003), 57.
15. Shlomo Ariel, Children's Imaginative Play: A Visit to Wonderland (Westport, CT: Praeger Publishing, 2002), 7.
16. 같은 책, 33–34.
17. 같은 책, 44–52.
18. Singer and Singer, The House of Make-Believe, 69.
19. Ariel, Children's Imaginative Play, 55.
20. Stephen Davis and John Fantuzzo, "The Effects of Adult and Peer Social Initiations on the Social Behavior of Withdrawn and Aggressive Maltreated Preschool Children," Journal of Family Violence 4, no. 3 (September 1989): 227–48. 또한 John Fantuzzo et al., "Peer Mediated Treatment of Socially Withdrawn Maltreated Preschool Children: Cultivating Natural Community Resources," Journal of Clinical Child and Adolescent Psychology 34, no. 2 (2005): 320–25을 보라.
21. Johann Huizinga, Homo Ludens (London: Routledge, 1949), 46–210.
22. Edith Cobb, The Ecology of Imagination in Childhood (New York: Columbia University Press, 1977), 27.
23. 같은 책.
24. 같은 책, 109.
25. 같은 책, 15.
26. 같은 책, 111.
27. Teresa Amabile, Creativity in Context (Boulder, CO: Westview Press, 1996), 90.
28. 같은 책, 7–8.
29. In P. Schilpp, Albert Einstein: Philosopher-Scientist (Evanston, IL: Library of Living Philosophers, 1949), 18–19.
30. Beth Hennessey and Teresa Amabile, Creativity and Learning (Washington, DC: National Education Association, 1987), 5.

31. Amabile, Creativity in Context, 35–38.

32. 같은 책, 110.

33. 같은 책, 95–96.

34. Hennessey and Amabile, Creativity and Learning, 10–11.

35. 같은 책, 12–14.

36. 같은 책, 22–23.

37. 같은 책, 26.

38. Johann Huizinga, Homo Ludens (London: Routledge, 1949), 206.

39. Sheila Flaxman, "Play: An Endangered Species," Education Week, February 16, 2000.

40. In Mark Gerzon, A Childhood for Every Child: The Politics of Parenthood (New York: Outerbridge and Lazard, 1973), 125.

41. Brian Sutton–Smith, Toys as Culture (New York: Gardner Press, 1986). Roland Barthes, Mythologies (New York: Wang and Hill, 1972), 54–55.

42. UNESCO, "The Child and Play" (Paris, 1980), 11.

43. Mary Ann Pulaski, "Toys and Imaginative Play," in Jerome Singer, ed., The Child's World of Make–Believe (New York: Academic Press, 1973), 74–103.

44. Singer and Singer, The House of Make–Believe, 85.

45. Sutton–Smith, Toys as Culture, 244.

46. 같은 책, 246–53.

47. 같은 책, 252.

48. 같은 책, 75.

49. Grolnick, The Psychology of Parental Control, 142.

50. 같은 책, 37.

51. Huizinga, Homo Ludens, 206.

52. 같은 책, 8.

53. 같은 책, 211.

54. Brian Sutton–Smith, A History of Children's Play (Philadelphia: University of Pennsylvania Press, 1981), 293.

55. 같은 책, 296.

56. 같은 책, 288.

5장

1. Henry David Thoreau, Journal (Princeton, NJ: Princeton University Press, 1981), August 30, 1856.

2. Wilhelm Reich, Children of the Future (New York: Farrar, Straus, Giroux, 1983), 7.

3. Eric Warmington and Philip Rouse, ed., Great Dialogues of Plato (New York: New American Library, 1956), 415–22.

4. 같은 책, 445.

5. Rollo May, The Cry for Myth (New York: Norton, 1991), 17.

6. 같은 책, 124–27.

7. James Hillman, The Soul's Code (New York: Random House, 1996), 39.

8. 같은 책, 83.

9. Benedetto Vitiello et al., "National Estimates of Antidepressant Medication Use among U.S. Children, 1997–2002," Journal of the American Academy of Child and Adolescent Psychiatry 45, no. 3 (March 2006): 271–79.

10. Thomas Delate et al., "Trends in the Use of Antidepressants in a National Sample of Commercially Insured Pediatric Patients, 1998 to 2002," Psychiatric Services, no. 55 (April 2004): 387–91.

6장

1. Terry Tempest Williams, Red (New York: Pantheon Books, 2001), 6.

2. 같은 책, 17.

3. John Gatto, Dumbing Us Down: The Hidden Curriculum of Compulsory Schooling (Philadelphia: New Society Publishers, 1992), 29.

4. Michael Shapiro, "Against the Current: Barry Lopez on Writing about Nature and the Nature of Writing," The Sun, no. 366 (June 2006): 9.

5. Annie Dillard, An American Childhood (New York: Harper and Row, 1987), 148–49.

6. Edward Teale, The Thoughts of Thoreau (New York: Dodd, Mead, 1962), 133.

7. Henry David Thoreau, Walden; or, Life in the Woods (Mount Vernon, NY: Peter Pauper Press, 1967), 89.

8. 같은 책, viii.

9. Ron Miller, What Are Schools For?(Brandon, VT: Holistic Education Press, 1997), 88.

10. Teale, The Thoughts of Thoreau, 239.

11. Richard Lebeaux, Young Man Thoreau (Amherst, MA: University of Massachusetts Press, 1977), 109–10.

12. Gary Paul Nabhan and Stephen Trimble, The Geography of Childhood: Why Children Need Wild Places (Boston: Beacon Press, 1994), 113.

13. 같은 책, 88.

14. 같은 책, 89–91.

15. 같은 책, 23.

16. 같은 책, 12.

17. David Quammen, Wild Thoughts from Wild Places (New York: Scribner, 1998), 102–3.

18. 같은 책, 108.

7장

1. Miller McPherson, Lynn Smith-Lovin, and Matthew Brashears, "Social Isolation in America: Changes in Core Discussion Networks over Two Decades," American Sociological Review (June 2006).

2. The Crimes against Children Research Center, "Online Victimization: A Report on the

Nation's Youth" (June 2000), www.unh.edu/ccrc/pdf/Victimization_Online_Survey.pdf.

3. Marshall McLuhan, Understanding Media: The Extensions of Man (Cambridge, MA: MIT Press, 1994), 7–17.
4. Neil Postman, The Disappearance of Childhood (New York: Delacorte Press, 1982), 77.
5. 같은 책, 28–95.
6. 같은 책, 97.
7. Emory Woodard, "Media in the Home 2000" (University of Pennsylvania, Annenberg Public Policy Report, 2000).
8. Donald Roberts, "Media and Youth: Access, Exposure, and Privatization," Journal of Adolescent Health (2000, 27S: 8–14.
9. Frank Bocca, "New Media Technology and Youth: Trends in the Evolution of New Media," Journal of Adolescent Health (2000, 27S): 22–29.
10. Woodard, "Media in the Home 2000."
11. Victor Strasburger and Edward Donnerstein, "Children, Adolescents, and the Media: Issues and Solutions," Pediatrics 103, no. 1 (January 1999): 29–39.
12. Susan Villani, "Impact of Media on Children and Adolescents: A 10–Year Review of the Research," Journal of Child and Adolescent Psychiatry 40, no. 4 (April 2001): 392–401.
13. Strasburger and Donnerstein, "Children, Adolescents, and the Media."
14. Villani, "Impact of Media on Children and Adolescents."
15. Strasburger and Donnerstein, "Children, Adolescents, and the Media."
16. Rebecca Collins et al., "Watching Sex on Television Predicts Adolescent Initiation of Sexual Behavior," Pediatrics 114, no. 3 (September 2004): 280–89.
17. Strasburger and Donnerstein, "Children, Adolescents, and the Media."
18. Committee on Communications, "Children, Adolescents, and Advertising," Pediatrics 95, no. 2 (February 1995): 295–97.
19. Susan Linn, Consuming Kids: The Hostile Takeover of Childhood (New York: New Press, 2004), 1.
20. 같은 책, 158.
21. 같은 책, 127–29.
22. 같은 책, 127.
23. Nicholas Carnagey et al., "The Effect of Video Game Violence on Physiological Desensitization to Real–Life Violence," Journal of Experimental Social Psychology (March 2006).
24. Villani, "Impact of Media on Children and Adolescents."
25. Craig Anderson, "An Update on the Effects of Playing Violent Video Games," Journal of Adolescence 27 (October 2003): 113–22.
26. Eric Uhlman and Jane Swanson, "Exposure to Violent Video Games Increases Automatic Aggressiveness," Journal of Adolescence 27 (October 2003): 41–52.
27. Carnagey et al., "The Effect of Video Game Violence."

28. Deborah Johnson, "Raise Parents' Awareness of Risks, Benefits of Cyberspace," AAP News (February 2003): 61–68.
29. Frank Duffy, "Dyslexia: Regional Differences in Brain Electrical Activity by Topographic Mapping," Annals of Neurology 7 (1980).
30. Martin Pawley, The Private Future (London: Thames and Hudson, 1973).
31. From an interview with Joseph Chilton Pearce in the Journal of Family Life, 5, no. 1:37.
32. Woodburn Heron et al., "Visual Disturbances after Prolonged Perceptual Isolation," Canadian Journal of Psychology 10 (1956): 13.
33. Magdalena Vernon, Perception through Experience (London: Methuen and Company, 1970), 116.
34. Tracy McVeigh, "Computer Games Stunt Teen Brains," London Observer, August 19, 2001.

8장

1. Stephen Mintz, Huck's Raft: A History of American Childhood (Cambridge, MA: Harvard University Press, 2004), 132.
2. 같은 책, 187.
3. G. Stanley Hall, Adolescence (New York: Appleton, 1905), 407.
4. 같은 책, 328.
5. 같은 책, 333–34.
6. 같은 책, 339.
7. 같은 책, 342.
8. 같은 책, 339.
9. Mintz, Huck's Raft, 187.
10. 같은 책, 50.
11. 같은 책, vii.
12. 같은 책, 75.
13. Eda LeShan, The Conspiracy against Childhood (New York: Atheneum, 1968), 336–37.
14. 같은 책, 340.
15. Randolph Bourne, Youth and Life (Boston: Houghton Mifflin, 1911), 233–34.
16. 같은 책, 286–87.
17. 같은 책, 256.
18. Robert Kegan, In Over Our Heads: The Mental Demands of Modern Life (Cambridge, MA: Harvard University Press 1994), 42.
19. Richard Settersten Jr., Frank Furstenberg Jr., and Rubin Rumbaud, On the Frontier of Adulthood: Theory, Research, and Public Policy (Chicago: University of Chicago Press, 2005), 5.
20. 같은 책, 225.
21. James Côté, Arrested Adulthood (New York: New York University Press, 2000), 36.

22. Settersten, Furstenberg, and Rumbaud, On the Frontier of Adulthood, 230–31.
23. Jeremy Rifkin, The Age of Access (New York: Tarcher/Putnam, 2000), 4–10.
24. 같은 책, 5–6.
25. 같은 책, 180.
26. Alexandra Robbins and Abby Wilner, Quarterlife Crisis: The Unique Challenges of Life in Your Twenties (New York: Tarcher/Putnam, 2001), 3–4.
27. 같은 책, 4.
28. 같은 책, 6.
29. David Riesman, The Lonely Crowd (New Haven, CT: Yale University Press, 1950), 373.
30. Read, ed., The Collected Works of C. G. Jung, vol. 6, 448–50.
31. 같은 책.
32. Riesman, The Lonely Crowd, 1–69.
33. 같은 책, 192.
34. 같은 책, 302.
35. Erik Erikson, Identity: Youth and Crisis (New York: Norton, 1968), 157.
36. From a conversation with the author, November 1994.
37. Erikson, Identity, 91–135.
38. 같은 책, 132.
39. Jeffrey Arnett, Emerging Adulthood (Oxford: Oxford University Press, 2004), 8.
40. Côté, Arrested Adulthood, 179.
41. Anton Allahar and James Côté, Richer and Poorer: The Structure of Social Inequality in Canada (Toronto: Lorimer Press, 1998), 107–10.
42. Seth Schwartz et al., "Identity and Agency in Emerging Adulthood," Youth and Society 37, no. 2 (2005): 201–29.

9장

1. National Vital Statistics Report, Centers for Disease Control, November 23, 2004, p. 6.
2. www.nlm.nih.gov/medlineplus/news/fullstory_37513.html.을 보라.
3. Jonathan Kozol, The Shame of the Nation (New York: Crown Publishing, 2005), 8–20.
4. Eda LeShan, The Conspiracy against Childhood (New York: Atheneum, 1968), 346–47.
5. Rollo May, The Cry for Myth (New York: Norton, 1991), 30.
6. 같은 책, 26.
7. Gilbert Highet, The Classical Tradition: Greek and Roman Influences on Western Literature (Oxford: Oxford University Press, 1965), 540.
8. Friedrich Nietzsche, The Birth of Tragedy and the Genealogy of Morals (New York: Doubleday, 1990), 135.
9. May, The Cry for Myth, 16.
10. Bruno Bettelheim, The Uses of Enchantment: The Meaning and Importance of Fairy Tales (New York: Knopf, 1976), 5.

11. 같은 책, 6.
12. 같은 책, 6-7.
13. 같은 책, 66-79.
14. Jim Trelease, The Read-Aloud Handbook (New York: Penguin, 2001).
15. David Riesman, The Lonely Crowd (New Haven, CT: Yale University Press, 1950), 99.
16. Chellis Glendinning, My Name Is Chellis and I'm in Recovery from Western Civilization (Boston: Shambhala Publications, 1994), 179.
17. Richard Louv, Last Child in the Woods (Chapel Hill, NC: Algonquin Books), 99-101.
18. Glendinning, My Name Is Chellis, 185.
19. Victor Strasburger and Edward Donnerstein, "Children, Adolescents, and the Media: Issues and Solutions," Pediatrics, January 1999, 102-55.
20. Sara Bennett and Nancy Kalish, The Case against Homework (New York: Crown Publishers, 2006), 224-27.
21. Wendy Grolnick, The Psychology of Parental Control: How Well-Meant Parenting Backfires (Mahwah, NJ: Lawrence E. Erlbaum Associates, 2003), 133.
22. Stephen Hamilton, Apprenticeship for Adulthood (New York: Free Press, 1990), 121.
23. 같은 책, 4.
24. Stephen Hamilton, The Interaction of Family, Community, and Work in the Socialization of Youth (New York: William T. Grant Foundation Commission, 1988), 33.
25. Hamilton, Apprenticeship for Adulthood, 4.
26. 같은 책, 17.
27. www.doleta.gov/OA/bat.cfm.
28. Yehuda Fine, The Real Deal: For Parents Only—the Top 75 Questions Teens Want Answered Today (Bloomington, IN: Unlimited Publishing), 5.

관성의 법칙을 거스르는 교육

2002년 여름으로 기억합니다. 당시 저는 산청간디학교 새내기 교사였는데, 학교 일과가 끝나면 기숙사로 돌아와 교사연수 교재로 정한 『프리스쿨』을 열심히 읽었습니다. 새내기 교사의 기대와 열정으로 인상 깊은 구절마다 줄을 긋고 메모하며 읽던 기억이 새롭습니다. 그중 특별히 형광펜으로 칠해둔 대목이 '두려움과 배움은 함께 춤출 수 없다'는 문장이었습니다.

제 어린 시절이 떠올랐습니다. 새 학기 담임과 교과 선생님은 누굴까, 출석부의 내 이름이 무작위로 불려 질문을 당하지는 않을까, 불시 두발검사에 걸리진 않을까, 성적표가 나오는 날 학급 평균이 떨어졌다고 단체로 맞지는 않을까…. 이렇게 두려운 학창시절을 어떻게 12년이나 견뎌냈는지 새삼스러웠습니다. 그리고 아직도 많은 어른들이 같은 경험을 겪었으면서도 당연한 과정으로 치부해버리는지 이해할 수 없었습니다.

우리 교육을 지배하는 두려움의 문화는 도처에 있습니다. 엄친아, 엄친딸이라는 말로 상징되는 비교의 두려움도 그중 하나일 것입니다. 또 체벌로 대표되는 교사의 물리적 폭력은 제 학창시절에 비하면 많이 사라졌지만 여전히 학생들은 다양한 형태의 폭력에 노출되어 있습니다. 이런 교육현실을 어쩔 수 없이 받아들이는 대다수의 우리는, 크리스가 말한 대로 '학습된 무기력' 상태에서 벗어나지 못하는 셈입니다.

크리스의 저 책은 제가 형광펜으로 색칠했던 '두려움과 배움은 함께 춤출 수 없다'를 제목으로 표지가 바뀌어, 이후 이어진 제 교사생활의 안내서가 되었습니다. 학생들이 두려워하지 않는 교사가 되고, 두려움이 없는 학교를 만들자는 것이 제 교사생활의 기본 지향점이었습니다.

십여 년이 지나 아마존닷컴에서 책을 찾다 국내에 아직 소개되지 않는 이 책을 발견했습니다. 독자 서평을 보고 곧바로 책을 구입해 읽었습니다. 그간 국내에 소개된 크리스의 책은 프리스쿨 아이들의 이야기를 재미있고 감동적으로 소개하는 내용이었습니다. 반면 이 책은 크리스의 교육인생에서 겪은 경험과 문제에 대해 다양한 분야의 연구와 문헌을 조사하고 공부해 그 맥락을 짚어내고 원인을 밝히고 해법을 제시하고 있다는 점에서 큰 차이가 있었습니다. 책을 읽으면서 크리스가 지적하는 미국의 교육 상황이나 문제가 우리와 크게 다르지 않다는 점에 놀랐습니다. 또 그 문제를 낳는 갖가지 요인들을 보면서 우리의 문제를 더 진지하게 고민할 수 있었습니다.

이 책에서 크리스가 거듭 하는 말처럼, 아이들은 배움을 이끄는 내재적 동기에 따라 자신의 배움을 결정하고 이끌어갈 힘을 지니고 있음을, 지난 십여 년의 대안학교 교사생활 속에서 저 또한 확신합니다. 갖가지 보상과 압력으로 어른의 욕구에 따라 아이들의 배움을 이끌려고 하면, 겉으로 드러나는 수치는 올릴 수 있어도 배움의 욕구를 끌어올릴 수는 없다는 것을. 2012년 국제학업성취도평가^{PISA}에서도 한국 학생들의 학력은 세계 최상위권이지만 흥미와 자신감은 최하위권으로 드러났습니다.

우리 아이들의 놀이 환경 역시 어둡기는 마찬가지입니다. 제가 살고 있는 제천시 덕산면만 봐도 아이들이 땀 흘리며 뛰어노는 모습을 학교 운동장 말고는 찾아보기 힘듭니다. 시골길은 아스팔트로 포장되어 아이들이 뛰노는 대신 자동차들만 쌩쌩 달립니다. 놀 공간이 사라져 집으로 돌아간 아이들은 어울리는 친구도 없이 인터넷이나 스마트폰에 빠져 있습니다. 이 아이들은 농어촌학교 통폐합 조치로 상급학교에 진학하려면 도시로 나가 어린 나이에 친척집에 머물거나 자취 생활을 해야 합니다. 몇 년 후면 인근 세 개 면의 중학교가 기숙형 학교로 통합되면서 더 어린 나이에 집을 나서야 할 것입니다.

학원 하나 없는 시골아이들의 모습이 이러한데 도시아이들의 상황은 더 말할 필요가 없을 듯합니다. 칠팔십년대 도시에서 어린 시절을 보내면서 골목을 누비며 놀고 차들의 방해를 받지 않고 야구를 하던 제 어린 시절의 모습은 이제 우리나라 어디에서도 찾아볼 수 없습니다. 놀이다운 놀이를 하지 못하고 자란 아이는 모험과 도전 의식도, 풍부한 상상력도, 어울려 노는 가운데 생겨나는 우정도 경험하지 못하게 됩니다.

아이들 삶에서 놀이가 차지하던 영역에 이제 인터넷과 스마트폰이라는 기술문화가 들어섰습니다. 이 두 단어를 키워드로 검색하면 '남학생은 인터넷 중독, 여학생은 스마트폰 중독', '스마트폰 중독된 청소년, 사이버 괴롭힘 경험 많다', '청(소)년들 스마트폰 중독과 우울증 앓는 경우 많아' 같은 기사가 쏟아집니다. 크리스가 우려한 부분도 바로 이 지점입니다. 새로운 기술의 공격 앞에 아이는 물론 부모마저 올바른 판단을 못하고 휩쓸리고 있기 때문입니다. 제천간디학교 역시 학생, 교사, 학부모가 힘을 합쳐 이 기술의 맹공을 막으려 하고 있지만 입학 전부터 이 기술의 단맛에 빠진 학생들은 유혹을 쉽게 떨쳐내지 못합니다. 학교 구성원의 의사결정기관인 가족회의에서는 전자기기 사용 문제를 두고 소모적인 논쟁이 반복됩니다. 모두가 이 문제를 깊이 논의하지만 획기적인 대안을 찾기에는 이 기술의 영향력이 너무도 큽니다. 다른 학교들의 상황도 크게 다르지 않을 것입니다.

우리가 의도했든 의도하지 않았든 급변하는 환경 속에서 아이들은 생동하는 야성을 잃고 길들여져가고 있습니다. 그런데 더 안타까운 점은 이런 현실을 인지하고 있는 어른들조차 대안을 찾기보다는 어찌할 수 없는 관성에 무기력하게 떠밀려 간다는 사실입니다. 뒤처지고 비교당하는 두려움에 아이들을 놀이와 사색의 시간에서 멀어지게 하고 사교육시장으로 내몰았습니다. 텔레비전과 인터넷, 전자오락, 스마트폰이 아이들에게 미치는 문제를 알면서도 아이와의 갈등을 피하거나 다른 집과 비교당하지 않기 위해, 그리고 순전히 아이에 대한 염려 때문이라며 이 흐름을 따릅니다.

근대화 과정을 거치면서 사회와 아이들 삶에 일어난 변화는 바다 건너 미국이나 이 땅이나 약간의 시차가 있을 뿐 별 다르지 않음을 새삼 깨닫게 됩니다. 저는 이 책을 읽으면서 우리 아이들이 생기를 잃지 않도록, 그리하여 보다 어른다운 어른으로 성장할 수 있도록 지금 우리가 할 일을 해야 한다는 절박한 생각에 민들레출판사 식구들에게 이 책의 존재를 알렸습니다. 선뜻 번역까지 믿고 맡겨주신 민들레 식구들에게 감사드립니다.

책 말미에 크리스가 한 말을 다시 한 번 떠올리며 후기를 마무리합니다. 아이들은 적절한 환경만 주어지면 스스로 만개하는 들꽃과 같아서 들판을 갈아엎으려는 트랙터만 막아주어도 잘 자란다는 것. 간간히 비를 뿌려주고 무분별한 개발에서 온전히 막아줄 몫은 바로 우리 어른들에게 있다는 것을.

뜻을 같이하면서도 한 길에 모이지 못해 관성에 따라야만 했던 어른들이 있다면 함께 대안을 찾아가는 계기가 되기를 기원합니다.

2014년 7월

오필선

길들여지는 아이들_내면의 야성을 살리는 길

초판 1쇄 인쇄 2014년 7월 25일 | 2판 4쇄 발행 2022년 10월 5일

글쓴이 크리스 메르코글리아노 | 옮긴이 오필선 | 펴낸이 현병호 | 편집 김도경, 김진한, 장희숙 | 디자인 김미수
펴낸곳 도서출판 민들레 | 주소 서울시 마포구 성산동 209-4 | 전화 02) 322-1603 팩스 02) 6008-4399
이메일 mindle98@empas.com | 홈페이지 www.mindle.org | 페이스북 facebook.com/mindlebooks

ISBN 978-89-88613-55-9 03370 값은 뒤표지에 있습니다. 잘못된 책은 바꾸어 드립니다.

이 도서의 국립중앙도서관 출판예정도서목록(CIP)은 서지정보유통지원시스템 홈페이지(http://seoji.nl.go.kr)와
국가자료공동목록시스템(www.nl.go.kr/kolisnet)에서 이용하실 수 있습니다. (CIP 제어번호 : CIP2014021482)